# 그래도 종교가 희망이다

송상호 지음

# 그래도 종교가 **희망**이다

초판 1쇄 인쇄일  2016년 5월 26일
초판 1쇄 발행일  2016년 5월 31일

지은이  송상호
펴낸곳  도서출판 유심
펴낸이  구정남·이헌건
마케팅  최진태

주소    서울특별시 구로구 공원로 41, 805(구로동, 현대파크빌)
전화    02.832.9395
팩스    02.6007.1725
URL     www.bookusim.co.kr
등록    제2014-000098호(2014.7.8)

ISBN    979-11-87132-00-4 (03200)
값       12,000원

# 그래도 종교가
# 희망이다

송상호 지음

도서출판 유심

# 서문
# 종교, 희망을 꿈꾼다

이 책을 집어든 당신에게 묻는다. 우리 사회가 지금도, 앞으로도 희망이 있다고 보는가. 당신은 "예"라고 하거나 "아니오"라고 할 수 있다. 나는 그 대답 대신 연애·결혼·출산을 포기한 '3포세대'와 '헬조선'(지옥 같은 조선)에 주목하고자 한다. 이 두 단어의 출처는 바로 이 시대의 청춘들이다. 지금도 앞으로도 우리 사회를 이끌어갈 그들 중 상당수가 이미 '포기'와 직면하고 있다. 어떻게 우리 사회가 이 지경까지 왔을까.

"한국이 재건되려면 향후 100년은 걸려야 할 것."

한국전쟁 직후 맥아더 장군이 폐허가 된 우리나라를 보고 한 말이다. 하지만, 50년이 채 지나기 전에 우리는 소위 '한강의 기적'을 일궈냈다. 세계사에서도 일찍이 유례가 없는 초고속 성장이었다. '기적'을 일궈낸 기성세대들의 피땀은 고맙고도 고마운 일이다. 하지만, '한강의 기적'이니 '초고속 성장'이니 하는 말이 반갑지만은 않다. 세상 모든 일에 명암이 있듯, 20세기를 넘어 21세기가 된 우리 사회는 아프다. 아파도 너무 아프다.

객관적인 데이터로 말해보자. 우리나라는 OECD 국가 중 1위를 무려 50개나 석권하고 있다. 물론 좋은 일이 아니다. 너무 많아서 몇 가지만 추려볼까 망설이다, 우리 사회를 직시하는 데 도움이 될 것 같아 모두 말해보기로 했다. 하나하나 꼭꼭 씹으며 읽어보라.

자살률, 산업재해 사망률, 가계부채, 남녀 임금 격차, 노인 빈곤율, 청소년 흡연율, 성인 흡연율, 최저임금 낮은 순서, 저임금 노동자 비율, 자동차 접촉사고율, 인도에서의 교통사고율, 보행자 교통 사망률, 어린이 교통사고 사망률, 노인 교통사고 비율, 교통사고 사망률, 학업시간 가장 높은 순위, 환경평가 좋지 않은 순위, 어린이 행복지수 낮은 순위, 청소년 행복지수 낮은 순위, 이혼 증가율, 결핵 환자 발생률, 결핵 환자 사망률, 당뇨 사망률, 대장암 사망 증가율, 심근경색 사망률, 온실가스 배출 증가율, 노령화 지수, 국가채무 증가율, 자살 증가율, 공공 사회복지 지출 비율, 실업률 증가폭, 대학교육 가계부담, 낙태율, 과학 흥미도 없는 순위, 중년 여성 사망률, 사교육비 지출, 15세 이상 술 소비량, 독주 소비량, 저출산율, 최장 근무시간, 세 부담 증가속도, 국가부채 증가속도, 식품 물가 증가율, 양주 소비율, 저출산, 공교육비 민간 부담, 사회안전망 가장 안 좋은 순위, 정치적 비전이 안 좋은 순위, 고등교육 국가가 지원해주지 않는 순위.

이것이 나와 당신이 일궈온 대한민국이다. 이것이 초고속 성장을 이룬 우리 사회의 어두운 성적이다. 하나하나 뼛속 깊이 아픔으로 다가온다. 살기 힘든 줄은 알았지만, 이렇게까지 힘든 줄은 몰랐다. 이런 것을 일러 '총체적 난국'이라고 하겠다. 그중에서도 우리 사회의 자살 현상은 가히 충격적이다.

'37분마다 1명 꼴'

2013년 한 해 동안 우리나라 사람이 자살한 숫자다. 매일 약 39명이 목숨을 끊는다는 이야기다. 1년이면 약 1만 4,200명이 자신의 삶을 포기한다. 실제로 자살에 성공한 사람이 그 정도라면, '자살' 언저리에서 힘들어하는 사람은 도대체 얼마나 된단 말인가. '한강의 기적'을 이룬 사회에서 '한강의 자

'살'을 아파하는 사회가 되어버렸다.

이와 같은 아픔을 적나라하게 표현해주는 세 글자가 바로 '헬조선'이다. 엄연히 민주사회에 살면서도 소위 '흙수저와 금수저'가 나뉘어져 있고, 기회는 소수 부자들에게만 열려 있다는, 그래서 흡사 조선시대 신분사회와 같다는 걸 빗댄 신조어다. 아무리 노력해도 밑바닥에서 헤매는 자신들의 처지가 지옥처럼 느껴진다는 이야기다. 그렇게 견디다 못해 수많은 이들이 자살로 삶을 마감한다.

이런 한국 사회에서 2014년 4월 16일에 발생한 세월호 사고는 우연이 아니다. 초고속 성장에 따른 불균형이 우리 사회를 아프게 함에도, 여전히 성장과 부에만 목을 매는 우리 사회가 빚어낸 비극이었다. 진도 앞바다에서 채 피지도 못한 305명의 아이들을 수장시킨 아픔을 어떻게 말로 표현할까. (이 글을 쓰면서도 그 아이들을 생각하면, 미안하고 또 미안하다.) 여전히 '세월호'는 미완의 숙제로 우리 사회에 덩그러니 남아있다.

"이대로 가면 너 다친다."

'세월호'를 통해 하늘이 우리 사회에 그렇게 말해주고 있다. 하지만, 2014년 당시 '멘붕' 상태에 있었던 수많은 국민들이 지금은 언제 그랬냐는 듯 먼 옛날 일처럼 잊고 산다. 유족들은 피눈물을 삼키지만, 우리 사회는 각자의 입장을 내세우며 싸우거나 외면하고 있다. 우리 사회가 '참회와 정신혁명의 골든타임'을 또 놓치고 있는 건 아닐까?

이대로 가면 우리나라는 제대로 살아남기 힘들다. 제2, 제3의 '세월호'는 또 다시 우리 눈앞에서 가라앉을 것이다. 도덕적 붕괴뿐만 아니라 데이터상으로 봐도 우리 사회는 생존의 위기에 놓여있다. 앞에서 본 '50가지 불명예 순위'가 잘 말해준다.

우리가 살고 있는 공동체가 이리도 아픈데, 종교는 과연 무엇을 하고 있는가. 종교는 어디에 있는가. 도대체 종교란 게 이 공동체 안에 있기는 한 건가. 이런 뼈아픈 물음들로부터 이 책은 시작되었다.

지난 세기까지 인류는 "종교란 무엇인가"를 끊임없이 물어왔다. 하지만, 이젠 시대가 달라졌다. 종교의 정체성을 묻는 시대가 지나고 있다. 이제는 "종교는 어디에 있어야 하고, 무엇을 해야 하는가" 하고 묻는 시대다. 더 독하고 엄중하게 표현하면, "인류와 사회생존에 기여하지 못하는 종교가 왜 필요할까"다. 바꿔 말해 종교가 제 역할을 제대로 못한다면, 인류와 우리 사회는 언제든지 종교를 버릴 준비가 되어 있다.

지난해 다시 펴낸 '오래된 신간' 《모든 종교는 구라다》(유심 출판사)가 종교의 정체성을 묻는 책이었다면, 이 책은 종교의 역할과 필요성에 초점이 맞춰진 책이다. 아프고 아픈 이 사회에서 종교는 어디에 있어야 하며, 무엇을 할 것인가 고민하는 책이다. 종교는 여전히 이 사회에 희망적인가를 묻고 있다.

끝으로 철학자 한나 아렌트의 말을 되씹으며 종교가 있어야 할 곳을 묻고자 한다. '인간성' 대신 '종교성'을 넣어서 말이다.

"고양된 인간성(종교성)은 결코 고독 속에서 얻을 수 없으며, 오직 자신의 삶과 인격을 공공영역의 모험에 투신할 때 얻어진다."

# 목차

제 1부

# 종교인의 길은 뭐가 달랐나

# 티베트 승려들,
# 눈도 빼주네

나도 종교인이지만, 티베트 승려들을 보면서 든 생각 하나가 있다.
도대체 저들의 뇌구조는 어떻게 생겼을까?
여기 소개하는 티베트 승려들의 행보를 한번 살펴보시라.

## 눈 빼주는 일이 보편적이라는 티베트 승려들

우리는 간혹 타인을 위해 목숨을 버린 이들의 기사를 접하곤 한다. '지하철에서 떨어지려는 사람을 구하려다 죽은 시민, 불구덩이 속 시민을 구해내고 불길 속에서 죽어간 용감한 119 대원' 등의 이야기가 우리의 심금을 울린다. 우리는 그들에게 아낌없이 박수를 보낸다. 사람이 사람을 살렸음에 대해 사람이 고마워하며 사람이 박수를 치는 거다. 나는 이게 우리 사회의 기본 인간성이라 믿는다. '나라면 그럴 수 있을까'를 묻고, 아무래도 자신이 없으니 그들에게 박수를 치는지도 모른다.

하지만 조금만 더 생각해보자. 죽음을 앞둔 상황에서 타인을 살리는 일은 위대하지만, 그것은 타인도 살리고 자신도 살기 위해 노력하다 당한 죽음일 경우가 많다. 물론 그 희생정신을 낮추려는 생각은 없다. 다만 지금 소개할 티베트 승려들이 아무래도 더 대단해 보인다는 얘기일 뿐.

나의 책 《모든 종교는 구라다》(유심출판사)에 소개된 일화를 소개하겠다. 이 일화는 티베트의 영적 스승 달라이라마(텐진 가쵸)의 자서전에 소개된 것을 간략하게 정리한 것이다.

> 티베트 망명정부의 정신적 지도자인 달라이라마가 티베트에서 만난 승려의 이야기다.
> 하루는 어느 티베트 승려가 두 눈을 감은 채 길을 헤매고 있었다. 그 모습을 본 달라이라마가 "왜 그렇게 눈을 감고 길을 헤매느냐?"라고 물었다. 그 승려의 대답은 이랬다. "내가 아는 사람이 두 눈을 잃고 실명을 했다. 그래서 내 두 눈을 뽑아서 그에게 주었다. 나는 진심으로 그를 사랑한다. 그가 눈 수술을 받은 후 행복하게 살기를 바란다"라고. 달라이라마의 증언에 의하면 티베트 승려들의 이 같은 행위는 그렇게 놀랄 일이 아니라 보편적이라는 것이다.

보았는가. 눈이 필요한 타인에게 눈을 빼주는 일이 티베트 승려들에겐 놀랄 일이 아니라 흔히 있는 보편적인 일이라는 것을. 티베트의 영적 스승인 달라이라마조차 승려들의 헌신적인 행위에 놀라 그 내용을 기록하고 있다.

눈을 빼주려면 매우 큰 결심을 해야 한다. 아무리 현대적 수술을 할지라도 수술에 앞서서 다가오는 두려움은 대단할 것이다. 의사는 "당신의 생각에 변함이 없느냐"고 거듭 물었을 게다. 그럼에도 그 승려들에겐 보통 있는 일이라 하니 그것을 가능케 하는 원동력은 과연 무엇일까?

## 티베트 독립 위해 분신하는 승려들

　티베트 승려들의 다음 행위들은 더욱 놀랍다. 2015년 4월 11일, 티베트 여승이 분신을 시도했다. 티베트가 중국으로부터 독립할 것을 바라며 분신을 한 것이다. 티베트에서는 처음 있는 일이 아니었다. 2009년 2월, 처음 분신이 발생한 후 138명째다. 초창기 분신 시도자들은 대부분 승려였다. 2012년까지의 분신 시도자 중 승려들만 뽑아보면 다음과 같다. 대부분의 승려가 10대에서 40대 사이다. 세상의 시각으로 보면 한창 꽃을 피울 나이다.

– 2009년 2월 27일 / 응아바 키르티 사원 승려 따뻬(20대) 분신, 사망 여부 불명.

– 2011년 3월 16일/ 키르티 사원 승려 푼촉(21세) 분신 사망. 이 시기 펑취 분신, 사망 여부 불명.

– 2011년 8월 15일 / 키르티 사원 승려 롭상 깰상(18세 또는 19세) 분신, 다리 절단. 이날 니쵸 사원 승려 체왕 노르부(29세) 분신 사망.

– 2011년 9월 26일 / 승려 롭상 꾼촉(18세) 분신, 다리와 팔 모두 절단.

– 2011년 10월 3일 / 카르티 사원 승려 깰상 왕축(17세) 분신. 중화상, 척추 손상에 의한 하반신 장애.

– 2011년 10월 7일 / 키르티 사원 승려 최펠(19세) 분신 사망. 이날 키르티 사원 승려 카잉(18세) 분신 사망.

– 2011년 10월 15일 / 키르티 사원 승려 노르부 담들(19세) 분신 사망.

– 2011년 10월 17일 / 마매데첸 최코링 사원 여승 텐진 왕모(20세) 분신 사망.

– 2011년 10월 25일 / 까르제 사원 승려 다와 체링(38세) 분신 후 치료 거부. 생존 여부 불명.

- 2011년 10월 26일 / 승려 2명(18세 추정) 분신.

- 2011년 11월 3일 / 쓰촨성 카르티 사원 칼상 승려(17세 또는 18세) 분신 사망.

- 2011년 11월 3일 / 간댄 최링 사원 여승 빨덴 최초(35세) 분신 사망.

- 2011년 12월 1일 / 까르마 사원 승려 텐진 푼촉(40대) 분신 사망.

- 2012년 1월 6일 / 키르티 사원 승려 췰팀(20대) 분신 사망. 이날 키르티 사원 승려 땐이(20대) 분신 사망.

- 2012년 1월 8일 / 달락 사원 승려 쇠남 왕걀(40대) 분신 사망.

- 2012년 2월 8일 / 칭하이성 랍 사원 승려 쐬남 랍양(42세) 분신. 사망 여부 불명.

- 2012년 2월 10일 / 최꼬링 사원 여승 텐진 최된(18세) 분신 사망.

- 2012년 2월 13일 오후 2시 30분 / 응아바에서 키르티 사원 승려 롭상 가초(19세) 분신.

- 2012년 2월 17일 / 봉탁 사원 승려 담최 쌍뽀(30대) 분신 사망.

- 2012년 3월 10일 / 키르티 사원 승려 게빼(18세) 분신 사망.

- 2012년 3월 14일 / 롱우 사원 승려 잠양 빨덴(34세) 분신, 중화상.

- 2012년 3월 16일 / 키르티 사원 승려 롭상 췰팀(20대) 분신 사망.

(자료 출처 : 티베트 망명정부 홈페이지)


## 그들은 왜 분신을 택했을까?

나는 물론 분신을 찬성하지 않는다. '자살하면 지옥 간다'는 기독교식 신념 때문이 아니다. 대의를 펼치는 여러 가지 방법 중 '자신의 죽음'을 선택하는 건 그리 좋아 보이지 않는다. '이 세상의 모든 목숨을 사랑해야 하지만, 특히 자신의 목숨을 더 사랑해야 한다'는 게 내 생각이다.

하지만, 그들은 왜 분신을 택했을까? 자신의 요구를 관철하기 위해 홧김에 분신을 시도하는 차원은 분명 아닌 듯하다.

그들은 제 한 몸을 불살라 티베트의 독립을 이루겠다는 염원을 담았던 게다. 그들은 폭탄 테러와 같은 방법은 차마 택하지 않았다. 뜻을 위해 자신의 죽음만 감당한 것이지, 타인의 목숨까지 거두려는 의지는 아예 없었다. 그들에게는 개인의 목숨보다 공동체의 독립이 중요한 듯 보인다.

천국과 지옥을 믿는 기독교인에게는 어림도 없어 보이는 일을 보편적(?)인 일처럼 치르는 이유는 뭘까? 아마도 윤회와 내생을 믿는 그들이기에 가능하다고 보인다. 이생에서 선한 일을 하고, 선한 목숨으로 살아냈을 때, 내생에 더 좋은 존재로 세상에 온다는 종교적 믿음이다.

물론 이건 어디까지나 나의 추측이다. 사실 개별적인 승려들의 내면과 각각의 사정 차원으로 가면 모를 일이다. 목숨이 몇 개도 아니고 단 하나인데……. 난 죽었다 깨어나도 이해 못할 뿐 아니라 그리 못할 것 같다. 어찌 그들이라고 두렵지 않았을까.

그들의 철저한 자기희생 메커니즘을 어찌 받아들여야 할까? 어쨌거나 종교인이기에 가능한 일임에는 분명해 보인다. 그들을 보노라면 목사인 나조차 그들에 비해서는 한참 세속인이 된 느낌이 든다.

# 죄인들과 어울려
# 술 잘하던 예수, 딱 걸렸네

─────────────

예수라는 사람을 아는가. 그렇다면 다음 세 가지 질문에 답해보라.
"예수는 정치인인가? 예수는 정치적인가? 예수는 기독교인인가?"
첫 번째 질문의 대답은 물론 '아니오'다. 예수는 누가 뭐래도 정치인이 아니라
종교인이었다. 하지만, 두 번째 질문엔 찬반이 갈린다. 그럼에도 나는 분명히
말하거니와 예수는 '정치적'이었다. 누구보다 '정치적'이었다.
마지막 질문의 답은 '아니오'다. 예수는 기독교인이 아니라 유대교인이었다.
그것도 철저한 유대교인이었다.

## 먹을 땐 개도 안 건드린다는데……

바리새인의 서기관들이 예수께서 죄인 및 세리들과 함께 잡수시는 것을 보
고 그의 제자들에게 이르되 어찌하여 세리 및 죄인들과 함께 먹는가.(마가
복음 2장 16절)

'바리새인과 서기관'들이 예수에게 한 대사다. 정확하게 말해 예수의 제자들에게 한 대사다. 지체 높으신 양반들이 할 일이 없어서 예수가 먹는 것을 보고 딴죽을 걸었을까? 먹을 때는 개도 안 건드린다는데, 뭔가 이유가 있었을 게다.

먼저 바리새인과 서기관이란 작자들이 누군가 살펴볼 필요가 있다.

바리새인이란 바리사이파 사람들이란 뜻이다. 바리사이파는 예수가 활동하던 시대, 유대교의 경건주의 분파를 말한다. 이스라엘이 그레코로만 즉 그리스와 로마 문화가 융합된 이방 문화의 영향을 받아 헬레니즘화 되면서 고유문화와 신앙을 잃을 것을 우려한 바리새인들은 오경(토라 또는 율법)의 가르침을 문자적으로 준수하는 데 철저함을 보였다. 덕분에 그들은 유대교 신학을 계승하는 업적을 남겼다.

그렇다면 서기관들은 누굴까? 한마디로 그들은 '율법학자'라 할 수 있다. 전문적인 계층으로서의 서기관이 등장한 것은 바벨론 유배기(남유다 왕국의 백성들이 바벨론으로 강제 이주당해 살던 시기. 기원전 약 587년 또는 586년부터 기원전 515년까지로 추정된다)에 그 기원을 두고 있다. 율법이 모든 유대인 생활의 중심이 된 때가 바로 바벨론 포로 시절이었다. 유배된 이스라엘 사람들이 율법 연구에 몰두한 때가 바로 이때였다. 서기관들은 율법을 기록하기도 하고, 해석하기도 하고, 전승하기도 하는 중요한 전문가들이었다. 그들은 혹독한 포로 시절에 율법을 지켜낸 사람들이었다.

바리새인과 서기관, 이들은 한마디로 종교전문인들이었다. 예수 당시 사회는 종교사회 즉 유대교가 중심인 유대교 사회였다. 종교사회란 종교가 사람들의 영적인 부분뿐만 아니라 사회 전반적인 영역을 좌지우지하는 사회다. 이런 사회에서 종교전문인들은 최상층 기득권자이며, 권력자다.

아이러니하게도 그들 권력의 근원지는 율법 즉 성서였다. 성서(율법)의 권

위는 그 누구도 범해서는 안 되는 신성불가침이었다. 그 율법을 몸으로 실
행하며 지켜가는 사람들이 바리새인들이요, 글로 지켜가는 사람들이 서기
관들이었다.

신약성서 속에서 바리새인과 서기관들이 주로 악역(?)을 담당하고 있지만,
그들을 나쁘게만 봐선 곤란하다. 그들이 악역을 맡게 된 것은 성서가 예수
의 제자들에 의해 씌어졌기 때문이다. 예수를 '피해자'라고 생각하는 제자
들의 눈에 그들이 곱게 보일 리가 없다. 그들에게 바리새인들과 서기관들은
'독사의 자식들, 외식하는 자들, 사탄의 자식들'이었다.

내가 바리새인들과 서기관들로부터 뇌물을 받은 것도 아닌데 굳이 그들
을 변명하려 하는 이유는 뭘까? 그것은 '바리새인과 서기관' vs '예수'의 대립
은 단지 입장의 차이 때문이라는 걸 강조하고 싶어서다. 그것도 정치적 입장
말이다. 웬 뚱딴지같은 소리냐고? 내 이야기를 귀담아 들어보시라.

## 예수와 같이 술 먹던 죄인들은 누구?

그러면, 앞의 마가복음 구절에 등장하는 세리 및 죄인들은 누굴까?

세리는 예수 시대의 세무원이고 예수의 시대는 로마가 이스라엘을 통치하
던 식민시대다. 따라서 세리들은 동족에게서 세금을 거둬 로마에 바친 사람
들이다. 그들 중 상당수가 세금을 중간에 가로챘고, 있지도 않은 명목으로
세금을 거둬들이기도 했다. 이 때문에 당시 사람들은 세리들을 동족의 피를
빨아 먹는 '매국노'로 취급했다. 물론 모든 세리가 그런 것은 아니었지만, '매
국노'란 세리들에게 붙여진 일종의 '시대적 라벨'이었던 셈이다.

여기서 자세히 보아야 할 단어가 바로 '죄인'이다. 죄인이라고 하니 무슨 흉
악범처럼 생각하면 곤란하다. 여기서 말한 '죄인'을 성서 원문에서 찾아보면
'아웃캐스트'라고 되어 있다. 한자로 표현하자면 '국외자'다. 한마디로 '소외당

19

하는 사람들'이란 뜻이다. 다른 말로는 아웃사이더다. '국외자'란 표현보다 '아웃사이더'란 표현이 훨씬 와 닿을 것 같다.

그런데 왜 성서에서는 그들을 굳이 '죄인'이라고 표현한 것일까? 도대체 무슨 죄를 지었기에?

다시 한 번 말하지만, 예수가 살던 시대는 종교사회였다. 종교사회란 종교 권력이 상층부를 차지하고 있다는 이야기기도 되지만, 일반 서민들 역시 종교적인 메커니즘에 묶인 사회다. 당시 서민들에겐 종교적 의무가 항상 짐 지워져 있었다. 그 핵심은 '율법 준수'였다. 율법을 지키는 것은 선택사항이 아니라 의무사항이다. 지키지 않으면 그 사회로부터 아웃당하는 거다. 아웃당하면 뭐가 될까? 그렇다. 바로 아웃사이더가 된다.

앞에서 '죄인'의 원뜻은 아웃사이더와 같은 말이라고 했다. 그랬다. 그들은 '율법'으로부터 아웃된 사람들이었다. 정확하게 말하자면 '율법의 보호'로부터 버림받은 자식들이었다. 당시 좀 더 세밀하고 강한 율법을 세운 사람들은 종교지도자들(예컨대 바리새인과 서기관들)이었다. 율법을 좀 더 강화해야 그들의 권위와 권력이 지켜지기 때문이었다. '율법을 잘 지킨 서민들에겐 당근을, 지키지 않은 사람들에겐 채찍을!' 이것이 당시 종교지도자들이 세상을 지배하는 원리였다. 2000년 전이나 지금이나 별반 다를 게 없다.

## 그들이 도대체 무얼 잘못했기에?

그 죄인들은 뭘 잘못한 사람들일까? 그렇다. 종교적인 의무를 다하지 못한 사람들이다. 하지만 대놓고 종교적인 의무를 다하지 않으려는 사람들은 아니다. 종교적인 의무를 하지 않았을 때 돌아오는 사회적 불이익을 누구보다 잘 알기 때문이다. 어느 시대를 막론하고 약자들은 살아남는 법에 눈치가 빠르지 않던가. 그럼에도 그들이 죄인으로 전락한 것은 '안 한' 것이 아나라 '못한' 것이었다. 그것은 바로 '돈'의 문제였다. 더 정확하게 말하면 세금의 문제였다.

종교사회란 일반 백성이 종교세를 내는 사회다. 성서에선 그걸 십일조라고 표현한다. 이런 종교세를 서민들은 감당하지 못했다. 왜? 로마에도 세금을 내야 했고, 이스라엘에도 세금을 내야 했기 때문이다. 더구나 세리들의 중간 착복으로 인해 서민들의 부담은 가중되었다.

또한 종교적 의무를 다하기 위해서는 1년에 1회 이상 예루살렘 성전으로 올라가 제사를 지내야 했다. 그것도 모두 돈이 들어가는 일이었다. 제사를 드릴 때 비둘기나 양을 희생 제물로 바쳐야 했기 때문이다. 집이 성전과 먼 사람들은 희생 제물을 가지고 가기가 어려웠다. 하여, 성전 입구에는 제사용품(희생 제물이 될 짐승)을 파는 상인들이 그득했다. 그들 상인들은 종교지도자들과 결탁하여 바가지를 씌우고, 매점매석을 일삼았다. 오죽하면 그런 모습에 화가 난 예수가 성전 입구에서 장사하는 사람들의 상을 둘러엎고 채찍을 휘둘렀을까. 예수의 행위는 단순한 폭력이 아니라 종교지도자들의 권력에 정면으로 도전한 정치적 행위였다. 예수가 의도했든 아니든 말이다.

이만하면 성서에 기록된 죄인들, 바로 예수와 함께 먹고 마신 죄인들의 출신 성분을 알 수 있을 것이다. 그들은 율법적 의무를 다하지 못한, 그래서 그 벌로 율법적 보호로부터 소외된 사람들 즉 아웃사이더들이었다. 사회의 모든 보호로부터 버림받은 사람들, '살아도 사는 게 아니라'는 유행가 가사와 같은 인생을 사는 사람들이었다.

하지만 동정의 마음을 잠시 걷어내고 '법'이라는 잣대로 바라보면 그들은 흉악범은 아니라도 분명 '율법 위반자'들이다. 법을 만들고 지키고 다루는 사람들(그들은 언제나 한 사회의 상류층을 차지하는 사람들이다) 입장에서 보면 그들은 처벌해야 할 대상이었다. 지킨 사람들에겐 당근을, 지키지 못한 사람들에겐 채찍을! 그래야 한 사회가 유지된다. 한 사람 한 사람의 사정을 다 봐주었다간 사회 전체의 질서가 무너질 테니까.

## 예수는 권력자가 아닌 소외된 자의 자리에 섰다

이때 예수는 어디에 서 있었을까? 그렇다. 바로 '죄인'들의 자리에 섰다. 그건 분명 입장의 차이였고, 정치적인 선택이기도 했다. 물론 예수는 소외된 자의 자리에 섰을 뿐이라고 누군가 주장할 수도 있겠지만 말이다.

예수 당시 사회의 풍속으로 보면 한 테이블에 앉아 식사를 같이 한다는 것은 그들과 동류가 된다는 의미였다. '아무나 식사 초대를 하고, 아무나 식사 방문하는' 일은 있을 수 없는 일이었다. 예수는 죄인들과 함께 먹고 마셨으니 죄인의 자리에 선 것이다. 아니 죄인이 된 것이다. 먹은 것은 음식이요, 마신 것은 술(당시의 일상 음료수인 포도주)이라. 예수는 죄인이 되어 죄인들과 술을 마시다 정적(政敵)들에게 딱 걸린 것이다.

정적? 그렇다. 당시 종교지도자들은 예수를 정적으로 생각했다. 갈릴리 사람이었고 목수의 아들이었지만, 예수는 분명 유대교인이었다. 어렸을 때부터 유대교육을 받았고, 수많은 백성들이 따르던 일종의 랍비와 같은 선생이었다. 권력자들이 항상 두려워하는 것은 권력의 이동이다. 더 정확하게 표현하면 민심의 이동이다. 갈릴리 출신의 촌놈에게 민심이 몰려가는 것을 그들은 보고만 있을 수 없었다.

그들의 입장에서 보면 예수는 '정치적 고수'였을 것이다. 어떡하면 예수라는 정적에게 향한 민심을 '율법'으로 빼올 수 있을까 고민하던 그들에게 예수는 빌미를 제공했다. 죄인들과 먹고 마시는 것을 공공연히 행했던 것이다. 예수의 정적들은 생각했을 것이다. 죄인들과 함께 공공연히 식사를 하고 술을 마시는 저 담대함은 도대체 어디서 오는 것일까? 그러다가 자신도 이 사회로부터 버림받을 수 있다는 걸 잘 알면서 저리도 태연하다니! 예수의 도도한 모습을 보고 종교지도자들은 더욱 정치적 위협을 느꼈으리라.

분명 '정치인'이 아니었지만, 누구보다 정치적인 행위를 했고, 철저하게 유대교인이었던 예수. 그는 과연 무슨 생각으로 그런 짓을 한 것일까?

# '땡중' 원효,
# 스님이 뭐 저래?

---

아니 큰스님 중의 큰스님 '원효대사'를 '땡중'이라니!
목사니까 이렇게 표현하는 거 아냐?
하지만 결론부터 말하자면 난 '대사 원효'보다 '땡중 원효'를 더 존경하며,
그 모습이 나의 롤 모델이기도 하다.

## '해골 물' 사건, 이렇게 재구성해봤다

'원효' 하면 가장 먼저 떠올리는 장면이 '해골 물'이다.

원효와 의상이 불교를 더 공부하기 위해 당나라로 떠난다. 날이 어두웠다. 잠잘 곳이 필요하다. 하지만 그들 앞에 나타난 것은 고작 동굴 하나. 아무데서나 잘 자는 원효는 땅에 머리가 닿자마자 잠에 곯아떨어졌다. 반면 의상은 한참을 뒤척이다가 잠에 들었다. 의상이 잠을 설친 것은 집을 떠나온 허

24

전함도 아니고 곧 이어질 미지의 세계에 대한 두려움 때문도 아니었다. 단지 원효의 '탱크를 몰고 가는 듯한 코골이 소리' 때문이었다.

새벽녘, 원효가 자리에서 벌떡 일어난다. 아마도 자신의 코고는 소리에 스스로 놀라서 깬 듯. 하지만 정작 놀란 사람은 선잠을 자던 의상이었다. '에이 참, 골고루 하네. 이젠 몽유병까지?' 원효가 뭘 하나 실눈으로 지켜보는 의상 앞에 기절초풍할 일이 벌어진다. 원효가 해골바가지에 있는 물을 벌컥벌컥 마신다. 말릴 새도 없었다. "캬! 시원하다." 그러고는 바로 꼬꾸라져 또 잠을 잔다. 못 볼 걸 본 의상은 또 잠을 설쳤다.

해골바가지 물의 힘으로 내는 원효의 코골이 소리는 두 배로 더 우렁찼다. '이리 뒤척 저리 뒤척' 잠을 설치던 의상이 깜빡 잠들었다. "아아아악!" 조그만 동굴 속에 괴성이 울려 퍼진다. 역시나 원효였다. '아니 저 양반이 새벽부터 또 무슨 일이래?'

괴성을 지르며 해골바가지를 들었다 났다 하던 원효가 그 자리에 서서 뭔가를 한참 생각하더니 하는 말이 가관이다. "나 집에 돌아갈래."

의상은 참으로 어이가 없었다. 어제 저녁부터 원효가 했던 모든 일이 도저히 이해가 안 되었다. 멀리서 바라본 원효는 멀쩡했는데 가까이서 보니, 특히 잠자리를 같이 해보니 본색이 드러나는 건가? 이렇게 원효는 신라로, 의상은 당나라로 제 갈 길을 갔다.

## 물 한 바가지 먹고 득도?

흔히 이 장면을 두고 원효가 득도한 순간이라고들 한다. 해골바가지에 담긴 물이 잠결에 마셨을 땐 달콤했건만 깨어보니 아니더라는 게다. 여기서 사람들은 '일체유심조'라는 물을 길어 올린다. 그것도 두레박이 아닌 해골바가지로 말이다. "일체의 모든 것은 마음먹기 나름"이라며, "긍정적인 마음을 가져라. 할 수 있다는 진취적 마음을 가져라” 하고 설교를 아니 설법을 해대곤 한다.

틀린 말은 아니다. 하지만 그런 해석에 두 가지 딴죽을 걸어보겠다. 하나는 해골바가지 물 하나로 원효가 득도했다는 것은 과장된 것이다. 후세 사람들이 원효의 불교적 업적과 삶을 기리려다 보니 뭔가 특별한 설화가 필요했던 모양이다. 말하자면 고구려를 건국한 고주몽의 ‘알에서 깨어난 신화’와 같은 거다.

백번 양보해서 해골바가지 설화가 사실이라 할지라도, 또한 그 일화가 원효에게 영향을 줬다 할지라도, 그것은 과장이다. 사람은 한순간에 변하지 않는다. 그것도 뜻하지 않는 일을 만나서 순간적으로 변화되는 일은 드물다. 오랜 세월 노력하고 염원한 사람에게만 변화의 스파크가 튄다. 물론 그런 과정이 지속되면 자신도 모르는 어느 순간(사람들은 이것을 우연이라고 말하지만 실은 필연이다)에 변화가 다가온다. 그렇다. 원효의 ‘해골바가지’가 바로 그런 순간일 수 있다.

그럼에도 여기서 지나치지 말아야 할 것은 그 단일한 사건이 원효를 변화시킨 게 아니라는 거다. 단지 그 사건으로 인해 그동안 원효의 내면에서 흐르던 고민이 분출되었을 뿐, 그날 거기에 가기까지 원효의 마음속에는 이미 ‘일체유심조’의 싹이 계속 트고 있었던 거다. ‘당나라에 꼭 가야 하나?’ 이런 마음이 수도 없이 들었던 거다.

두 번째는 사람들이 말하는 ‘일체유심조’가 원효가 깨달은 ‘일체유심조’와 달리 사용되고 있는 듯하다는 거다. 일체유심조(一體唯心調)란 말 그대로 ‘만물 일체를 오로지 마음이 만들어낸다’는 말이다. 아니, 이미 만물이 만들어져 있는데 어찌 사람의 마음이 또 만물을 만들어낸단 말인가. 그게 바로 사람이, 더 정확하게 말하면 사람의 마음이 세상과 관계하는 방식을 설명하는 말이다. 이것은 자신을 세상의 중심에 놓는 세계관과 맞닿아 있다.

원효가 그날 본 것은 어젯밤 꿀물이 왜 새벽엔 해골바가지 물이 되느냐는 거다. 사물은 그대로 있는데, 사람의 마음에 따라 사물이 바뀌는 것은 무엇 때문일까? 사람의 마음에 따라 이 세상이 천국이 되기도 하고 지옥이 되기도 하니, 도대체 그 마음이란 놈은 무얼까? 이랬다저랬다 하는 변덕쟁이에 불과한 건가? 그렇다. 마음이란 놈은 신뢰할 수 없는 놈이다. 따라서 이랬다저랬다 하는, 세상 만물을 만들었다 부수었다 하는 그런 마음이 아닌 참마음(진아)이 있을 것이다. 세상 어떤 것에도 흔들리지 않는 참마음, 그것을 내 안에서 찾아야겠다. 이런 것이 바로 원효가 깨달은 거다. 일체유심조니까, 마음먹기 나름이니까, 마음으로 아무거나 창조해내자는 말이 아니다. 일체유심조니까, 그 마음을 유심히 들여다보고 각성하여 변덕스러운 마음에 휘둘리지 말자는 이야기다.

## 원효의 엽기적인 행각, 그 끝은 어디일까?

깨달음을 얻은 원효는 신라로 돌아가 스스로 승복을 벗어던지고 파계승이 된다. 파계승이란 계율을 어겨 종단으로부터 쫓겨난 승려를 말한다. 나는 이 대목에서 예수시대의 아웃사이더와 예수의 냄새를 맡는다.

원효는 어느 날 한 광대가 이상하게 생긴 큰 표주박을 가지고 춤추는 놀이를 구경하게 된다. 그 또한 광대와 같은 복장을 하고 춤을 춘다. 물론 그 뜻은 불교의 이치를 노래로 지어 세상에 유포시킴으로써 부처의 가르침을 일반 대중들이 잘 알게 하자는 것이었다. 하지만 어떤 때는 이유도 없이 미친 사람과 같은 말과 행동을 하기도 했다. 일반 백성들과 어울려 술집이나 기생집도 드나들었다. 어떤 때는 금빛 칼과 쇠지팡이를 가지고 다니며 글을 새기기도 했다. 가야금과 같은 악기를 들고 사당에 가서 음악을 즐기기도 했다. '해골바가지 물 사건' 때 의상이 사람 하나는 잘 본 게다. 바로 '사이코'라고.

원효는 민가에서 자는 게 일상이었다. 그러다 명산대천을 찾아 참선을 했다. 일정한 틀에 박힌 생활은 찾아볼 수가 없었다. 어떤 규범을 따르지도 않았고, 사람들을 교화하는 방법도 일정하지 않았다. 어떤 때에는 밥상을 내동댕이치고 사람을 구하기도 했고, 또 어떤 때에는 입 안에 물고 있던 물을 뱉어 불을 끄기도 했다.

원효의 엽기 행각 중 단연 최고는 요석공주와의 섹스였다. 아들 설총은 엽기적인 행위 덕분에 얻은 작품이라 할 수 있다. 기생들과의 섹스 또한 그냥 넘어갈 수 없는 파계 행위였지만, 한 나라 공주와의 섹스는 보통 문제가 아니었다. '큰 깨달음을, 한 여인을 사랑하는 데 쓴 남자'로 묘사하며 원효의 러브스토리를 다룬 소설들도 많이 나와 있다. 하지만 어떻게 포장하든 계율을 중시하는 불교계의 입장에선 용납할 수 없는 중대과실임에는 틀림이 없다.

## 원효의 엽기행각의 진실, 이 책에서 찾아보라

원효는 그렇게 될 줄 몰랐을까? 당연히 그렇게 될 줄 알았다. 하지만 그는 이미 종단이니 계율이니 하는 것들을 넘어서 있었다. 형식에 매여 알맹이를 잃어버리는 일은 하고 싶지 않았던 거다. 절에 앉아 명상하며 자신의 깨달음만 추구하는 불교는 적어도 원효에겐 의미가 없었다.

'일심사상, 화쟁사상, 무애사상' 등 당대를 관통하는 커다란 깨달음을 세상에 내놓았던 원효. 사후에는 일본과 중국에서까지 인정한 탁월한 고승 원효. 《금강삼매경론》《대승기신론소》 등 지은 책만 해도 수두룩한 대저술

가 원효. 1500년이 지난 지금도 불교계는 물론 학자들조차 그의 사상의 그
늘에 즐겨 거하도록 만든 원효. 그런 거인 원효는 왜 그런 엽기행각을 했을
까? 군이 그렇게 하지 않아도 학처럼 선비처럼 대접받으며 수행에 정진할 수
있었을 텐데…….

여기서 잠깐! 의상은 원효를 제대로 본 걸까? 이 책을 읽다 보면 그 대답
이 분명해질 것이다. 당신이 직접 찾아보라. 하하하하.

# 붓다와 과부의
# 미팅 이야기

---

제목에서 뭔가 심상찮은 기운이 느껴진다. '붓다'란 인도말로 '깨달은 사람'
이란 뜻이다. 한자로는 '불'(佛)로 쓰고 우리는 '부처'라고 말한다. 붓다의 본명은
싯다르타다. 제목을 '싯다르타와 과부의 미팅'이라고 하면 많은 사람들에게 선뜻
다가가지 못할 것 같아 '붓다와 과부의 미팅'이라고 잡았다. 하여튼 과부와의
미팅이라니? '미팅'이란 말도 '만남'이라 고치면 아무런 상상도 하지 않을 텐데,
미팅이라고 하니 뭔가 특별한 만남인가 보다 싶을 게다. 이 지점이 바로 내가
노리는 지점이라는 걸 당신은 이 책을 읽으면서 자주 만나게 될 것이다. 하하하하.

## 절에 등을 많이 다는 이유는?

사월초파일이 되면 왜 절에 등을 많이 달까? 그건 바로 다음 일화 때문이다.

붓다가 '사위국'의 어느 절에 머물렀다. 많은 사람들이 등을 밝혀 붓다를
환영했다. 이를 본 '난타'라는 가난한 여인은 "나는 전생에 무슨 죄를 지었

기에 이처럼 부처님을 뵙게 되었는데도 아무것도 공양할 것이 없구나" 하고 한탄했다. 그녀는 하루 종일 돈을 구걸했다. 오로지 등을 하나라도 사서 붓다를 환영하고자 하는 마음이었다. 그렇게 겨우 몇 푼을 얻은 그녀는 기름집 주인에게 사정사정해서 기름을 구한 다음 절로 돌아와 등을 밝혔다.

이때, 바람이 거세게 불어와 등이 하나둘 꺼지기 시작했다. 그런데 그 여인의 등만은 끝까지 살아남았다. 새벽이 되어 제자 아난이 그 등을 끄려 하자 부처는 "그만두어라, 아난아. 그 등불은 한 가난한 여인이 간절한 정성으로 켠 것이어서 너의 힘으로 그 불을 끌 수 없을 것이다. 그 여인은 지금은 비록 가난한 모습이지만 오랜 세월이 지나 마침내 깨달음을 이루어 수미등광여래가 될 것이다"라고 그 등의 주인을 축복했다.

이 일화가 '빈자일등'이란 사자성어가 되었다. '가난한 사람이 밝힌 하나의 등은 부자가 밝힌 만 개의 등보다 귀하다'는 뜻이다.

## '빈자일등' 이야기, 성서 속에도 있다

이와 비슷한 이야기가 신약성서에도 나온다. 신약성서를 그대로 여기 옮겨보자.

한 바리새인이 예수께 자기와 함께 잡수시기를 청하니 이에 바리새인의 집에 들어가 앉으셨을 때에 그 동네에 죄를 지은 한 여자가 있어 예수께서 바리새인의 집에 앉아 계심을 알고 향유 담은 옥합을 가지고 와서 예수의 뒤로 그 발 곁에 서서 울며 눈물로 그 발을 적시고 자기 머리털로 닦고 그 발에 입 맞추고 향유를 부으니 예수를 청한 바리새인이 그것을 보고 마음에 이르되 이 사람이 만일 선지자라면 자기를 만지는 이 여자가 누구며 어떠한 자 곧 죄인인 줄을 알았으리라 하거늘 예수께서 대답하여 이르시되 시몬아 내가 네게 이를 말이 있다 하시니 그가 이르되 선생님 말씀하소서. 이르시되 빚 주는 사람에게 빚진 자가 둘이 있어 하나는 오백 데나리온을 졌고 하나는 오십 데나리온을 졌는데 갚을 것이 없으므로 둘 다 탕감하여 주었으니 둘 중에 누가 그를 더 사랑하겠느냐. 시몬이 대답하여 이르되 내 생각에는 많이 탕감함을 받은 자이다. 이르시되 네 판단이 옳다 하시고 그 여자를 돌아보시며 시몬에게 이르시되 이 여자를 보느냐. 내가 네 집에 들어올 때 너는 내게 발 씻을 물도 주지 아니하였으되 이 여자는 눈물로 내 발을 적시고 그 머리털로 닦았으며 너는 내게 입 맞추지 아니하였으되 그는 내가 들어올 때로부터 내 발에 입 맞추기를 그치지 아니하였으며 너는 내 머리에 감람유도 붓지 아니하였으되 그는 향유를 내 발에 부었느니라. 이러므로 내가 네게 말하노니 그의 많은 죄가 사하여졌도다. 이는 그의 사랑함이 많음이라. 사함을 받은 일이 적은 자는 적게 사랑하느니라. 이에 여자에게 이르시되 네 죄 사함을 받았느니라 하시니 함께 앉아있는 자들이 속으로 말하되 이가 누구이기에 죄도 사하는가 하더라. 예수께서 여자에게 이르시되 네 믿음이 너를 구원하였으니 평안히 가라 하시니라.(누가복음 7장 36절~50절)

## 성서와 불경 속 비슷한 이야기, 뭐라고 설명해야 하나

당신이 설명 좀 해보시라. 한 번도 만난 적 없는 예수와 붓다, 두 양반의 일대기에 이런 비슷한 일화가 왜 있는 것인지……. 세 가지 중 하나일 것이다. 우선 붓다와 제자들의 기 싸움으로도 번질 수 있는 두 가지 요인은 표절 의혹이다. 불경이 성서를 표절했거나 아니면 성서가 불경을 표절했거나. 시기상으로는 예수가 붓다보다 500년 뒤에 태어났으니 성서가 불경을 표절했다고 보는 것이 더 설득력 있어 보인다. 하지만 성서를 기록한 예수의 제자들이 뭐가 부족해서 불경을 표절했을까? 혹시 불경이 성서를 표절했다고 해도 마찬가지 의문이 생긴다. 그래서 마지막 제3의 해법을 내놓는다.

표절 여부와 상관없이 제자들은 이 이야기가 붓다와 예수의 정신에 꼭 맞는다는 걸 알고 있었다. 고대에는 어떤 사회를 막론하고 여성의 지위가 탄탄하지 못했다. 더군다나 남편이라는 울타리가 없는 여성은 더욱 그랬다. 사실 일화에 등장하는 여성들이 과부라는 증거는 어디에도 없다. 다만 고대사회의 구조로 보아 과부일 가능성이 큰 것만은 분명하다.

예수도 붓다도 주변에 서성대는 '여성과 과부'가 꽤나 많았다. 오죽하면 예수는 막달라 마리아(성서학자들은 예수의 발 아래 기름을 부었던 여성으로 추정한다)와 결혼해서 후손을 보았다는 이야기까지 나올 정도였다. 이런 주장을 소재로 해서 만든 《다빈치코드》라는 영화가 논란의 중심이 되기도 했다.

## 붓다와 미팅한 과부 이야기

붓다의 전도 생활에도 끊임없이 여성들이 그의 주변을 서성댄다. 그중 한 여인이 지금 소개할 여성이다. 그녀는 요즘 말로 하면 미망인이다. 흔히 과부란 말은 천하고 미망인이란 말은 귀한 줄 알지만, 뜻을 알고 나면 정반대다. 미망인이란 '남편을 따라 죽지 않은 아내'를 말한다. 남편이 죽으면 정조를 지키기 위해 남편을 따라 죽었던 옛 풍습에서 나온 말이다. 함부로 써서는 안 될 말이다. 반면 과부란 '남편이 죽어 혼자 사는 여자'란 뜻이다. 요즘 말로 하면 '돌싱'(돌아온 싱글)과 뜻이 통한다.

붓다가 제자들과 함께 시다림 숲을 지날 때 한 젊은 과부가 울고 있었다. 이유인즉 '아끼는 외아들'이 죽어서다. 남편이 죽고 유일하게 의지했던 외아들을 보내니 더 이상 살맛이 나지 않는다. 그녀는 붓다에게 아들을 살려달라고 애원했다.

붓다는 잠시 생각에 잠기더니 처방을 내렸다. "마을에 가서 한 번도 사람이 죽은 일이 없는 집의 쌀을 한 줌씩 얻어다가 죽을 끓여 먹이면 너의 아들이 살아날 것이다."

과부는 벅찬 희망 속에서 미친 듯이 쌀을 구하러 다녔다. 하지만, 결과는 뻔했다. 한 톨의 쌀도 구하지 못했다. 그럴 수밖에. 한 번도 죽음을 맛보지 않은 집은 애초에 없으니까. 그런 그녀에게 붓다는 "인생은 생자필멸(生者必滅)이라. 사람이 나면 반드시 죽는 법, 인연 따라 일어나서 인연 따라 없어지는 것이니 너무 슬퍼하지 마라" 하며 위로 아닌 위로를 한다. 말장난을 하느냐 싶겠지만, 이 일화에서 건질 깨달음은 붓다가 말한 대로 '생자필멸'이다. 우리가 늘 착각하고 사는 부분을 일깨워준다. 이런 깨달음이 깊이 박혔다면, 과부의 슬픔은 반으로 줄어들었을 게 분명하다.

## 성서 속에도 불경과 같은 과부가 있었네

여기서 나는 또 하나의 장난(?)을 걸어보려 한다. 먼저 신약성서의 한 장면을 보자.

> 그 후에 예수께서 나인이란 성으로 가실 새 제자와 많은 무리가 동행하더니 성문에 가까이 이르실 때에 사람들이 한 죽은 자를 메고 나오니 이는 한 어머니의 독자요 그의 어머니는 과부라. 그 성의 많은 사람도 그와 함께 나오거늘 주께서 과부를 보시고 불쌍히 여기사 울지 말라 하시고 가까이 가서 그 관에 손을 대시니 멘 자들이 서는지라. 예수께서 이르시되 청년아 내가 네게 말하노니 일어나라 하시매 죽었던 자가 일어나 앉고 말도 하거늘 예수께서 그를 어머니에게 주시니 모든 사람이 두려워하며 하나님께 영광을 돌려 이르되 큰 선지자가 우리 가운데 일어나셨다 하고 또 하나님께서 자기 백성을 돌보셨다 하더라.(누가복음 7장 11절~16절)

위의 장면 또한 표절 시비가 붙을 만하다. 분명한 것은 예수와 붓다는 과부에게 관심이 많다는 것, 과부와 미팅하기를 조금도 주저하지 않았다는 거다. 이 두 개의 장면을 가지고 만일 기독교에서 "보라! 붓다는 위로에 그쳤지만 예수는 사람을 살렸다. 고로 기독교가 참 생명의 종교다"라고 말하는 건 예수의 마음을 한 번 더 아프게 하는 거다. 예수가 말하고 싶었던 것, 예수의 제자가 말하고 싶었던 것은 성서 구절 그대로 "하나님께서 자기 백성을 돌보셨다 하더라" 하는 메시지다. 물론 붓다와 과부의 미팅에서도 "부처님이 자기 백성을 돌보셨다 하더라" 하는 메시지는 동일하다. 그들이 돌봤던 백성 중에서 과부가 공히 등장하는 것은 우연이 아니겠지?

# 본회퍼,
# 목사가 그래도 되나?

---

"만일 어떤 미친 운전사가 사람들이 많이 다니는 인도 위로 차를 몰아
질주한다면 희생자들의 장례나 치러주고 가족들을 위로하는 일만 하는 것이 목사인
나의 유일한 임무라 생각하지 않습니다. 나는 그 자동차에 뛰어올라
그 미친 운전사로부터 핸들을 빼앗아야 할 것입니다."

## 서른아홉 살에 교수형을 당한 본회퍼 목사의 삶

평화주의자였던 목사 본회퍼의 말이다. 목사이면서 간디의 '비폭력저항'을
누구보다 사랑했던 그의 말치고는 참으로 무시무시하다. 사실 그의 말보다
는 행동이 더 무시무시하다. 그가 말한 미친 운전사는 누구이며, 핸들을 빼
앗는다는 건 무엇을 의미하는 걸까?

디트리히 본회퍼(Dietrich Bonhoeffer)는 1906년 2월 4일 독일 브레슬라

우에서 정신과 의사인 칼 본회퍼와 파울로 본회퍼 사이에서 여섯 번째 아들로 태어났다. 그의 집안은 1513년 네덜란드에서 독일로 이주해온 중산층이었는데, 뛰어난 학문적 실력과 지위를 갖고 있는 전통적인 루터교파의 개신교 가문이었다. 할아버지는 프로이센 왕실의 궁정 목사였고, 어머니 파울라 역시 자녀들에게 직접 성서 이야기와 시, 노래를 가르칠 정도로 믿음과 교양이 모두 훌륭했다. 하지만 그의 아버지는 신앙에 무관심했다.

본회퍼는 스무 살의 나이에 신학의 독자성을 인정받아 신학박사 학위를 받았고, 스물세 살에 대학교수 자격을 획득했다.

이렇게 잘나가던 그에게 무슨 일이 있었던 걸까? 그는 독일 루터교회 목사이자 신학자인 동시에 반 나치 운동가로 알려져 있다. 고백교회의 설립자 중 한 사람이었던 그는 아돌프 히틀러를 암살하려는 외국 첩보국의 계획에 가담했다. 1943년 3월에 체포된 그는 1945년에 독일 플로센뷔르크 수용소에서 교수형에 처해졌다. 이때 그의 나이는 서른아홉 살, 예수가 십자가에 못 박혀 죽은, 같은 30대의 나이였다.

## 그는 과연 체제전복을 꾀하는 빨갱이였을까?

앞에서 본회퍼가 말한 미친 운전사는 히틀러였고, 핸들을 빼앗는다는 것은 히틀러를 죽여 독일을 바로 가게 하겠다는 뜻이었다. 즉 한 나라의 국가원수를 암살하겠다는 이야기다. 요즘 말로 바꾸면 "대통령이 제대로 하고 있지 않아. 그러니 가만히 앉아있을 수만은 없어. 대한민국을 위해서 나는 그 대통령을 암살하겠어. 그 일에 내 한 목숨 기꺼이 바치겠어"란 뜻이다. 본회퍼의 말에 의미를 붙여 찬성하는 사람들이야 의로운 결단으로 보겠지만, 그렇지 않은 평범한 신자나 사람들에게는 '체제전복을 꾀하는 빨갱이'나 국가원수를 죽이고 나라를 팔아먹는 반역자라고 보일 것이다.

당연한 이야기지만, 히틀러와 오늘날의 '대통령'은 차원이 다르다. 본회퍼의 암살 시도는 누가 봐도 명백한 미친 독재자를 끌어내리려는 것이니 정당한 행위라고도 볼 수 있다. 하지만 사실은 좀 다르다. '누가 봐도 명백한 미친 독재자'는 히틀러 사후의 시각일 뿐이다. 히틀러 당대에는 대부분의 독일 국민들이 그를 지지했다. 심지어 독일 교회들도 히틀러의 통치는 물론 유대인 학살마저 침묵하거나 동조하기 바빴다. 적어도 당시 히틀러는 독일 국민들이 경제적 어려움과 정신적 좌절에 빠져있을 때, 나아갈 길과 희망을 선물한 카리스마 있는 지도자였던 거다. 우리 대한민국의 현대사에도 그런 대통령이 있었다.

## '침묵은 곧 악'이라는 메시지가 있다

어쨌든, 자신의 나라를 통치하는 국가의 지도자를 암살하려 한 본회퍼는 제정신이었을까? 왜 그랬을까? 무슨 생각으로?

한 사람의 삶은 그 사람의 생각(신념과 사상)에서 나온다. 그의 삶은 고스란히 그의 생각의 반영이다. 본회퍼도 다르지 않았다. 그는 죽을 때까지 반 나치 운동가로 살았다.

그의 설교에는 '값싼 은혜와 값비싼 은혜'를 대조하는 부분이 많이 나온다. 값싼 은혜란 예수의 십자가 죽음의 은혜를 거저 누리기만 하고 행동하지 않는 것을 말한다. 값비싼 은혜란 예수의 은혜를 받아들였으니 예수가 십자가에 죽은 것처럼 예수의 뒤를 죽음을 각오하고 따라가는 것을 말한다.

본회퍼는 당시의 독일 교회가 값싼 은혜에 빠져있다고 봤다. "교회는 고백한다. 교회는 죄 없는 사람들의 피가 하늘을 향해 울부짖는 것을 보고 외쳐야 할 때 침묵을 지켰다. 교회는 바른 말을 바른 방법으로 바른 때 찾아내지 못했다. 권력 앞에 무릎 꿇고 가난한 자를 약탈하고 방조하는 일에 침묵했다"《옥중서간》본회퍼, 대한기독교서회)라고 그는 고발하고 고백했다.

대다수의 사람들이 히틀러에 찬성하고 그의 정부에 동조할 때, 본회퍼는 '이건 아니다'를 알아차렸다. 깨어있는 정신만이 가능한 일이었다. 뿐만 아니라 그런 히틀러 정부 치하에서 가만히 있는 것조차 악을 방조하는 악한 행위라고 보았다.

이런 본회퍼의 생각을 뒷받침해주는 홍콩 영화가 있다. 2001년에 실화를 바탕으로 제작한《버스 44》(다이안 잉 감독)다. 줄거리는 대략 이렇다.

중국의 어느 시골길에서 한 청년이 두 시간 가까이 기다려 44번 버스를 탄다. 출발한 버스는 얼마 가지 않아 2인조 강도의 습격을 받는다. 승객들의 금품을 빼앗은 강도들은 젊은 여자인 운전사를 성폭행하려 하고, 청년은 이를 막아보려 고군분투하지만 흉기를 가진 강도들에게 간단히 제압당한다. 다른 승객들은 방관만 하고 있을 뿐이다. 돌아온 운전사는 경멸하듯 승객들을 돌아보고, 청년을 타지 못하게 하고는 버스를 몰아 떠난다. 청년은 할 수 없이 히치하이킹을 해서 길을 계속 간다. 얼마 지나지 않아 경찰이 교통사고 현장을 조사하는 것이 보였다. 조금 전까지 청년이 탔던 44번 버스가 언덕 밑으로 굴렀다. 운전사와 승객 전원이 사망했다는 소식을 경찰관들의 대화를 통해 알게 된 청년은 쓴웃음을 짓는다.

'침묵이 곧 악'이라는 메시지를 강력하게 들려주는 영화다.


그의 묘비엔 이렇게 씌어졌다.


우리는 그리스도가 아닙니다. 그러나 그리스도인이 되기를 원한다면, 그리스도의 넓은 사랑을 어느 정도 공유해야 합니다. 우리는 위험한 시간이 닥쳐올 때, 책임을 지면서도 스스럼없이 행동함으로써, 그리고 두려움에서 비롯된 것이 아니라 고난당하는 모든 사람들을 위해 베푸신 그리스도의 자유하게 하며 구속하는 사랑에서 비롯된 참된 자비를 보여줌으로써 그렇게 할 수 있습니다. 그저 기다리면서 지켜보기만 하는 것은 그리스도인의 행동이 아닙니다. 그리스도인들은 자비와 행동을 위해 부름을 받았습니다. 그러나 우선적으로 자기 자신의 고통 때문이 아니라, 형제들과 자매들의 고통 때문에 행동해야 합니다. 그리스도는 우리의 형제자매들을 위해 고난을 당하셨습니다. 우리는 악한 행위들을 고발하는 무언의 증인들입니다.

– 《나를 따르라》 엘리자베스 라움, 길성남 옮김, 좋은 씨앗

본회퍼는 이렇게 자신의 뜻을 역설했다. 그가 기꺼이 살고자 했던 삶은 철저하게 그리스도를 따르는 삶이었다. 그리스도를 따르는 삶은 고난당하는 사람들을 위해 기꺼이 그리스도처럼 죽는 것이었다. 필요하다면 고난을 만들어내는 원흉을 그 자리에서 끝어낼 수도 있다는 것이었다. "행동하지 않는 양심은 죽은 양심"이란 누구의 말과 닮았다. 그는 누구보다 평화주의자였고, 비폭력저항주의자였지만, 그에게 있어서 평화와 비폭력은 불의에도 눈감고 가만히 있는 게 아니었나 보다.

본회퍼에게 기독교인은 인간이다. 종교적 행위가 기독교인을 만드는 것이 아니라 일상생활 가운데 신의 고난에 동참하는 것이 기독교인을 만든다고 보았다. 그리고 신앙이란 하나님의 고난에 동참하는 것이었다. 즉 그리스도를 따른다는 것은 종교적 관계가 아니라 타인을 위해 존재하는 그리스도에게 참여하는 것이었다. 형식에 얽매인 종교는 세상으로부터 동떨어진 종교일 뿐이다. 그것은 단순한 '종교생활'일 뿐 그리스도를 본받는 '신앙생활'이 아니다. 본회퍼에게 있어서 신앙은 전체적인 삶이었고, 그리스도의 부르심 또한 전체적인 삶 앞에 직면하는 것이라고 보았다. 그는 한마디로 전 생애를

걸고 예수의 삶을 살려 했던 사람이었다.

본회퍼 목사의 사상과 삶을 두고 설왕설래가 많지만, 국가원수를 암살하려다 교수형 당한 젊은이를 주변 사람들은 이렇게 평했다. 39년에 걸친 그의 전 생애에 대한 엄중한 평가다. 그것은 바로 그의 묘비명이다.

디트리히 본회퍼—그의 형제들 가운데 서 있는 예수 그리스도의 증인.

# 나치 치하에서 빛난 신부들

지난 장에서는 나치 치하에서 빛난 '목사' 본회퍼를 살펴보았다. 이번 장에서는 나치 치하에서 빛난 '가톨릭 신부'들의 이야기를 해볼까 한다. 빛난다고 하니 무슨 화려한 일을 한 것 같지만, 실은 말없이 죽어갔거나 말없이 살아낸 이야기다.

## 죽을 사람 대신 총살당한 신부

먼저 유대인 수용소에서 남을 위해 기꺼이 죽어간 신부의 얘기다. 나의 책 《모든 종교는 구라다》에 소개된 것이다.

수용소에 유대인들이 강제로 수용되었다. 그들 틈에는 가톨릭 신부도 있었다. 탈주자가 많이 생기자 간수들은 "어떤 방에서든 한 사람이 탈출하면 그 사람 대신 다른 한 사람을 총살 시키겠다"라고 법을 정했다.

그 이야기를 다시 재구성해 보았다.

나, 제이콥이 유대인 수용소에 들어온 지 98일째다. 처음에는 이제 죽는 구나 싶었다. 모든 게 낯설고, 공포만이 가득했다. 하지만 공포도 길들여지면 살 만한가 보다. 아침에 일어나서 개밥인지 사람 밥인지 모를 밥을 먹고 운동을 하고, 죽어라 일하고, 저녁을 먹고 또 자는 생활이 반복된다. 여기가 공포의 장소라는 걸 잊을 만할 때면 옆방에서 총소리가 나서 현실을 일깨워주곤 한다. 그렇다. 수용소의 한 방에 있는 누군가 탈출에 성공하면 그 방에 있는 다른 누군가를 본보기로 총살하는 거다. 아무런 절차도 없이 이루어지는 즉결 사형이다. 이미 인권은 고사하고 생존권조차 없어진 지 오래니까 그마저도 그러려니 한다. 왜? 나에게 닥친 일이 아니니까, 설마 나에게까지 그런 차례가 돌아올까 싶다.

아내와 아이들이 보고 싶다. 사실 아내와 아이들은 집에 꼭꼭 숨겨두었었다. 물론 나도 숨어 있었다. 식량을 구하러 밖으로 나오지만 않았어도 잡히진 않았을 것이다. 그래도 어떡하나. 여섯 살 아들과 여덟 살 딸이 배가 고파 죽겠다는데. 지금쯤 아내와 아이들은 어떻게 되었을까? 혹시 그들도 잡혀 오지 않았을까? 외부와 연락할 길이 없으니 도통 알 수가 없다. 그래서 이젠 두렵기보단 답답하다. 이런 상황에서도 슬슬 지겨워지려는 이 심리는 뭘까?

어느 날 아침 간수가 호루라기를 불며 급히 우리를 깨웠다. '에이, 또 무슨 일이람? 저 자식은 잠도 없나?' 간수가 우리를 한 줄로 세웠다.

"에, 이 방에서 한 놈이 어젯밤 탈출을 했단 말이야!"

그 말을 듣는 순간 눈앞에 저승사자가 어른거리며 우리는 모두 얼음이 되어버렸다. 그리고 보니 저 끝 침상에서 자던 아이작이 안 보인다. 평소 있는 듯 마는 듯했던 젊은이가 탈출에 성공한 것이다. 하지만 그의 성공을 이 순간만큼은 박수쳐 줄 수 없다. 빌어먹을 녀석 때문에 내가 죽을지도 모르니까.

불길한 예감은 왜 항상 맞아 떨어지는지 몰라. 간수 녀석이 나를 지목했다. 모두들 간수 녀석과 눈을 마주치지 않으려고 한사코 고개를 숙였다. 나도 그랬는데…… 하고 많은 사람 중에 왜 하필 나란 말인가. 평소엔 나를 쳐다보지도 않더니만.

순간 머릿속에서 아내와 아이들의 웃는 얼굴이 스쳐지나갔다. 이렇게 죽는구나. 공포와 함께 묘한 안도감마저 든다. 이렇게 사느니 차라리 죽는 것도…… 단지 아내와 아이들을 못 보고 죽는 게 한이다. 눈을 감고 녀석의 총구가 다가오기를 기다렸다. 한 번도 해보지 않은 경험을 하려니 죽을 만큼 떨렸다. 내 머리통에 차가운 총구가 겨누어졌다.

"잘 봐!" 간수 녀석이 엄포를 놓는다. 이제 방아쇠만 당기면 된다. "하나 둘 셋……" 이제 '넷' 하면 방아쇠가 당겨질 참이었다.

이때, 다급하게 누군가 소리를 쳤다. "잠깐만요. 내가 대신 죽을게요!" 잘못 들었나? 아니 지금 내가 죽어서 영혼이 빠져나와 헛소리를 듣고 있나? 그러고 보니 방아쇠가 아직 당겨지지 않은 것 같기도 하다. 눈을 떴다. 주위가 쥐 죽은 듯 조용하다. 오로지 한 사람만 빼고.

조셉 신부였다. 잡혀온 유대인 중 유일한 가톨릭 성직자로서 항상 온화하게 사람들을 위로했다. 유대인이지만, 가톨릭이 참 좋은 종교구나 싶게 만들었던 신부였다. 그런 그가 나 대신 죽겠단다. 아니 왜? 간수 녀석이 낄낄대며 신부에게 다가갔다.

"성자 나셨네. 그래 그럼 소원대로 해주지!"

이번에는 '하나 둘 셋 넷'을 세지도 않고 바로 방아쇠가 당겨졌다. 신부의 머리를 관통한 총알이 옆 나무 기둥에 박혔다. 신부는 머리에 피를 흘리며 쓰러졌다. 하지만 그 장면보다 더 오래 나의 기억에 남은 것은 그의 마지막 얼굴이었다. 고통으로 일그러진 얼굴이 아니라 너무나도 평온한 얼굴이었다. 20년이 지난 지금도 그 얼굴을 도저히 잊을 수가 없다.

어떤 목숨인들 귀하지 않으랴. 총각 목숨과 유부남 목숨의 무게가 다르다고 그 누가 말하겠는가. 더욱이 남을 위해 죽어도 좋은 목숨은 없다.

조셉 신부의 '대신 죽음'은 앞에서 살펴본 티베트 승려들의 '눈 빼주기 희생'과 닮아 있다. 그 신부는 마치 목숨이 몇 개나 있어서 "까짓 한 개 정도는 주고 말지" 하는 것처럼 보였다. 티베트 승려들 역시 "차고 넘치는 게 눈인데, 두 개 정도 주는 게 대수랴" 하고 말하는 것처럼 보이는 거다.

## 죽을 사람들을 살려낸 신부

조셉 신부(사실 그의 이름은 알려지지 않았다. 다만 작가적 상상력을 발휘해 그에게 이름을 붙여준 것이다)는 죽을 사람 대신 죽은 신부다. 하지만 이제 소개할 신부는 죽을 사람들을 끝끝내 살려낸 신부다. 이 내용도 나의 책 《모든 종교는 구라다》에 소개된 일화다.

제2차 세계대전 당시 프랑스에 살았던 피에르 신부는 전쟁으로 인한 인종살상과 인간파괴의 실상들을 보면서 인간 사랑의 길에 접어들었다. 그는 독일군에게 쫓기는 유대인을 구하기 위해 스위스의 험준한 산을 넘기도 했고, 이런 일들을 하다 게슈타포에게 붙잡혀 죽을 고비를 수차례 넘기기도 했다.

어느 날 밤 유대인 두 사람이 문을 두드리더니 울면서 '저희를 좀 숨겨주세요. 체포 당할 뻔했어요. 저희는 유대인이거든요'라고 했을 때에야 유대인들이 쫓긴다는 사실을 알게 되었다. 나는 어찌해야 할지 잠시도 망설이지 않았다. 한 사람은 매트리스에서, 다른 한 사람은 매트리스 받침대 위에서 자게 하고 나는 의자에서 잤다.
《단순한 기쁨》, 피에르 신부, 마음산책)

"어찌해야 할지 잠시도 망설이지 않았다"는 피에르 신부의 고백의 힘은 과연 어디에서 나왔을까? 독일군 치하의 프랑스에서 유대인들을 숨겨준다는 것은 곧 독일군에게 잡혀 죽을 수도 있는 중죄였는데 말이다.

우리들 각자는 매일같이 다른 사람들의 고통을 덜어주고자 함으로써 그 어떤 연설보다 잘 광신에 맞설 수 있다. 하지만 좀 더 용기를 내어, 폭력 속에서 길을 잃은 그리스도인 형제들에게, 유대교인들에게, 회교도들에게, 그리고 또 다른 모든 사람들에게 참된 유일한 종교는, 그 이름이야 어떠하건, 이웃에 대한 사랑을 존중하는 종교라는 사실을 상기시키자. 사랑에 대한 모독은 그 무엇보다 중대한 모독이다.
《단순한 기쁨》, 피에르 신부, 마음산책)

전쟁이 끝난 뒤 피에르 신부는 '엠마우스'라는 공동체를 설립해서 '상처 입은 독수리'라는 표현을 써 가면서 상처받은 사람들을 위로하고 돕는 데 일생을 보냈다. 그래서 사람들은 그를 '금세기 최고의 휴머니스트'라고 부르는지도 모른다.

# 이태석 신부쯤 되어야
# 종교인이지, 암만!

───────────

이 장을 쓰기 위해 일부러 이태석 신부를 만났다. 적당히(?) 자료를 뒤적여
글을 쓰려고 했지만, 그를 조사할수록 뭔가가 내 마음을 건드렸다.
천주교가 아닌 종교인들도, 무종교인들도 모두 그에게 '진정한 종교인'이란
라벨을 붙여주었다. 도대체 그의 삶이 어땠기에?

## 성당보다 학교를 먼저 세운 신부

2012년 9월, 한 편의 영화가 대한민국 사람들을 감동과 눈물의 바다로 몰
아넣었다. 《울지 마 톤즈》였다. 잘 다듬어진 영화도 아닌 투박한 다큐멘터리
영화가 세상을 울렸다. 제목은 '울지 마'였지만⋯⋯.

이태석 신부는 2001년 아프리카 선교를 자원하여 남부 수단의 작은 마을
톤즈로 갔다. 거기서 의료봉사와 선교활동을 하다 2011년 1월 마흔여덟 살

의 나이에 대장암으로 사망했다. 그의 삶 특히 톤즈에서의 10년 동안 그가 보여준 메시지와 에너지는 실로 대단했다. 종교인이 꼭 영적인 것만을 가르치는 게 아니라 사람들의 육체와 삶을 치유하는 사람이라는 걸 그는 보여주었다.

그가 찾은 땅 수단은 오랜 내전으로 인해 200만 명이 사망했고, 수많은 사람이 여전히 고통 속에 있었다. 한마디로 희망은 찾아볼 수 없는, 절망만이 가득한 땅이었다. 거기다 고질적인 질병은 그들의 삶을 더욱 피폐하게 만들었다. 이때, 동양의 한 젊은이가 이 땅에 온 거다. 그가 처음 그 땅을 밟았을 때만 해도 아무도 그에게 기대를 걸지 않았다. 이태석 신부 자신조차 그 땅에서 무엇을 할 수 있을지 막막했다.

"처음 거기 도착했을 때, 열흘 동안 아무런 말도 할 수 없었다. 문화적 충격이 컸다."

하지만 이내 그는 마음의 평정을 찾았다. 그가 제일 먼저 한 것은 그들을 있는 그대로 인정하자는 것이었다. 그랬다. 그들을 변화시키고 치유하려는 마음부터 내려놓았다. 사람들은 그가 헌신적인 사랑을 베풀었다고 말하지만, 정작 그는 "나는 어려서부터 누군가를 도우며 살아야겠다고 마음먹었지만, 여기 와서 내 생각은 달라졌다. 내가 그들에게서 오히려 더 많이 배운다"라고 말했다.

그가 소개한 톤즈의 한 여성(마흔 살)은 한센병 환자다. 가족도 없이 혼자 산다. 세상의 눈으로 보면 절망 그 자체겠지만, 이태석 신부는 그녀를 "한 번도 웃지 않은 적이 없는 행복한 여성"이라고 소개했다. 그녀를 볼 때마다 그는 배운다고 했다. 그의 모습에서 우리는 진정한 종교인의 자세를 보게 된다.

아픔의 땅에 도착한 이태석 신부는 "성당을 먼저 세울까, 학교를 먼저 세울까" 고민하다 "예수라면 학교를 먼저 세울 것"이라는 결론을 내렸다. 더구나 학교라고 하면 번듯한 건물을 생각하겠지만, 그것도 아니었다. 그냥 흙으로 만든 벽돌과 나무 등을 얼기설기 엮어 만든 가건물이었다. 여기에서 초등학생부터 대학생 나이에 이르는 청소년들이 뒤섞여 공부했다. 학교에서 해주는 한 끼가 그들의 하루 식사의 전부였다.

열악한 환경 속에서도 아이들은 열심히 공부했다. 밤에는 성당을 학습실 삼아 한 권의 교과서를 돌려 읽으며 공부했다. 한 아이는 "수단에 아무런 희망이 없어 보이지만, 나도 이태석 신부님과 같은 사람이 되겠다"며 열심히 공부하는 이유를 밝혔다.

이렇게 그가 정성을 쏟은 학생 중에서 존과 토마스란 원주민 청년은 한국으로 유학을 왔다. 이태석 신부의 도움이었고, 이태석 신부의 유언이기도 했다. 한국에서 열심히 공부하여 의사가 된 이 청년들은 고국으로 돌아갈 날을 기다리고 있다.

### 톤즈의 청소년들에게 총 대신 악기를……

수없는 내전을 치르다 보니 수단에서는 청소년들까지 전쟁터에 끌려가기 일쑤였다. 어렸을 적부터 전쟁과 폭력에 노출된 아이들은 인간성도 많이 퍽퍽해졌다. 총이 가까이 있으니 총기사고도 심심찮게 일어났다. 희망이 없어 보이는 지점이 바로 한창 자라는 청소년들의 인성이 폭력으로 인해 일그러지는 곳이었다. 이런 그들을 위해 이태석 신부는 수단 최초로 청소년 브라스밴드를 만들었다. 청소년들에게 총 대신 악기를 들려준 것이다. 총 대신 피리와 나팔을 불기 시작한 아이들은 마침내 그 실력을 인정받아 수단 정부의 국가축제에서 초청 공연을 하는 쾌거를 이루었다.

이태석 신부가 수단에서 한 일은 많지만, 그중에서도 특히 의료봉사는 단연 압권이었다. 처음 그가 톤즈에 도착했을 때는 아무리 아픈 사람이 와도 할 수 있는 일이 진통제와 소독제를 바르는 일뿐이었다. 아프고 병든 것을 운명처럼 받아들이며 사는 그들이 할 수 있는 일은 고작 전통적인 주술행위였다. 이런 그들을 위해 이태석 신부는 병원, 사실은 허름한 막사라고 해야 할 집을 짓고, 의약품을 보급받아 진료를 했다. 어디서? 병원에 가만히 앉아서? 아니다. 그건 한국의 병원 이야기이고, 그는 달랐다. 아니 다를 수밖에 없었다. 그는 지프차를 끌고 하루는 이 마을, 하루는 저 마을을 돌아다니며 환자를 돌봤다. 무엇보다 한센병 환자를 돌보는 것은 그의 주요 업무였다. 우리처럼 약을 많이 써서 오히려 약이 잘 듣지 않는 사람들이 아니라는 게 다행이라면 다행이었다. 순한 약을 써도 잘 나았다. 문제는 그런 약조차 구할 수 없다는 것이었다.

이런 열정적인 봉사에도 불구하고, 약의 부족 등으로 인해 눈앞에서 환자가 죽어갈 때 그의 절망은 이루 말할 수가 없었다. 하지만 그의 이런 노력 덕분에 병을 대하는 그들의 태도는 달라졌다. 전에는 병을 운명처럼 생각하고 포기하고 살았지만 그가 오고 난 뒤에는 치료하면 나을 수 있다는 희망을 가지게 된 것이다. 한 사회의 오랜 인습을 그는 사랑의 힘으로 돌려놓았다. 사람들이 그를 '수단의 슈바이처'라 부르는 이유일 것이다.

## 톤즈의 꽃이 된 영혼

하지만, 신이 그를 너무나 사랑한 탓일까? 그의 나이 마흔여덟. 톤즈에 간지 약 10년이 되던 날, 그는 세상을 떠났다.

그가 어떤 사람인지는 그가 죽고 난 뒤 알게 된다고 했던가? 한국에서 치러진 장례미사에는 1,500명의 조문객이 몰려들었다. 평소 그를 잘 알지 못했지만 그의 삶에 마음이 움직인 사람들이었다.

무엇보다 놀라운 것은 각종 영상매체를 통해 보여준 톤즈 사람들의 반응이었다. 그가 죽자 톤즈 사람들은 대성통곡을 했다. 영화 제목이 '울지 마 톤즈'가 된 것은 이런 이유 때문이었다. 모든 톤즈 사람들이 울었지만, 특히 브라스밴드 아이들의 슬픔은 더했다. 아이들이 평소 이태석 신부가 가르쳐 준 "사랑해 당신을 정말로 사랑해. 당신이 내 곁을 떠나간 뒤에 얼마나 눈물을 흘렸는지 모른다오"를 부르는 장면이 스크린을 통해 상영될 때는 관객들도 '폭풍오열'에 무너지고 만다.

그가 죽은 뒤 톤즈 사람들은 한동안 정신적인 공황상태에 빠졌다. 다큐멘터리 속에서 톤즈의 한 할머니는 이태석 신부의 사진을 보며 날마다 기도를 했고, 어떤 가정에서는 벽에 걸린 그의 사진을 보며 아침마다 온 가족들이 기도를 드렸다. 톤즈 사람들에게 그는 그리운 사람의 차원을 넘어 하나의 종교가 된 것처럼 보였다. 그랬다. 이태석 신부는 이미 그들에게 사랑의 종교 그 자체였다.

《울지 마 톤즈》가 상영되자 우리나라도 온통 눈물바다가 되었다. 어떤 청소년 단체에서는 청소년들에게 이 영화를 감상하게 하고 감상문을 쓰게 했다. 학교에서도 이 영화를 단체관람하며 눈물을 보이는 장면이 화면을 타고 세상에 널리 알려졌다. 한 개신교의 신학대 교수는 신학생들에게 이 영화를 보게 한 후 감상문을 제출하게 했다. 다큐멘터리에서는 "이태석 신부를 만난 사람마다 하나같이 변화가 있었다"고 일러준다. 어떤 이는 "사람의 크기는 사랑의 크기다. 그는 실로 큰 사람이었다"고 평하기도 했다.

그가 마지막으로 온 힘을 다해 들려주는 메시지가 아름답다.

"인생을 하느님의 나라처럼 새처럼 훨훨 날아다니면서 살고 싶어 이 세상에 왔는데, 날기에는 그 안에 너무 많은 것들이 있어요. 그것들을 하나씩 하나씩 비울 때 우리는 날 수 있고 진정한 행복을 얻을 수 있어요."

그의 이야기를 알아가는 내내 두 가지 궁금함이 생겼다.

첫째, 그로 하여금 그 험난한 길을 가도록 한 원동력은 뭘까? 그가 말해 주었다. "보잘것없는 사람에게 베푼 것이 곧 나에게 한 것이라는 예수님의 말씀 때문"이라고.

둘째 그의 영화를 보고, 그의 삶을 본 사람들은 왜 모두 눈물이 난다고 했을까? 이태석 신부의 무엇이 그들로 하여금 눈물을 흘리게 만들었을까? 모르긴 해도 바로 그 지점이 모든 사람들이 그를 '진정한 종교인'이라 부르는 지점이지 않을까 싶다. 그것을 가능하게 한 가톨릭 시스템이 대단해 보인다.

# 호세마리아
# 신부의 길

앞에서 우리는 내전으로 상처 입은 수단에서 꽃이 된 한 남자(이태석 신부)의
이야기를 했다. 지금 만날 사람은 스페인 내전 속에서 꽃이 된 남자
호세마리아 신부의 이야기다. 그는 나치 치하에서 '미친 운전사를 끌어내리려 했던'
본회퍼 목사와는 상반되는(?) 길을 걸었다고 할 수 있다.

## 알고 보니 아버지가 원수였다고?

2011년에 영화《호세마리아 신부의 길》(롤랑 조페 감독)이 공개되자 사람
들은 진정한 종교인의 길이 무엇인지 주목하기 시작했다.

영화는 저널리스트 로버트로부터 시작한다. 곧 성인으로 시성(諡聖, 가톨
릭에서 죽은 후에 성인품으로 올리는 일)될 호세마리아 신부에게 관심을 갖
게 된 로버트는 그의 삶을 추적하여 책을 쓰기로 했는데, 그 과정에서 놀라

운 사실을 알게 되었다. 자신의 아버지(마놀로)와 호세마리아 신부가 한때 '절친'이었던 것이다.

부잣집 아들로 태어난 마놀로와 호세마리아는 어렸을 적부터 친한 친구였다. 하지만 호세마리아네 공장이 망하면서 둘은 갈라지기 시작한다. 신학교를 나란히 마쳤지만 두 사람은 각자의 길을 걷는다. 그들이 살던 시대는 스페인 내전의 시대. 호세마리아는 가톨릭교회 평신도들의 비밀조직인 오푸스데이(하나님의 사업)를 창설한다. 반면 마놀로는 사제의 길 대신 시민단체에 잠입하여 노조를 파괴하고 위원장을 암살하는 등 스파이가 된다. 그리고 혁명군에 가담하는 척하면서 내부의 주요 정보를 정부군에 누설하여 혁명군을 괴멸시키는 데 앞장선다. 그것은 그의 신념에 따른 행동이었다. 그 와중에 마놀로는 호세마리아 신부가 스페인을 탈출하도록 결정적인 도움을 주기도 한다. 하지만 마놀로는 그 과정에서 평생 씻을 수 없는 잘못을 한다. 혁명군의 여전사 일디코를 짝사랑하면서 비극이 싹트기 시작한 것이다. 일디코가 마롤로가 아닌 혁명군 지도자 오리올을 사랑하고 그의 아이까지 낳았던 것이다.

혁명군은 자꾸만 작전 내용이 새어 나가는 걸 알고, 조직 내에 스파이가 있음을 눈치 챈다. 위기를 느낀 마놀로는 짝사랑 그녀 일디코에게 스파이 누명을 씌운다. 그 충격으로 오리올은 죽음을 택하고 마놀로는 독재에 투항하기보다는 죽는 게 낫다고 생각하는 일디코를 향해 방아쇠를 당기고야 만다. 질투에 눈이 먼 한 남자가 벌인 일이다.

한편 1928년 10월 2일 오푸스데이를 설립한 호세마리아는 가난한 자들과 불치병 환자들을 위해 헌신했다. 그리고 오푸스데이를 통해 1970년에는 멕시코를, 1974년과 1975년에는 중미와 남미, 유럽의 여러 나라들을 순방했다. 그 결과 오푸스데이는 70여 개국에서 수많은 교육사업과 사회복지 사업을 이루며 '하나님의 사업'이라는 이름값을 해냈다.

반면에 마놀로는 짝사랑한 일디코의 아이를 키우며 외롭게 늙어간다. 그 아이가 바로 저널리스트, 로버트였던 것이다. 호세마리아의 일대기를 추적하다 자신의 출생의 비밀을 알게 된 로버트. 그는 과연 자신의 생모와 생부를 죽인 원수이자 자신을 키워준 양아버지 마놀로를 용서할 것인가, 미워할 것인가. 영화는 마놀로가 로버트에게 용서를 구하며 부둥켜안고 화해하는 것으로 끝을 맺었다.

이 영화는 동족 간의 내전으로 상처 입은 사람들을 호세마리아 신부가 어떻게 화해시키고 위로하는지 보여주었다. 또한 비련의 주인공 마놀로가 어떻게 아들에게 용서를 구하고 화해해 가는지를 보여주기도 했다.

## 알고 보니 본회퍼와 상반된 길이 아니었네

여기서 잠깐, 우리 '오버'하지는 말자. 내전의 소용돌이 속에서 어느 한쪽을 지지하거나 몰아내려고 하지도 않고, 가난한 자와 병자를 돌보면서 교육과 사회복지를 위해 일한 호세마리아 신부는 종교인답다고 하면서, 나치 치하에서 히틀러를 암살하려다 형장의 이슬로 사라진 본회퍼 목사는 종교인답지 않다고 하지는 말자는 얘기다. "보라 호세마리아 신부를. 이것이 참 종교인의 길이다. 사회운동에 참여하고, 독재에 항거하며, 각종 저항운동을 하는 것은 종교인의 길이 아니다" 하면서 일반화시키는 잘못을 범하지는 말자.

본회퍼의 모습에도 호세마리아의 모습에도 예수의 모습은 들어있다. 굳이 덧붙이자면 로메로 신부(살바도르의 군부독재에 항거하다 죽어간 가톨릭 주교)와 마틴 루터 킹 목사(흑인과 백인의 차별 없는 세상을 추구하다 죽어간 개신교 목사)와 같은 작은 예수들은 이 지구별에 수없이 많았다. 호세마리아 신부와 본회퍼 목사는 상반된 길이 아니라 결국 같은 길을 걸어간 사람들이다. 오롯이 참 종교인의 길을 걸었던 그들은 공히 "나를 따르라"던 예수의 부름대로 전 생애를 걸고 예수를 따랐던 사람들이었다. 나의 이 말이 얼마나 적절한 주장인지 십리도 못 가서 당신은 확인하게 될 것이다.

## '몬드라곤 협동조합'은 누가 설립했나 봤더니…….

세계 협동조합의 메카이자 사회적 경제를 추구하는 이들의 로망인 몬드라곤 협동조합을 아는가. 이 협동조합은 실로 획기적인 기업의 모습을 보여줬다. 단순히 이익만을 바라고 투자하는 사람들에 의해 운영되는 일반 기업과 달리 여기에서는 60년이 지난 지금까지 출자자도 반드시 노동을 해야 한다는 원칙을 지키고 있다. 모든 노동자는 경영에 참여하여 1인 1표의 주권을 행사한다. 일반 기업에서는 많은 주식을 보유한 사람들이 경영을 좌지우지하지만, 이곳에서는 노동자들이 총회를 통해 직접 최고 경영자를 선출하고 해임할 수 있다. 잉여금도 주주이자 노동자인 구성원들에게 고르게 분배된다. 또한 최저 임금과 최고 임금의 격차를 1대 4.5 이상으로 하지 않음으로써 부의 불균형이 발생하지 않도록 한다. 무엇보다 놀라운 것은 지난 60년 동안 해직된 노동자가 한 명도 없다는 점이다. 이곳이 바로 몬드라곤 협동조합이다.

이처럼 훌륭한 조합을 최초로 만들어낸 사람이 누굴까? 호세마리아 신부다. 호세마리아가 몬드라곤에 주임신부로 부임했을 당시는 스페인 내전이 한창이었다. 그는 내전으로 인구의 80% 정도가 떠나 폐허로 변한 몬드라곤에 희망을 심었다. 1943년 기술학교를 설립해 젊은이들의 자립을 도왔고, 그들에게 휴머니즘과 사회적 유대의 필요성을 가르쳤다.

　1956년, 교회활동보다는 사회문제 해결에 더 관심이 많았던 호세마리아 신부는 다섯 명의 제자들과 함께 석유난로를 생산하는 울고(ULGOR)를 설립했다. 이 울고가 바로 몬드라곤 최초의 협동조합 기업이다. 그가 걸었던 그 길 덕분에 60년이 지난 지금도 수많은 사람들이 협동조합의 정신과 시스템을 배우고자 몬드라곤으로 향하고 있다. 성당에서 미사만 집행하고 있었다면 꿈도 꾸지 못했을 일이다.

# 간디 · 달라이라마 · 틱낫한 이 세 사람의 공통점은?

간디: 출생 – 1869년 10월 2일 인도, 사망 – 1948년 1월 30일,
직업 – 정치인, 성별 – 남성, 학력 – 런던대학교.
틱낫한: 출생 – 1926년 10월 11일 베트남, 직업 – 승려, 성별 – 남성.
달라이라마: 출생 – 1935년 7월 6일 티베트, 직업 – 승려, 성별 – 남성.
이상은 인터넷 인물백과에 적힌 세 사람의 인적사항이다. 간디의 직업이
정치인으로 분류된 것은 다소 의아하긴 하지만, 하여튼 한 번도 만난 적이 없는 세
사람의 공통점은 무얼까? 센스 있는 당신은 '남성'이라고 대답할지도 모르겠다.
하하하하. 그 이외에 내가 생각하는 두 가지 공통점이 있다.

## 간디, 평범한 변호사에서 민중 속으로 걸어간 사람

사람들은 그를 '마하트마 간디'라고 부른다. 설마 '마하트마'가 이름, '간디'
가 성이라고 생각하는 사람은 없겠지? '마하트마'란 인도 말로 '위대한 영혼'

이란 뜻이다. 간디는 적어도 인도 사람들에겐 위대한 영혼이었다. 물론 지금은 수많은 지구별 사람들이 그를 '마하트마'라고 부른다.

이런 그에게도 평범해 보이던 시대가 있었다. 영국의 지배를 받던 서벵골 구자라트 주의 작은 공국 포르반다르의 총리였던 아버지 카람찬드 간디는, 공적인 교육은 많이 받지 못했지만 유능한 행정가로서 변덕스러운 군주들과 그들에게 오랫동안 고통당해 온 백성과 권력을 쥐고 있는 고집불통의 영국 관리들 사이에서 잘 처신했다. 간디는 아버지의 넷째 아내인 푸틀리바이의 막내아들로 태어났다.

간디는 열세 살 때, 학교를 다니면서 일찌감치 결혼을 했다. 그는 공부에서나 놀이에서나 눈에 띄는 아이가 아니었다. 시간이 나면 혼자서 오랫동안 거닐기를 좋아하는 소극적인 아이였다. 1887년 봄베이(지금의 뭄바이)의 대학 입학시험에 간신히 합격한 그는 바우나가르에 있는 사말다스대학에 입학했다. 의사가 될 생각이 있었지만 해부에 대한 비슈누교의 터부와 구자라트에서 고위 관리가 되어야 하는 가문의 전통을 고려하여 변호사가 되는 길을 택했다. 변호사의 길을 가기 위해 그는 영국 런던대학에 입학해 공부했다. 그 후 어머니가 사망하자 귀국해 변호사 생활을 시작했다. 이때만 해도 그는 집안의 명예와 자신의 입지를 위해 살아가는 평범한 사람인 듯 보였다. 워낙 조용한 사람이었으니까.

영국을 '철학자와 시인의 나라, 문명의 중심지'로 생각했던 그는 영국에서 법률 공부를 하면서 많은 이상주의자들의 영향을 받았다.

하지만, 역사는 그를 가만히 두지 않았다. 더반의 법정에서 그는 유럽인 판사가 터번을 벗으라고 명령했지만 이를 거부하고 퇴장했다. 며칠 뒤 프리토리아로 여행을 하면서 열차의 1등 칸에서 쫓겨나는 모욕을 당했고, 마차를 타고 가던 중 유럽인에게 자리를 내어주지 않는다고 백인 마부에게 두들겨

맞기도 했다. 호텔은 유럽인 전용이었기 때문에 들어갈 수 없었다. 그가 당한 이런 일련의 일들이 그를 역사의 마당으로 초대했다.

그는 남아프리카 공화국에서 인종차별과 불의에 맞서기 시작했고, 영국에 대한 불복종운동을 일으켜 민족주의자의 길에 들어섰다. 이후 인도뿐 아니라 세계 평화운동에 많은 영향을 주었다. 그의 업적은 다음과 같이 요약할 수 있다.

그는 '비폭력주의'를 무기로 삼아 영국의 식민지였던 인도의 독립을 주도했다. 그리고 온건 정치인과 급진주의자, 테러리스트와 의회정치주의자, 도시의 지식인과 농촌의 대중들, 힌두교의 카스트와 불가촉천민, 힌두교도와 이슬람교도, 그리고 인도인과 영국인 사이의 갈등을 조정하고 화해시켰다. 그는 다양한 성향을 지닌 남녀노소와 서구의 수많은 종파의 종교인들, 그리고 인도의 거의 모든 정파로부터 애정과 충성을 받았다.

소심하고 평범했던 그가 '마하트마'로 자리매김하게 된 원동력은 무엇이었을까?

## 달라이라마, 통치하는 국왕에서 섬기는 국왕으로

달라이라마는 사실 이름이 아니라 티베트 불교의 가장 지배적인 종파인 게룩파의 교주를 일컫는 칭호로서, 중세시대의 교황과 같은 존재를 말한다. 1959년에 중국 공산당이 티베트를 지배하기 전까지 그는 티베트의 정신적 지도자인 동시에 실질적인 통치자였다.

우리가 잘 알고 있는 달라이라마의 본 이름은 텐진 갸초이며, 티베트의 14대 달라이라마다.

달라이라마는 1935년 7월 6일 농부의 집안에서 라모 톤둡으로 태어났다. 두 살 때, '환생자 수색대'에 의해 달라이라마의 현신으로 인정받았다. 티베트 불교에서는 달라이라마가 다시 환생한다고 믿기 때문에 달라이라마가 죽으면 전생 달라이라마가 환생한 사람을 찾아다닌다. 그들이 바로 환생자 수색대다.

텐진 갸초는 네 살 때, 전생 달라이라마가 살던 왕궁으로 가서 달라이라마가 아니면 대답할 수 없는 질문들에 대답하는 기염을 토했다. 그는 자서전에서 왕궁을 처음 가봤지만 모든 게 낯설지 않았다고 고백했다. 심지어 전생 달라이라마 본인이 아니면 모르는 비밀(어디에 뭐가 있는지)들을 알아맞히는 자신이 신기했다고 했다.

이렇게 그는 네 살의 나이에 달라이라마에 취임했다. 단지 환생했다는 이유 하나만으로. 이 세상에는 우리가 알지 못하는 세계가 있다는 것을 인정하지 않을 수 없다. 서구 사회, 아니 우리나라만 해도 도저히 납득할 수 없는 방법으로 왕이 되는 사회가 아닌가.

국왕이 된 그는 평생 국왕 수업을 받은 사람으로 자라났다. 달라이라마로 살면서 티베트의 국가 현실과 티베트 불교, 그리고 중국과의 관계 등에 눈을 떴다. 자리가 사람을 만든다고 했던가. 그는 세상을 구원할 지도자 수업을 받았던 것이다.

하지만, 그가 만일 티베트의 궁정에서 편하게만 살았다면 지금 우리가 알고 있는 달라이라마는 탄생하지 않았을 것이다. 티베트 국민들은 1950년부터 그 나라를 점령한 중국 공산군에 대항하여 반란을 일으켰다. '반란'이란 중국의 입장이고, 티베트의 입장에선 독립운동이었다. 그 운동이 실패하자 달라이라마는 티베트 민중을 이끌고 1959년에 인도로 망명해서 티베트 망명정부를 세웠다. 그리고 티베트 망명정부를 통해 온 세상에 티베트의 독립을 촉구하고, 티베트 민중을 어루만지며 살았다. 그는 이러한 공로를 인정받아 노벨평화상(1989년)과 루스벨트 자유상(1994년) 그리고 세계안보평화상(1994년) 등 각종 상을 받았다. 티베트의 평범한 농부의 아들로 태어나, 운명의 부름을 받고 달라이라마가 되어, 평생을 티베트 민중과 티베트 독립을 위해 산 이 남자를, 티베트 사람들은 단순히 국왕이 아니라 영적인 아버지로 따르고 있다.

## 틱 낫한, 떠도는 '보트 피플'을 어루만지며……

1926년 베트남 중부의 행정관료 집안에서 태어나 열여섯 살 때인 1942년 선불교에 입문해 승려가 되었다. 이때까지만 해도 그는 세상에 흔한 스님 중 하나였다. 하지만, 베트남 전쟁이 그의 인생을 바꾸었다. 북위 17도선 이남에서만 일어났던 베트남 전쟁은, 제1차 인도차이나 전쟁 이후 분단된 베트남에 미국을 비롯한 여러 서구 국가들이 개입한 전쟁이다. 자본주의 진영과 공산주의 진영이 대립하던 냉전 시대의 대리전 양상을 띠기도 했다. 1955년 11월 1일 베트남과 라오스, 캄보디아에서 전쟁이 벌어졌다. 베트남 전쟁은 사이공이 함락된 1975년 4월 30일까지 계속되었다. 이 전쟁에서 미군은 제2차 세계대전 당시 사용한 300만 톤의 두 배가 넘는 755만 톤의 폭탄을 쏟아 부었고, 미군 5만 9,000여 명, 베트남인 100만여 명이 전사했다.

이 전쟁이 끝날 무렵 소위 보트피플들과 함께 프랑스에 도착한 틱낫한은 상처투성이인 그들을 위로하며 '자두마을'(플럼 빌리지)이라는 공동체를 만들어 함께 살았다.

그는 불교의 사회적 실천을 강조하면서 "모든 불교는 삶에 참여한다"는 참여불교(engaged Buddihsm) 운동을 주창하고, 민중의 고통을 덜어주는 실천적 사회운동을 펼쳤다. 뿐만 아니라 그는 깊은 명상과 실천적 삶을 통해 얻는 경험들을 아름다운 명상서적으로 만들어 전 세계 사람들에게 영적 위로와 치유를 선물해주었다. 《마음에는 평화, 얼굴에는 미소》(김영사), 《화》(명

진출판사) 등 다수의 책으로 우리나라 독자들에게도 깊은 영적 감동과 치유를 선물했다. 그 감동을 받은 사람 중 하나가 바로 나다.

이런 행보 덕분에 그는 세계 4대 생불(살아있는 부처) 중 한 사람으로 꼽힌다. 세계 4대 생불이란 우리나라의 숭산스님, 티베트의 달라이라마, 캄보디아의 마하고사난다 그리고 베트남의 틱낫한이다.

이쯤 하고 세 사람의 공통점을 말할 때가 되었다. 그들의 첫 번째 공통점은 종교인이라는 거다. 간디는 힌두교인, 달라이라마와 틱낫한은 불교인이다. 그리고 평생 자신이 속한 나라와 백성들을 위해 산 종교인들이다. 간디는 영국으로부터 인도 민중을, 달라이라마는 중국으로부터 티베트 민중을, 틱낫한은 미국과 소련으로부터 베트남 민중을 지켜냈다. 한마디로 근현대사의 세계 열강들의 횡포에 굴복하지 않고 자기 한 몸을 던져 민중을 사랑했던 종교인들이다.

그렇다면 두 번째 공통점은? 그것은 바로 내가 존경하는 종교인들이라는 점이다. 하하하하.

# 나대다가 죽은 종교인들
## – 예수 · 간디 · 마틴 루터 킹

---

이 글을 읽는 당신은 몇 살인가. 아니 이 지구별에서 며칠을 살았는가.
잠시 이 책을 덮고, 자신의 나이를 감안하여 며칠을 살았는지 따져보라. 계산기로 대략
계산해보니 나는 1만 7,155일을 살아왔다. 아니, 사실은 1만 7,155일을 죽어왔다.
우리는 태어나는 그 순간부터 죽음의 날을 향해 카운트다운이 되는 존재들이다.
이런 엄청난 진실을 우리는 애써 외면한 채 엄청나게 열심히 살려한다.
지금 내가 소개할 세 명의 종교인, 예수와 간디, 마틴 루터 킹도 그랬을까?

## 예수, 나대다가 죽은 대표적인 사람

사람들이 내게 "목사님! 예수님은 어떻게 돌아가셨어요?"라고 물으면 난 조금도 주저함 없이 "그분은 나대다가 죽으셨지요. 하하하하"라고 대답하곤 한다. 나는 왜 그런 불경한(?) 대답을 조금도 주저함 없이 할까? 그건 사실이기 때문이고, 그렇게 말해주길 그도 원할 것이라 믿기 때문이다.

예수가 살던 시대는 정치 역학적으로 매우 복잡했다. 우선 표면적으로는 로마의 지배를 받는 식민지였다. 성서 속 빌라도 총독은 로마가 파견한 이스라엘의 통치자였다. 옛날 일제강점기의 일본 총독과 같은 사람이었다. 그런 한편으로는 이스라엘을 통치하는 이스라엘 국왕도 있었다. 당시 로마는 식민지 민족을 말살하지 않고 품는 아량(?)을 베풀어 속국의 왕과 정치제도를 그대로 두었다. 또한 이스라엘은 철저한 종교사회였기에 제사장, 바리새인, 서기관 등의 종교지도자들도 실질적으로 권력을 누렸다. 이런 삼자구도 속에서 죽어나는 건 민중이었다.

이때, 할리우드 영화 속 영웅처럼 '짠' 하고 나타난 이가 있었으니, 이름하여 '나사렛 예수'였다. 나사렛 예수라는 별칭은 사실 예수를 깎아 내리려는 정적들이 붙여준 이름이다. 성서에서도 "나사렛에서 무슨 선한 것이 나겠느냐"(요한복음 1장 46절)라고 한다. 당시 나사렛은 이스라엘의 수도 예루살렘에서 제일 거리가 먼 변방지역이었다. 우리나라로 말하면 서울과 거리가 아득히 먼 남쪽 어디 촌구석이란 이야기다. 정치적 영향력도 없고, 권력층으로부터 철저히 소외당한, 그래서 '선한 것이 날 수 없는 곳'으로 무시당하는 곳이었다.

이런 나사렛 출신 예수의 아버지는 목수였다. 사람들은 예수를 일컬어 '목수 요셉의 아들'이라고 했다. 따라서 예수의 출신성분만 놓고 보면, 당시 권력자들이 발톱의 때만큼도 여기지 않을 정도였다. 하지만 어느 순간부터 예수는 다크호스로 떠올랐다. 예수가 병자를 낫게 했네, 오병이어로 5,000명을 먹였네, 물 위를 걷고 물로 포도주를 만들었네, 따르는 무리가 수천 명이 넘었네 등등의 보고들은 종교지도자들의 심기를 건드렸다. 그들은 촌놈 예수를 애써 무시하려 했지만, 돌아서는 민심 앞에서는 어떤 대책이 필요했다.

종교지도자들은 율법이라는 올가미로 민중을 통제하는 매정한 지도자로 비쳐지는 반면, 예수는 민중의 고통을 어루만지며 생사고락을 같이하는 선한 지도자로 비쳐지고 있었다. 어떻게든 예수를 잡아 권력의 지엄함을 보여줄 필요가 있었다. 그들은 예수에게서 빈틈을 찾으려고 혈안이 되어 있었다.

이때, 예수가 정말 정치적인 감각이 있었다면, 살아남고자 했다면 행동거지를 조심했어야 했다. 하지만 예수는 안식일에 병을 고치는 치료행위를 엄격히 금하는 법을 잘 알고 있었건만, 정적들 앞에서 보란 듯이 병자의 병을 고쳐주었다. 또한 안식일에 농사를 짓거나 추수를 하는 것과 같은 노동을 일체 금하는 율법을 어긴 제자들을 굳이 두둔하고 나섰다. 제자들이 안식일에 밀밭 사이로 걸어가며 추수하고 남은 밀을 주워 먹자 예수의 정적들은 안식일에 해서는 안 될 일을 했다고 비난했던 것이다. 또한 당시 관행이었던 성전 장사들에게 채찍질을 하고 상을 둘러엎었다. 또, 율법에 따라 돌로 쳐 죽이게 되어 있었던 간음한 여자를 "너희 중 죄 없는 자가 돌로 치라"는 말로 옹호함으로써 율법의 지엄함을 훼손했다.

백성들 입장에서야 대리만족을 느낄 만큼 속 시원한 행동이었지만, 종교지도자들에겐 도발행위에 지나지 않았다. 몰래 숨어서 해도 될 것들이었지만, 예수는 굳이 보란 듯이 그 일들을 행했다. 예수의 공개적인 도발에 당황스러운 건 종교지도자들이었다. 한마디로 그들에게 예수는 '뜨거운 감자였다. 죽이자니 그를 따르는 수많은 민중들의 눈이 두려웠고, 살려두자니 계속 율법의 지엄함을 짓밟고 민중을 선동할 것이 틀림없었다.

예수는 정적들의 움직임을 몰랐을까? 자신의 행동이 어떤 처벌을 받게 될지 몰랐을까? 그렇다고는 볼 수 없다. 왜냐하면 예수는 어렸을 적부터 율법을 제대로 익혀온 철저한 유대교인이었기 때문이다. 성서 복음서의 증언에 의하면 예수는 자신의 죽음이 임박했음을 알았고, 자신을 잡으러 오는 자들이 누구인지 예언했다. 따라서 예수의 도발적인 행동들은 "날 좀 제발 잡아가서 십자가에 매달으쇼"라고 나대는 행동이었다.

그는 왜 굳이 종교지도자들을 자극해야 했을까? 도대체 그가 걷고자 했던 죽음의 길, 십자가의 길은 무엇이었을까?

## 간디, 김구의 죽음과 닮았다는데……

1948년 1월 30일, 인도 뉴델리의 비를라 하우스에서 세 발의 총성이 울려 퍼졌다. 한 발은 간디의 가슴을, 두 발은 간디의 몸을 관통했다. 그 순간에도 간디는 자신을 죽인 범인 투라무 고도세를 보며 간디 자신의 이마에 손을 가져다 대었다. '당신을 용서한다'는 의미였다. 마치 예수가 십자가 위에서 자신의 죽음을 조롱하고 온갖 폭력을 행하던 사람들을 향해 "하나님, 저들이 몰라서 하는 행동이니 저들을 용서하소서"라고 기도한 모습과 겹친다.

간디는 왜 죽임을 당했을까? 그것도 자신의 동족이자 같은 힌두교인에게 말이다.

간디는 인도가 둘로 나뉘어져 독립하는 것을 원하지 않았다. 인도가 영국 지배하에 들어간 이후 인도에서 살았던 무슬림들은 꾸준하게 이슬람 단독 국가를 형성하고자 했다. 1906년에는 무슬림연맹이 발족되어 '파키스탄운동'을 시작했다. 그리고 1947년 인도가 영국 자치령으로 분리 독립하게 되면서 인도 북쪽 지역에 모여 살던 무슬림들은 동/서 파키스탄으로 분리 독립하게 되었다. 간디는 이를 막고자 했는데, 힌두교 원리주의자였던 투라무 고도세는 이를 이슬람을 인정하는 반 힌두교적 행위라 규정하고 그를 암살한 것이다. 이 모습은 마치 남북 단일정부 수립을 주장했던 김구가 극우청년 안두희에게 암살당하는 장면과 너무나도 비슷하다.

간디는 자신의 죽음을 예견하지 못했을까? 그럴 수도 있다. 하지만, 자신의 행동 때문에 죽을 수도 있다는 건 알고 있었을 게다. 당시 무슬림과 힌두교인의 갈등으로 100만 명의 사람들이 죽임을 당했다. 따라서 간디는 죽을 각오를 하고 힌두교도들의 분리 독립을 반대했다. 무슬림과 힌두교인의 분리 독립이 대세임을 인정하고 가만히 있었다면 그런 비극적인 죽음은 없었을지도 모른다.

간디도 예수처럼 자신의 죽음을 자초하였으며, 그런 면에서 그는 나대다가 죽임을 당했다. 하지만 그의 죽음은 비폭력저항운동의 길을 확실히 보여주었다.

## 흑인 목사의 꿈

"나에게는 꿈이 있습니다"라고 말한 마틴 루터 킹 목사의 꿈은 무엇이었을까? 그것은 바로 흑인과 백인이 차별 없이 어울려 사는 사회였다. 그는 꿈을 이루기 위해 험난한 길을 택했다.

1963년 봄 앨라배마 주 버밍햄에서 킹이 주도한 간이식당과 고용 관행에서의 인종차별대우 반대운동은 경찰이 시위대에 경찰견을 풀고 소화호스로 물을 뿌릴 정도로 격렬했고, 전국적인 관심을 불러일으켰다.

킹은 수백 명의 학생들을 포함한 수많은 지지자들과 함께 수감되었다. 그러나 그를 제외한 버밍햄의 흑인 성직자들은 아무도 이 운동에 가담하지 않았다. 뿐만 아니라 흑인들이 이 운동을 지지해서는 안 된다고 주장하는 일부 백인 성직자들의 강력한 저항에 부딪혔다. 버밍햄 운동이 막바지에 이르자 킹은 평화적 개혁을 위해 다양한 세력을 결집시켰고, 세계 각국에 미국 내 인종문제의 심각성을 극적으로 보여주기 위해 다른 인권운동 지도자들과 함께 1963년 8월 28일 워싱턴 DC에서 역사적인 평화행진을 주도했다. 이날 20만 명 이상의 사람들이 링컨 기념일을 기린다는 명목으로 평화집회를 갖고, 법 앞에서 모든 시민이 평등할 것을 요구했다.

킹은 단순한 인종차별금지 운동을 넘어 모든 사람들이 언젠가는 형제가 될 것이라는 꿈을 꾸었다. 킹의 인권운동은 여론에 강한 영향을 미쳤다. 1964년 공공장소에서의 인종차별 철폐와 고용 및 공공소유 시설물에서의 불법적 인종차별을 금지하는 민권법이 통과되었다. 그는 1964년 12월 오슬로에서 노벨평화상을 수상했다.

하지만 그는 1968년 4월 4일 동료들과 함께 묵고 있던 모텔의 발코니에서 저격범에 의해 암살되고 말았다. 1969년 3월 10일에 기소된 백인 암살자 제임스 얼 레이는 살인죄로 99년형을 선고받았다.

그의 죽음 또한 예고된 것이었다. 당시 미국에서 흑백 평등을 주장한다는 건 목숨이 몇 개가 아니라면 감히 할 수 없었다. 더군다나 흑인을 선동해 백인을 자극하는 일은 폭탄을 안고 불 속으로 들어가는 것과 다를 바 없었다. 공개적인 장소에서 흑인인권운동을 한다는 건 백인들의 먹잇감이 되기를 자처한 거다. 마치 2,000년 전 예수가 그랬던 것처럼.

연대도 다르고, 시대도 달랐던 세 종교인은 어쩌면 죽음을 자처한, 그래서 나대야만 했던 '오지랖의 대가'들이 아니었을까?

# '녹두장군' 전봉준과
# 그 배후세력

사람들은 전봉준을 일러 녹두장군이라 했다. 녹두라고 하니 대단한 뜻이 있는 것
같지만, '콩알만 하게 작다'는 뜻이다. 그를 그렇게 부른 것은 '작은 고추가 맵다'는
뜻과 함께 '작은 거인'이란 뜻을 담았을 게다.
흔히 나폴레옹, 강감찬 장군 등을 '작은 거인'으로 칭한다.
이 시간 이후로 우리의 뇌에 '작은 거인' 한 명을 추가하기로 하자.

## 전봉준은 항일 의병 장군이자 사회혁명가

전봉준은 1855년 전라북도 고창군 죽림리 당촌에서 몰락 양반 출신인 전
창혁의 아들로 태어났다. 명목상은 양반이었지만 실상은 상민들처럼 약을
팔아 생계를 유지했다. 청년 전봉준은 외세가 나라를 어지럽히고 종말론
등 유언비어가 만연하는 것을 보며 나라의 안위에 대해 고민하며 살았다.

그러던 중 조병갑이 고부군수로 부임해왔다. 조병갑은 백성들의 고혈을

쥐어짜고, 자기 배만 불리는 탐관오리였다. 조병갑의 횡포가 심해지자, 전봉준의 아버지 전창혁은 조병갑의 퇴임을 위해 힘썼다. 하지만 예나 지금이나 권력자를 건드리면 반드시 보복이 뒤따르기 마련. 전창혁은 모진 매를 맞고 시름시름 앓다가 죽었다. 전봉준은 가만히 있을 수가 없었다.

1894년 3월 21일, 거병을 선언한 그는 수백 명의 동학교도를 이끌고 만석보를 파괴하고 고부 관아를 공격했다. 이에 놀란 조병갑은 줄행랑을 놓았고, 전봉준은 관아의 무기를 탈취하고 수탈에 앞장섰던 아전들을 처단하는 한편 불법으로 징수한 세곡을 빈민에게 나누어주었다. 그는 조선 말기에 나타난 또 한 명의 '홍길동'이라 할 수 있다.

조선 정부는 일단 조병갑을 처벌하고, 전봉준을 회유하여 농민군을 해산시킨다. 그리고 사태를 수습하기 위해 안핵사 이용태가 부임했다. 하지만 또 다른 탐관오리에 불과했던 그는 농민군에게 모든 책임을 돌리고 무자비한 탄압과 처벌을 감행했다. 이에 2차로 무장봉기를 결의한 전봉준은 국가와 사회 제도의 전면 개혁을 단행하고, 보국안민의 동학사상을 펼 뜻을 굳혔다. 이 지점에서 우리는 동학농민운동(당시는 농민봉기라 부름)이 단순한 무장봉기나 반란이 아니라 나라를 새롭게 혁명하겠다는 혁명군의 모습을 가지고 있었음을 보게 된다.

1차 봉기 때는 수백 명에 불과했던 농민군이 8,000명이나 모여들었다. 규모와 뜻이 커진 만큼 그 결과도 달랐다. 중앙에서 관군을 이끌고 온 양호초토사 홍계훈을 황토현에서 대파하고 이어 부안·정읍·고창·무장 등을 장악한 동학군은 음력 4월 28일에 전주를 점령했다.

승승장구한 전봉준은 삼례에서 남도 접주가 되어 12만 명의 병력을 지휘하는 장군이 되었다. 또한 농민군은 일본군을 물리치는 의병군이 되었다. 손병희의 10만 병력과 합친 그들은 교주 최시형의 총지휘 아래 항일전을 전개

했다. 항쟁은 중부·남부 전역과 함남·평남까지 확대되었고, 특히 이천과 목천·공주 등에서 치열한 전투를 벌였다. 그러나 우수한 무기와 조직적인 훈련을 받은 일본군의 대대적인 반격에 밀린 동학군은 음력 11월 금구전투를 마지막으로 분쇄되고 말았다. 패장이 되어 숨어 다니던 전봉준은 돈에 눈이 먼 동배들의 밀고에 의해 붙잡혀 모진 고문을 받다가 형장의 이슬로 사라지고 말았다. 그의 나이 마흔한 살이었다.

## 녹두장군, 알고 보니 종교지도자였다

여기서 우리는 한 가지 의문을 가지게 된다. 어떻게 수많은 백성이 그를 따랐을까 하는 것이다. 그것도 목숨을 버려 싸워야 할 일에 말이다. 사실 대답은 간단하다. 전봉준이 동학의 지도자였기 때문이다. 말하자면 종교지도자였다. 그는 평소 훈장으로 활동하는 동시에 동학의 접주였다. 접주란 동학종단의 한 지역을 담당하는 지도자였다.

동학혁명이 있기 전해인 1893년에 동학교도들은 농민들과 함께 상소운동을 벌였다. 당시 동학교도는 농민과 따로 구분하지 않아도 될 정도로 같은 배를 타고 있었다. 농민의 입장에서는 탐관오리들의 파면을, 동학교도 입장에서는 교조 최제우의 사면을 상소했던 것이다. 1893년 12월부터 1894년 1월까지 올린 동학교도 및 농민들의 상소에 따라 경상도 관찰사 조병식, 영장 윤영기 등이 파직되긴 했으나 그 이후 고관들이 농민들의 상소문을 검열하면서 사태는 더 나아지지 않았다.

2차 무장봉기 당시 전봉준을 총대장, 김개남·손화중을 장령으로 삼은 농민군은 1894년 음력 3월 초 동지 정익서·김도삼 등과 협의하여 동학교도를 주 세력으로 하고 농민대중의 호응을 얻어 진용을 정비하고 8,000여 명의 병력으로 대오를 편성했다. 동학군이라고도 하고 농민군이라고도 하는 이유가 여기에 있다. 남도 접주였던 전봉준이 휘하에 최대 12만 명을 거느렸던 것도, 북도 접주 손병희가 10만 명의 병력을 동원한 것도 모두 동학의 힘이었다.

뒷날 일본군에게 잡혀 재판을 받을 때 전봉준은 "동학은 수심하여 충효로써 근본을 삼고 보국안민을 목표로 하는 수심경천(守心敬天)의 도(道)이다. 때문에 나는 동학을 좋아했다"며 동학이 자신의 정신적 지주임을 밝혔다. 전봉준은 철저한 조선인이었던 동시에 철저한 동학인이었다.

## 동학혁명의 뿌리는 인내천 사상

우리는 여기서 동학혁명의 배후, 특히 전봉준의 혁명정신의 뿌리와 만나게 된다. 동학을 다른 말로 천도교라고도 하는데, 천도교의 무엇이 전봉준으로 하여금 목숨을 바쳐 행동하게 했을까? 단순한 의분에 불과했다면 120년이 지난 지금도 '동학혁명'이라 불리지는 못할 것이다.

조선 500년 동안 유교라는 종교가 번성해 기득권층을 형성하고 횡포를 부리고 있을 때 혜성처럼 등장한 인물이 바로 동학의 교조 최제우다. 사람 축에도 끼지 못한 채 '백성의 의무'라는 짐만을 감당하며 자존감이 땅바닥에 떨어져 있었던 '상놈'들에게 최제우의 사상은 한 줄기 희망이 되었다.

> 신분이 천한 사람이나 존귀한 사람, 양반이나 천민을 막론하고 모두 본원적으로 그 안에 한울님이라는 무궁한 존재를 모시고 있으므로 세상의 모든 사람은 평등하다는 것이다. 즉 '시천주'라는 수운선생의 가르침에는 본원적인 평등사상이 깃들어 있는 것이다.(《동학교조 수운 최제우》 윤석산, 도서출판 모시는사람들)

이 책은 또한 "수운선생은 그의 가르침을 통하여, 당시 억압된 민중에게 '모든 인간은 무궁한 존재로서 평등하며, 또 평등해야 한다'는 새로운 자각을 불어 넣어주는 동시에, 당시 겪고 있는 시대적 위기를 극복할 수 있는 힘이 다른 어느 곳에 있는 것이 아니라, 민중 자신에게 있음을 일깨워주고 있는 것이다'라며 '시천주' 사상의 시대적 역할을 역설해주고 있다.

최제우의 사상은 동학의 2대와 3대 교조를 지나면서 위대한 하나의 사상으로 집약되었다. 강남대학교 종교학교수 이찬수는 이에 대해 "나중에 동학을 천도교로 개명하면서 한국의 독립운동, 신문화운동 등을 주도했던 의암 손병희를 포함한 동학의 세 지도자의 가르침을 잘 묶으면 천도교의 핵심사상이 정리된다. 곧 남녀노소 빈부귀천을 막론하고 사람은 누구나 하늘을 모시고 있으니(시천주侍天主, 수운), 그 하늘의 성품을 잘 길러(양천주養天主, 해월), 사람이 곧 하늘과 같다(인내천人乃天, 의암)는 놀라운 사실을 구체화시켜야 한다는 것이다"(《종교로 세계 읽기》 이찬수, 이화여자대학교출판부)라고 그 핵심을 찔러주었다.

한 사회를 뒤집어엎으려 했던 동학혁명의 정신은 인내천 즉 '사람이 곧 하늘이다라는 종교적인 가르침에서 온 것이다. 그런 점에서 '작은 거인' 전봉준은 종교적인 심상으로 세상을 변화시키려 했던 진정한 종교인이었다.

제2부

# 종교만이
# 줄 수 있는 게
# 있는가?

# 쓰나미가 휩쓸고 간 자리, 이슬람 사원만 멀쩡하다니!

---

2005년 1월 12일, 인터넷에 공개된 한 장의 사진이 전 세계 사람들의 이목을 집중시켰다. 쓰나미가 휩쓸고 간 마을에 홀로 멀쩡하게 남은 이슬람 사원의 사진이었다. 주변 건물들이 형체도 없이 싹 사라져버린 폐허 속에서 멀쩡하게 남아있는 사원의 모습은 경이롭다 못해 등골이 오싹하기까지 했다.

## 세계를 놀라게 한 한 장의 사진

2004년 12월 26일, 인도네시아 수마트라 섬 해양에서 발생한 지진으로 인해 쓰나미가 발생했다. 강도는 9.0이었다. 북부 수마트라 아체 지역(인구 420만 명)을 포함해서 21개 주에 걸쳐 450만 명이 피해를 입었다. 인도네시아뿐만 아니라 인근 나라들까지 포함해서 사망자만 최소 23만 명이었다. 우리나라의 조그만 중소도시 전체 인구가 어느 날 갑자기 한꺼번에 죽었다는 이야기다. 아체 지역에서는 가옥, 식수, 전력, 통신 시스템이 파손되는 등 50만 명이 직접 피해를 입고 지진 난민이 되었다.

이런 지옥 같은 상황에서는 좀처럼 희망을 발견하기가 쉽지 않다. 종교를 가진 사람이라면 "신이시여, 왜 이런 시련을 주시나이까!" 하는 반항에서부터 "신이 계시다면 이럴 수는 없다!"는 회의감과 깊은 절망을 곱씹을 것이다.

이때, 한 장의 사진이 그들을 절망으로부터 구해냈다. 앞에서 말한 '쓰나미 속 멀쩡한 사원' 사진이다. 당시 쓰나미 피해를 다뤘던 KBS 방송(2005년 1월 12일 방영)을 잠시 되돌려보자.

> 집도 무너졌다. 학교도 무너졌다. 사람도 무려 20만 명이 죽었다. 그 외의 사람 수십만 명이 다치고 이재민이 발생했다. 이젠 희망이 없는 것처럼 보인다. 그런데 인도네시아의 해변마을에 우뚝 서 있던 이슬람 사원만은 멀쩡했다. 쓰나미가 마을을 휩쓸고 가면서 사원 옆에 있던 많은 건물과 집들이 무너졌지만, 신기하게도 그 사원만은 멀쩡했다. 그 모습을 지켜본 수많은 이재민들은 '신이 함께했다. 신이 도왔다. 신은 지금도 살아계신다'라고 가슴속으로 감격의 눈물을 삼켰다. 그들은 무너진 폐허 속에서 '희망'을 발견했다.

## 그 일은 우연일까? 필연일까?

당신은 어떻게 생각하는가. "말도 안 돼! 설마 신이 그랬으려고? 우연히 생긴 일을 그 사람들이 갖다 붙인 거겠지. 종교인들은 저런 게 문제야." 이렇게 말할 건가? 그렇다. 당신이 말한 대로 우연일 수도 있고, 종교인들이 갖다 붙인 것일 수도 있다. 하지만 이게 바로 종교만이 줄 수 있는 힘인 게다. 《모든 종교는 구라다》에서 말한 것처럼 '종교적 구라'가 먹히는 지점이 바로 이 지점이다. 절망 속에 허우적대던 이들이 그 사원을 보며 '신의 살아계심'을 확인한 것은 적어도 그들에게는 진심이었다.

핵심 메시지는 그 사원 덕분에 수많은 사람들이 희망을 가지고 살 길을 찾았다는 것이다. 학교나 병원이 멀쩡했을 때 줄 수 있는 작은 위로나 소소한 희망과는 차원이 다른 것이었다. 자연의 폭력 앞에서 어쩌면 '신의 부재'를 조심스레 느끼며 깊은 절망감에 빠졌을지 모를, 무슬림을 포함한 모든 이재민들이 근원적인 절망으로부터 구함을 받았던 것이다. 이런 차원의 절망은 근원적인 위로만이 유일한 치유의 길이다.

하지만 정말 그 사원은 신이 지킨 것일까?

실상은 이럴 수 있다. 쓰나미가 자주 발생하는 지역에 사는 사람들은 정신적 지주인 사원을 자신의 집보다 더 튼튼하게 지었을 수 있다. 평소 보아 왔던 이슬람 신앙이라면 충분히 그러고도 남을 만한 일이다. 말하자면 다른 건물보다 더 튼튼하게 지었기 때문에 무너지지 않았을 수 있다는 얘기다. 그럼에도 그들은 그렇게 받아들였던 것이다.

사실 이런 식의 종교 체험은 수두룩하다. 전쟁터에서 총을 맞았는데 군복 윗주머니 속 조그만 성서에 총알이 박혀 살아났다는 어느 병사의 고백. 1987년 1월 14일, 뗏목을 타고 탈북을 하던 김만철씨와 그의 가족이 폭풍우를 만나 죽음의 문턱에서 "우리 가족을 살려주시면 하나님을 믿겠습니다"라고 기도했더니 무사히 남한에 도착했다는 신앙 간증. 이런 식의 이야기는 수도 없이 많다. 이 글을 쓰는 나의 지난 삶 속에도 있어왔던 일이다.

그래 안다. 신비함을 강조하다 보면, 종교가 증명할 수 없는 미신이 된다는 것을. 더 나아가 그 신앙이 맹목적이 된다는 것을. 하지만, 분명한 것은 그런 일들을 통해 신에게 감사하는 이들이 많다는 사실이다. 그런 일들을 통해 신의 현존을 느낀다는 거다. 바로 이런 느낌이 종교만이 줄 수 있는 것이라 생각된다. 설명할 수 없는, 신비하고 기이하고 때론 기적적인 사실 앞에 서면, 사람들은 신을 '체험'한다. 더구나 그런 체험이 '희망과 사랑'을 선물한다면 금상첨화가 아닐 수 없다. 설령 그것이 그들의 오해였다 해도 종교만이 주는 희망임에는 변함이 없다.

## 딴죽 거는 사람들, 그들도 종교적인 프리즘으로

여기서 잠깐 딴죽을 걸어보자. 혹시 이렇게 생각한 이재민도 있지 않았을까?

'우리 집도 학교도 다 무너졌는데, 사원만 멀쩡하네. 신은 이기적인 존재인가 봐. 우리들 집은 다 무너뜨리고 왜 사원만 남겨둔 겨?' 또는 '신이 지켜줬다느니 신이 함께해서 사원이 멀쩡하다느니 하는 놈들은 말짱 제정신이 아녀. 내가 그 사원 지을 때 직접 일을 한 사람이여. 얼마나 튼튼하게 지었는지 내 눈으로 봤는데, 그딴 소리를 지껄이는 겨? 그래서 종교 가진 놈들은 다 죽어야 하는 겨!'

그들의 말에도 일리가 있다.

그런데 인도네시아 쓰나미 당시 우리 한국 교회 일부 목사들은 이렇게 설교를 했다.

"성도 여러분. 이번 쓰나미는 하나님의 심판입니다. 예수를 믿지 않고, 우상을 섬기는 그들을 하나님이 심판하신 것입니다. 보십시오. 쓰나미가 많이 생기는 나라를 꼽아보면 일본, 태국, 인도네시아, 인도 등입니다. 일본은 잡신의 나라요, 태국은 불교의 나라요, 인도네시아는 이슬람의 나라요, 인도는 힌두교의 나라입니다. 하나님이 회개하고 예수 믿으라고 내리신 심판입니다." 이렇게 말하면 신도들은 "아멘, 아멘"을 연발한다. 여기서 더 나아가 "보십시오. 우리나라는 하나님을 믿는 기독교 국가이기에 지진과 상관이 없습니다. 하나님이 축복하신 것입니다. 여러분 믿습니까?" 신도들은 더 크게 "아멘, 아멘"을 외친다.

똑같은 자연현상을 보고, 어떤 이들은 절망에서 희망을 건지기도 하지만, 어떤 이들은 심판과 지옥을 발견해내기도 한다. 이런 양면이 바로 종교의 특성이 아닐까 싶다. 선택은 각자의 몫이다.

# 도피성과 예수의
# 여인 감싸기

───────────

인터넷에 '도피성'이라고 검색해보면 '구약 시대에 과실로 살인한 사람을
보호하기 위하여 따로 설치된 성읍'이라고 뜬다. 그 시대에 왜 그런 제도가
필요했는지, 어떻게 진행되었는지 알고 나면 '종교의 가슴'이 좀 보일 것 같다.

## 신이 직접 도피성을 만들라고 명령한 이유

여호와께서 여호수아에게 말씀하여 이르시되 이스라엘 자손에게 말하여 이르기
를 내가 모세를 통하여 너희에게 말한 도피성들을 너희를 위해 정하여 부지중에
실수로 사람을 죽인 자를 그리로 도망하게 하라. 이는 너희를 위해 피의 보복자를
피할 곳이니라. 이 성읍들 중의 하나에 도피하는 자는 그 성읍에 들어가는 문어귀
에 서서 그 성읍의 장로들의 귀에 자기의 사건을 말할 것이요. 그들은 그를 성읍에

받아들여 한 곳을 주어 자기들 중에 거주하게 하고, 피의 보복자가 그의 뒤를 따라 온다 할지라도 그들은 그 살인자를 그의 손에 내주지 말지니 이는 본래 미워함이 없이 부지중에 그의 이웃을 죽였음이라.(여호수아 20장 1절~5절)

위의 성서 구절에 의하면 도피성이 생긴 목적은 "부지중에 실수로 사람을 죽인 자를 도피성에 도망하게 하여 피의 보복자로부터 그 살인자를 지키기 위함"이다. 여기서 말한 피의 보복자란 누굴까? 살인을 당한 피해자의 가족이다. 고대 중동에서는 '눈에는 눈, 이에는 이'라는 사회적 관습법이 있었다. 문제는 살인을 한 사람이 진짜 범인인지 아닌지를 판가름하지도 않고 바로 피의 보복 살인이 이루어진다는 점이다. 진짜 범인이 아니라 할지라도 미움 때문에 범인이라고 누명을 씌우거나 오판을 해서 그 사람을 죽여도 사회적으로 문제를 삼지 않는다는 거다.

일반적인 사회라면 살인을 저질렀다 할지라도 재판을 통해 범인임이 증명되어야 사형이 집행된다. 인류사에서 재판도 없이 사형(살인)이 집행된 것은 나치 치하의 유대인들과 전쟁터에서 숨겨간 무고한 양민 등 극히 일부일 뿐이다. 보복법은 또한 힘 있는 자들이 힘 없는 자들을 죽일 때 악용되기도 했다. 이러한 보복법으로부터 사회적 약자를 보호하고, 잘못된 관행으로부터 생명을 보호하는 법이 바로 '도피성법'이었다. 도피성법은 범죄자에게도 최소한의 인권이 있음을 말해준다. 이런 도피성법을 신(여호와)의 명령에 따라 제정했다고 하는 것은, 그만큼 중요한 법이라는 이야기다.

도피성은 이스라엘이 차지한 가나안 땅 전역에 걸쳐 골고루 선정되었다. 요단 강 동쪽의 골란과 길르앗 라못(중간 지점), 베셀(남쪽) 등 세 곳, 서쪽의 게데스(북쪽), 세겜(중간 지점), 헤브론(남쪽) 등 모두 여섯 곳이었다. 도피성을 짓는다는 것은 그만큼 사회적 재원과 노력이 들어가는 일이었다.

도피성으로 구별된 성읍은 대부분 어디에서나 볼 수 있도록 산 위에 위치하고 있었고, 성읍으로 가는 길도 넓고 평탄하게 잘 닦여 있었다. 이것은 부지중에 살인한 자가 재빨리 도피할 수 있게 하기 위함이었다. 또한 도피성은 이방인과 나그네도 이용할 수 있었다. 이처럼 도피성은 고대 이스라엘의 '율법정신'(죄를 지은 자에겐 처벌이 따른다)을 넘어 '사랑과 포용의 정신'을 보여주는 제도다. 심판자로서의 엄격한 아버지 신이 아니라 기회를 주고 포용하는 어머니 신의 모습이다.

## 도피성의 살인자, 이럴 때 사면되었다

여기서 잠깐. 그러면 도피성으로 도피한 사람은 어떻게 될까? 거기서 영원히 살아야 할까?

먼저, 도피성으로 피했다 하더라도 두 가지 경우에는 죽임을 당하기도 했다. 도피한 사람이 스스로 도피성을 나가 돌아다니다 피의 보복자로부터 살인을 당하는 것이 첫 번째 경우다. 그리고 살인이 실수가 아니라 고의적이라고 판단되면 피의 도피성에서 나가야 했고, 이어서 피의 보복자로부터 즉결 처형이 집행되기도 했다.

위와 같은 두 가지 경우가 아닌, 진짜 실수로 살인을 한 사람은 언제까지 있을 수 있었을까? 정당한 재판이 이뤄진다면 당장이라도 나갈 수 있었겠지만, 정당한 재판은 약자들에게 쉽게 허락되지 않았다. 재판에서 이길 확률도 높지 않았고, 재판을 받기 위해 도피성을 나갔다가 죽임을 당한다면 그 또한 낭패가 아닐 수 없었다. 이 때문에 대부분의 '실수 살인자'들은 10년이고 20년이고 도피성에 사는 경우가 많았다. 단, 한 가지 기대를 가지고 말이다. 한 가지 기대란 바로 '제사장의 대신 죽음'이다. 그날이 바로 '실수 살인자들'이 도피성으로부터 풀려나는 날이다.

도피성은 목숨을 살리는 곳이기도 하지만, 한편으로는 구속당하여 자유가 많지 않은 사실상의 감옥과 같은 곳이기도 했다. 이런 사람들을 위해 제사장이 그들의 죄를 지고 대신 죽는 희생 제사를 지내면 도피성에 있던 '실수 살인자'들은 풀려났다. 이런 장면들을 보면서 기독교인들은 '예수가 인류의 죄를 대신해서 죽었다'는 '대속의 교리'를 신봉하게 되었던 것이다.

## 도피성에 숨었다고 못 죽였을까?

이쯤에서 또 다른 의문이 한 가지 생긴다. '실수 살인자'가 아무리 도피성에 숨었다 할지라도 '피의 보복자'가 마음만 먹으면 그를 죽이지 못했을까? 제사장이 대속 의식을 치렀다고 해서 '피의 보복자'가 그를 살려뒀을까?

물론 그렇지 않은 경우도 있긴 했겠지만, '도피성법'이 바로 하나님이 만든 법이고, 그 법을 어기면 신으로부터 벌을 받을 것이라는 심리가 '피의 보복자'에게도 있었기 때문에 그런 일은 거의 없었다. 그들에게는 눈에 보이지 않는 신이 눈에 보이는 사람보다 더 두려웠던 것이다. 이것이 바로 '종교'가 지배하는 세상이 돌아가는 방식이다.

그렇다면 제사장이 대속 의식을 치른 경우 '실수 살인자'의 죄는 용서를 받는 걸까? 그 자신은 죄책감으로부터 자유로웠을까? 바로 그 지점이 종교적인 의식이 필요한 지점이다.

예를 들어 죄를 저지른 사람이 가톨릭 신부에게 '고해성사'를 했다고 해서, 하나님께 죄를 용서해달라 기도했다고 해서 죄로부터 자유로울 수 있을까? 그 답은 한마디로 '예스'다. 종교적 메커니즘에서는 충분히 그럴 수 있다. 물론 이 법을 악용하여 '신에게만 용서를 구하면 된다'는 비뚤어진 신앙인이 되기도 한다. 성서 속에서는 분명히 '사람과 신에게 모두 풀어야 한다'고 가르치고 있지만, '신에게만 회개하는' 손쉬운 방법을 선택하는 것이다. 어쨌거나 죄를 지은 자는, 설사 실수로 죄를 지은 자라도 반드시 처벌을 받아야 한다는 엄격한 율법정신을 말랑말랑하게 해주는 법이 바로 '도피성법'이었다.

## 심리적인 도피성은 항상 필요하다

'살인과 용서'라는 거창한 주제가 아니더라도, 살다보면 누군가 나에게 잘못을 저지르곤 한다. 그럴 때 당신은 어떻게 대처하는가. 거꾸로 당신이 잘못을 저질렀을 때는 또 어떻게 대처하는가. 심리적으로 보면 도피성은 일종의 '방어기제'이기도 하다. 누구나 잘못을 저지를 수 있고, 그 잘못을 저질렀을 때 어딘가 자신의 마음을 피할 수 있는 곳이 필요하다. 이때 사람들은 자기변명을 하기도 하고, 때로는 다른 사람에게 화를 내거나 죄를 뒤집어씌우면서 자기합리화를 시도하기도 한다. 이 행동이 올바르냐 아니냐를 떠나서 이런 형식의 자기방어기제가 없다면 사람은 죄책감으로 인해 살 수 없을 것이 분명하다. 사소한 잘못에도 양심이 괴로워서 스스로 자신을 죽일지도 모른다. 바로 자살이다.

누군가 잘못을 했을 때, 야단치는 것이 좋을까, 감싸주는 것이 좋을까? 물론 장단점이 있다. 어린 시절을 돌아보자. 학교에서 친구와 싸웠을 때, 선생님은 엄하게 꾸짖지만 "아이고 내 새끼. 욕봤다. 아이들은 싸우면서 크는 거지"라며 안아주는 엄마의 따스한 품속에서, 엄마에 대한 고마움과 싸운 아이에 대한 미안함이 뒤범벅되어 눈물을 흘린 적이 있지 않은가.

사람은 반드시 처벌을 받아야만 죄를 뉘우치게 되는 게 아니다. 오히려 따스한 사랑의 법이 사람을 뉘우치게 만든다. 잘못을 한 사람에게 기회를 주는 것은 참으로 중요하다.

## "너희 중에 죄 없는 자가 돌로 치라"

이 말을 제대로 실천한 사람이 바로 신약성서의 주인공 예수다.

> 서기관들과 바리새인들이 음행 중에 잡힌 여자를 끌고 와서 가운데 세우고 예수께 말하되 선생이여 이 여자가 간음하다가 현장에서 잡혔나이다. 모세는 율법에 이러한 여자를 돌로 치라 명하였거니와 선생은 어떻게 말하겠나이까. 그들이 이렇게 말함은 고발할 조건을 얻고자 하여 예수를 시험함이러라. 예수께서 몸을 굽히사 손가락으로 땅에 쓰시니 그들이 묻기를 마지아니하는지라. 이에 일어나 이르시되 너희 중에 죄 없는 자가 먼저 돌로 치라 하시고 다시 몸을 굽혀 손가락으로 땅에 쓰시니 그들이 이 말씀을 듣고 양심에 가책을 느껴 어른으로 시작하여 젊은이까지 하나씩 하나씩 나가고 오직 예수와 그 가운데 서 있는 여자만 남았더라. 예수께서 일어나사 여자 외에 아무도 없는 것을 보시고 이르시되 여자여 너를 고발하던 그들이 어디 있느냐. 너를 정죄한 자가 없느냐. 대답하되 주여 없나이다. 예수께서 이르시되 나도 너를 정죄하지 아니하노니 가서 다시는 죄를 범하지 말라 하시니라.(요한복음 8장 3절~11절)

예수의 유명한 일화 중 하나다. 율법으로만 따지면 당연히 간음한 여인을 돌로 쳐 죽이라 했어야 했다. '불쌍하다. 안 됐다'고 보는 것은 인간적인 연민으로야 맞지만, 그렇게 봐주기 시작하면 사회적 공의는 사라지고 질서가 무너지기 마련이다. 누구보다 율법을 잘 알았던 예수가 그걸 모를 리는 없었을 터. 하지만 평소 '신의 사랑'을 말하던 예수에게 "저놈 어떡하나 보자"며 정적들이 시험을 하는 자리라면 예수는 참으로 곤란한 지경이 된 것이다. 그야말로 '진퇴양난, 사면초가'가 따로 없었다. 이때, 예수의 번뜩이는 비답은 바로 "너희 중에 죄 없는 자가 돌로 치라"는 것이었다. 예수의 정적들 입장에서는 "햐 그놈 대단하네. 그걸 미꾸라지처럼 빠져나가네"라고 했겠지만, 그 여인의 입장에서는 저승의 문턱에서 살아 돌아온 것이다.

예수는 법의 질서와 공의보다 사랑을 택했다. 시대의 권력 앞에서 떨고 있는 연약한 한 여인을 택한 것이다. 구약시대의 도피성법을 예수가 실천하고 있는 현장이다. 도피성법은 그래서 오늘도 당신과 나의 마음에 흐르고 흘러야 하지 않을까?

우리나라 현대사에서도 도피성을 자처한 곳이 있었다. 바로 명동성당이다. 구약의 도피성과 성격은 다르지만, 궁지에 몰린 사람들을 보호한다는 점에서는 똑같았다. 1970~80년대 민주화운동을 하던 사람들은 숨을 곳을 찾아 명동성당으로 피했다. 그러면 경찰도 일단 손을 뗐다. 때때로 정말 악랄한 정부와 경찰이 그조차 무시한 때도 없지는 않았지만, 종교적 장소였기에 가능한 일이었다.

# 심리학의 거장 칼 융이
# 인정한 신의 자리

---

사람의 마음에는 '사람보다 더 큰 어떤 존재' 즉 신의 자리가 있다고 보고한 사람은
심리학의 거장 칼 융이다. 수많은 임상실험과 치료경험을 통해 내린 결론이었다.

## 우리의 내면에는 '신'의 자리가 있다

칼 융은 심리학자인 동시에 스위스 취리히의 정신과병원 의사이기도 했다. 수많은 환자들을 상담하고 돌보고 치료했던 임상경험이 그가 구축한 심리학 세계에 지대한 영향력을 미쳤다고 할 수 있다. 융은 자신이 만난 환자들을 통해 다음과 같은 결론을 내렸다.

"환자들에게 부나 사회적 지위나 가족의 유무는 그들의 문제와 아무런 관련이 없었다. 오히려 그것은 우리가 소위 영적인 삶이라고 말하는 매우 비합리적인 욕망에서 나온 문제이며, 그것은 대학이나 도서관, 심지어 교회

에서까지도 얻을 수 없는 것들이다"(《융의 심리학과 기독교》 W. B 클리프트, 대한기독교출판사). 그리고 이어서 그는 "환자들 중 그의 관심사가 삶에 있어서 종교관을 발견하고자 하는 것이 아니었던 사람은 아무도 없었다"고 주장했다. 융은 그의 환자들이 모두 과거의 종교들이 인간들에게 주어 왔던 것들을 현대의 종교들이 줄 수 없게 되어 병에 걸렸다고 판단했다. 나아가서 융은 그들이 새로운 종교관을 발견할 때까지 병이 낫지 않을 것이라고 단언했다.

융은 사람들의 정신적인 문제, 나아가서 삶의 문제가 결국 종교관의 문제로 귀착된다고 역설한다. 사람들이 겪는 모든 문제의 근원에는 종교적인 요소가 있다고 본 것이다. 물론 여기서 말하는 종교란 "이것은 교회의 어떤 특별한 신조나 회원권에 관한 것은 아니다"라는 지적처럼, 어떤 특정한 종교집단에 속하는 문제를 언급한 게 아님을 분명히 하고 있다. 그래서 융은 언제나 "종교는 어떤 특별한 종류의 신앙 이상인 것"이라고 역설한다.

'종교가 무엇이라고 생각하느냐'라는 질문을 하면 어떤 사람은 죽음 후의 삶이나 절대자에 대한 신앙, 내세와 윤회에 대한 믿음, 영적인 존재에 대한 지식 등 어떤 특별한 교리체계에 입각한 믿음이라고 답변할 것이다. 또 다른 사람은 어떤 도덕질서를 수용하며 그것을 토대로 살아가는 것이라고 대답할 수 있다.

하지만 융은 이 모든 것을 뛰어넘는 그 무엇이 종교에 있다고 보고, 세상의 모든 사람들이 종교적일 수밖에 없다고 역설했다. 즉 사람들의 깊은 내면에 신적인 자리가 있음을 일러주었던 것이다.

## 알코올 중독을 신의 힘으로 치료하다

2. 우리는 우리보다 더 큰 어떤 힘이 우리에게 맑은 정신을 되돌려줄 수 있다는 것

을 믿게 되었다. 3. 우리는 우리의 의지와 삶을 우리가 이해하는 바대로 신의 보살핌에 맡기기로 결정했다. 6. 우리는 신께서 그 모든 성격상의 결함을 없애주시는 데 대한 준비가 되어 있다. 7. 우리는 우리의 부족함을 채워달라고 그분에게 겸손하게 간청했다. 11. 우리는 기도와 명상을 통해 우리가 이해하는 바대로의 신과의 의식적인 만남을 향상시키고자 했으며, 그저 우리에 대한 그분의 뜻을 알게 해주고 그 뜻을 이룰 힘을 달라고 기도 드렸다. 12. 이런 단계의 결과로 어떤 영적 각성을 했으므로, 우리는 이 메시지를 알코올 중독자들에게 전하려 했으며, 이 원리를 매사에 실천하려 했다.

마치 어떤 특정 종교집단의 신앙 고백 같지만, 이것은 특정 종교와 상관없는 알코올 중독자 모임에서 말한 것이다. 이 모임을 통해 수많은 미국의 알코올 중독자들이 회복되었다. 이 모임의 창설자인 빌 W는 그 자신이 바로 경험자다. 빌이 그런 경험을 하기까지는 몇 사람의 선행적인 치유경험이 이어졌다.

1930년 어느 날, 융에게 한 사람이 찾아왔다. 그는 미국에서 사업가로 성공한 유명한 부자 로랜드 H였다. 로랜드가 융을 찾아간 것은 알코올 중독을 치료하기 위해서다. 로랜드는 융에게 1년 동안 치료받고 미국으로 돌아갔다. 하지만 그는 얼마 못 가서 또 알코올 중독에 빠졌다. 이때 융은 로랜드에게 다음과 같이 말했다.

나의 과학도 기술도 더 이상 당신을 도울 수 없다. 하지만, 인간 역사를 통틀어 어떤 영성 단체에 자신을 완전히 의탁하고 도움을 구해 신에게 내맡긴 이들은, 드물지만 이따금씩 회복한 경우가 있다.(《의식혁명》 데이비드 호킨스, 판미동)

이 말을 들은 로랜드의 입장에서는 화가 나지 않았을까?

"지금 장난해? 왜 이제 와서 그걸 말하는 거야!" 아니면 "심리학자가 별 소리를 다하네. 종교인들이나 할 소리를 하는 건 고칠 자신이 없다는 이야기겠지." 이렇게 말할 수도 있었을 게다.

로랜드는 실망을 안고 미국으로 돌아갔다. 하지만, 밑져야 본전. 그는 칼 융이 말한 대로 영성단체를 찾아가 영적인 원리에 따라 정기적인 만남을 가졌다. 이런 노력 끝에 로랜드는 알코올 중독으로부터 완전히 벗어났다. 그의 친구 에드윈 T와 빌 W도 그와 같은 영적원리 단체에서 정기적인 만남을 가진 뒤 알코올 중독을 치료받았다.

사실은 빌 W에게 영감을 줬던 책이 있다. 바로 《종교적 경험의 다양성》(윌리엄 제임스 지음, 김재영 옮김, 한길사)란 책이다. 이 책은 100년 전에 출간되어 근대 이후 서양지성사의 종교연구에 새로운 지평을 연 명작이다. 윌리엄 제임스는 이 책에서 종교마다 시대마다 종교적 요소들에 차이는 있을 수 있지만, 결국 인간의 마음속에서 우러나온 종교적 경험이 공통적으로 깔려있음을 말해준다. 빌에게 영감을 주었고, 그를 알코올 중독으로부터 구원한 책이라면, 종교적인 문제에 관심이 많은 당신도 읽어볼 만한 가치가 있다. 일독을 권한다.

## "더 큰 힘에 대한 내맡김"

이들은 "우리가 회복된 것은 타인에 대한 봉사, 도덕적 대청소, 익명, 겸손 그리고 자신보다 더 큰 어떤 힘에 대한 내맡김 덕분"이라고 입을 모았다. 빌 W 역시 무신론자였음에도 신 체험을 했다. 그는 처음에 신, 종교 등에 심한 알레르기 반응을 보였지만, 어느 날 밤 무한한 현존과 빛을 깊숙이 경험했고 크나큰 평화를 맛보았다. 이후 그는 자신도 모르게 달라졌다고 고백했다.

　그의 회복 체험은 지극히 개인적인 것이었지만, 실제 회복에 대한 진단은 그의 주치의였던 윌리엄 D. 실크워스 박사가 내렸다. 윌리엄 박사는 의학자로서 빌의 회복을 기적이라고밖에 말할 수 없다고 밝혔다. 빌은 후에 AA(알코올 중독자회)를 만들고 자신이 했던 방법으로 수많은 알코올 중독자를 회복시켰다. 빌은 그 후 미국의 〈라이프〉 지가 뽑은 가장 위대한 미국인 100인 명단에 올라갔다.

　앞에서 말한 몇 가지 원리는 AA가 내세우는 영적 원리 12가지 중 신과 관련된 부분만 발췌한 것이다. 이처럼 누구보다 과학적이고 실험적인 심리학에서도 신의 자리를 인정하고 있다. 신의 자리를 이야기하고, 신의 자리를 추구하는 곳, 그곳은 바로 종교의 자리다. 종교가 바른 자리에 서 있느냐 아니냐는 항상 점검해야 할 문제지만, 어쨌거나 종교는 신의 자리를 세상에 알려주고 인도하는 역할을 하라고 이 지구별에 던져진 장르가 분명하다. 종교만이 줄 수 있는 것, 그것을 종교는 해야 한다.

# 종교만이 줄 수 있는
# 위로의 현장에 가다

---

2014년 4월 16일, 진도 앞바다에서는 엄청난 사건이 일어나고 있었다.
전 국민이 보는 눈앞에서 배가 가라앉고, 거기에 탔던 수백 명의 사람들이
수장되었다. 대한민국 사람들은 텔레비전과 각종 매체를 통해 그 장면을
실시간으로 보면서 집단 '멘붕' 상태에 빠졌다.
어떻게 21세기 대한민국에서 이런 일이 일어날 수 있단 말인가.
각종 행사가 취소되었고, 예능 방송이 취소되었고, 각종 모임이 취소되었다.
대한민국 전체가 한동안 상갓집이나 마찬가지였다.

## 세월호, 시간이 지날수록 서로에게 상처가 되었다

하지만 한 달이 지나고, 두 달이 지나면서 국민들은 점차 그 슬픔으로부터
벗어나기 시작했다. 석 달이 지나자 사람들은 웃기 시작했고, 떠들기 시작했
고, 모임을 가지기 시작했다. 넉 달이 지나가자 뇌리에서 점차 그 충격이 지워

지는 듯했다. 다섯 달이 지나자 사람들은 마치 세월호 사건이 몇 년 전에 일어난 것처럼 태연해지기 시작했다. 여섯 달이 지나자 세월호를 말하고 기억하는 사람들에게 그렇지 않은 사람들이 슬슬 짜증을 내기 시작했고, 일곱 달이 지나자 화를 내기 시작했다. 여덟 달이 지나자 여전히 세월호를 기억하는 사람들을 향해 "너희들 때문에 경제가 숨을 쉬지 못한다. 제발 가만히 있으라"고 하는 사람까지 생겨났다. 아홉 달이 지나니 "이제 그만할 때도 됐다. 떼 좀 쓰지 마라"며 세월호 유가족들에게 눈총을 주었고, 열 달이 되자 "아직도 세월호냐, 이런 빨갱이들아!"라고 말하는 사람도 생겼다. 열한 달이 되자 "보상 더 받으려고 안간힘을 쓰는구나"라며 세월호 유가족들을 파렴치한 사람들로 몰기 시작했다. 열두 달이 지나자 대한민국은 두 종류의 사람으로 갈라졌다. '세월호를 기피하려는 사람'과 '세월호를 기억하려는 사람'. 그래서 세월호를 기억하려는 사람들은 마치 죄인처럼 취급을 받는 이상한 세상이 되어버렸다.

물론 세월호를 기피하려는 사람들에게도 '세월호에 수장된 사람들과 유족들에 대한 미안함'은 똑같을 것이다. 다만 그 미안함을 건드리거나 들춰내고 싶지 않을 뿐.

나아가 세월호 참사 때문에 어느 정도 경제적 타격을 입은 건 사실이므로, 결코 좋은 감정이 아닐 수도 있다. 하지만 아무리 정치권에서 색깔 분쟁을 조장할지라도 대한민국 국민에게는 기본적으로 '가족 심성'이 있어서 아들 같은, 손자 같은 아이들의 죽음을 끝내 외면할 수는 없다. 시간이 지날수록 세월호는 모두에게 상처가 되고 있다. 그 문제가 제대로 해결될 때에야 비로소 상처도 아물 것이다.

## 3대 종교 성직자들이 시민을 위로하다

세월호 1주기가 되었을 때, 대한민국 여러 곳에서 '세월호 1주기 추모제'를 지냈다. 내가 사는 농촌도시 안성에서도 시민들이 주최가 된 '세월호 1주기 추모제'가 열렸다. 이 추모제는 바로 종교적인 실험이기도 했다. 종교적 실험이라니? 들어보시라.

'세월호 희생자를 기억하는 안성사람들'이란 이름으로 직장인, 주부, 자영업자, 종교인, 농민 등이 '세월호 1주기 안성시민추모제'를 계획했다. 추모제의 목적은 안성에 있는 3대 종교(불교, 개신교, 천주교) 성직자들을 초청해 세월호 고인들과 유족들뿐만 아니라 세월호로 인해 상처받은 많은 시민들을 위로하고자 하는 것이었다. 나는 이날 개신교 목사로서 추모제 사회를 보았다.

당일, 안성 내혜홀광장에는 오후 4시부터 분향소가 차려져 운영되었다. 시민들, 특히 청소년들이 많이 분향했다. 청소년들은 유족을 생각하며 노란 종이배를 접고, 노란 리본을 줄에 매달았다. 노란 종이배를 접던 여중생 두 명이 울음을 터뜨렸다. 한 번 터진 눈물은 멈추지 않았다. 보다 못한 주부 두 명이 그들을 안고 한참을 울었다. 그들을 지켜보던 사람들도 눈물을 흘렸다. 분향소에서 때때로 일어나는 일이다. 이날 추모제를 준비하던 주부들은 "쟤들이 철없어 보여도 (세월호 때문에) 참 많이 아팠었구나"를 연발했다. 그랬다. 세월호를 바라보는 어른들만 미안하고 죄송하고 아픈 것이 아니었던 거다. 어쩌면, 청소년들은 당사자였기에, 더 아팠던 거다.

약속한 7시에 추모제가 시작됐다. 세월호 희생자를 위한 묵념 시간에 사회자가 "미안하다" 5창을 제안했고, 분향소 밑에서부터 묵직하고도 엄숙한 목소리들이 분향소로 전달됐다. 불교 쪽에서는 칠장사 주지 지강스님이 홀로 나와 고인들과 시민들을 위로했다. 지강스님은 "미안하다는 말은 오늘까지만 하고, 이제부터는 힘을 내어 좀 더 세상을 사랑하자"고 제안했고, 시민들은 그 말에 합장으로 화답했다.

백성교회 정영선 목사와 신도들 몇 분이 단상에 올랐다. 그들은 고운 목소리로 위로의 노래를 불렀다. 정영선 목사의 위로의 설교, 이어지는 기도 시간에는 종교를 초월해서 시민 모두가 고개를 숙이고 한마음으로 기도했다.

이어서 공도성당 이석재 신부, 미리내성지 류덕현 신부, 대천동성당 최병용 신부 등 세 사람이 예복을 입고 단상에 오르는 모습 자체가 시민들에게 큰 힘이 되었다. 그들의 기도문을 따라하는 사람들의 모습에는 개별적인 종교는 이미 없었고, 오직 위로와 감사로 하나가 되어 있을 뿐이었다.

이날 추모제의 하이라이트는 마지막 순간이었다. 당초 종교인들이 단상에 올라 '천 개의 바람이 되어'를 합창하기로 했지만, 그 자리에는 이날 참석한 청소년들 모두가 올랐다. 내혜홀광장 무대를 가득 메운 청소년들과 단상 아래 시민들이 함께 '천 개의 바람이 되어'를 열창했다.

열창을 마치고, 어른들과 청소년들은 서로를 끌어안고 "미안합니다. 사랑합니다. 고맙습니다"를 주고받았다. 몇몇 청소년들이 이번에도 또 울음보를 터뜨렸다. 이번엔 상처의 눈물이라기보다는 감사의 눈물이었다. 어른들이 자신들을 위로해주었다는 고마움의 눈물 말이다.

## 좌·우와 보수·진보를 넘어 모두가 피해자들

신부와 스님과 목사가 시민들과 한자리에 모여 죽은 영령을 위로했다. 하지만 참석한 시민들은 "오히려 우리가 위로를 받았다"며 입을 모았다. 왜냐고? 미안함과 죄책감을 위로받은 게다. 세월호 1주기가 되었건만 유족들에게 아무것도 해주지 못해 마음이 내내 무거웠던 게다. 세월호를 기억하는 집회에 참석할 시간도, 자신도 없었다. 왠지 눈치도 보였다. 이때, 성당과 절과 교회당에서 종교적 의식을 집행하던 성직자들이 한 곳에 모여 세월호 추모제를 열어주니, 마음의 빚을 진 시민들로서는 너무나 감사하고 감격할 수밖에 없었던 거다. 그들의 축문과 기도문과 설법 하나하나가 그 자리에 있는 사람들의 마음을 어루만졌던 거다. 아니 성직자들이 단상에 올라온 것만으로도 시민들의 가슴은 무한한 위로를 받았던 거다. 성직자가 아니었다면 결코 줄 수 없는 위로였다.

세월호는 분명히 이 시대의 아픔이고, 우리가 해결해야 할 과제다. 좌·우나 보수·진보 등과 상관없이 우리 모두에게 상처다. 세월호 유족들은 우리 시대의 약자들이며, 슬픔과 아픔을 당한 사람들이다. 이럴 때 종교인들은 무엇을 해야 할까? 무엇보다 백성들을 위로하고 치유하는 일에 나서야 한다. 종교의 여러 기능 중 '치유'는 가장 본원적인 기능이며, 종교인의 기본적인 책무다. 종교만이 줄 수 있는 위로를 가지고 그들에게 다가가야 한다.

그러려면 두 가지 일을 해야 한다. '진실 규명과 교훈 전파'가 바로 그것이다. 진실을 규명해야 하는 이유는 간단하다. 그래야 유족들뿐 아니라 모든 백성이 치유되기 때문이다. 진실만큼 훌륭한 약은 없다. 잠시 불편할지는 모르겠지만 진실 앞에 마주 서야 진정한 치유가 이뤄지는 법이다. 이런 일에 종교인들이 눈감고 있을 수 없다. 앞에서 밝힌 것처럼 수많은 종교인들이 목숨을 걸고 '진실'과 마주하다 쓰러져갔다.

나아가 세월호가 주는 교훈 즉 물질만능주의에 대한 경고로 자신을 돌아보게 하고 종교적 신심으로 거듭나게 해야 한다. 그래야 값싼 위로가 아닌 진정한 위로가 된다. 나는 종교인의 한 사람으로서 '세월호 배지'를 가슴에 달지 않을 수 없었다. '세월호 사건'은 우리 사회의 큰 아픔이었지만, 이로 인해 우리 사회가 아픈 만큼 성숙해지는 계기가 되기를 진심으로 기도한다.

# 가톨릭 신부는 '아버지'였다

가톨릭 사제를 '신부'라고 한다. 서양에서 중국으로 가톨릭이 전해질 때부터 '神父'라 부르기 시작했다. '神父'라니, 자칫 '신의 아버지'라고 생각하지는 않겠지? '신을 대리하는 아버지'라고 보면 적합할 것 같다. 서양에서는 그냥 아버지(Father)라고 부른다. 왜 그들은 신부를 아버지라고 부를까? 집에 있는 진짜 아버지들이 서운해하지는 않을까?

## 여자 신부는 왜 없을까?

신부를 사전에서 찾아보면 '가톨릭의 사제이며, 주교 다음 가는 성직자로서, 성사를 집행하고 미사를 드리며 강론을 하는 사람'이라고 되어 있다. 이 글에서 알 수 있듯이 가톨릭에서 사제란 주교와 신부를 통틀어 말하는 것이다.

그런데 왜 가톨릭에는 여자 신부가 없을까? 개신교에는 여자 목사 제도가 있다. 불교계에도 여자 승려인 '비구니'가 있다. 하지만 가톨릭 여자 신도들은 '수녀'만 될 수 있다. 혹시 남녀차별? 어쨌든 한 사회가 오랜 세월 뭔가를 해왔다면 그럴 만한 이유가 있을 것이다. 물론 그 이유 역시 세월이 지나면서 바뀌기도 하지만 말이다.

수녀(修女)란 신을 위해 세속적인 것을 버리고 수도를 하는 여성을 의미한다. 영어로는 'nun, sister, religious woman' 등으로 표현된다. 그런데 'nun'이란 표현은 수녀만 아니라 여승을 가리킬 때도 쓴다. 그런 점에서 보면 수녀는 하나님의 딸(sister)이란 의미가 더 강해 보인다. 수녀들을 'sister'라 부르는 건 남자 수도사를 '수사'(brother)라 부르는 것과 맞닿아 있다. 즉 수녀는 '수도하는 자매'들이자 종교적인 여자(religious woman)들이다.

이렇게 나열하는 이유는 수녀에게 'Mother'라 불릴 만한 여지가 있는지 찾아보기 위해서다. 물론 우리 인류 역사에서 수녀의 몸으로 '마더'라 불린 여성이 있다. 바로 '마더 테레사'다. 그녀는 분명 수녀였지만, 세계는 그녀를 어머니(Mother)라 부르기를 주저하지 않는다.

그리고 보면 신부를 'Father'라고 하니 여성이 아버지가 될 수 없는 건 당연하다. 그렇다면 이제라도 가톨릭에 'Mother' 제도가 생겨나면 어떨까? 우리나라 말로는 '신모'라 불러야겠지? 신부가 있으면 신모가 있는 건 자연스러운 일 아닐까, 하하하하!

## 가톨릭 사제를 아버지라 부른 이유

어쨌거나 'Father' 제도는 가톨릭의 오랜 전통이다. 그 전통은 성서 또는 성서의 배경인 유대사회로부터 온다.

유대인 가정에서는 아버지가 반드시 아이들에게 《탈무드》를 가르치고, 어렸을 적부터 철저한 유대인으로 키운다. 아이들에게 아버지는 스승이기도

하다. 그런 이유로 히브리어의 '아버지'란 말에는 '교사'란 의미도 포함되어 있다. 의미와 용례는 다르지만, 유교사회에서의 '군사부일체'(임금과 스승과 부친은 하나다)와도 뜻이 통한다고 할 수 있다.

유대사회에서는 친아버지보다 스승 특히 율법 스승을 더 중하게 생각한다. 아버지와 스승이 감옥에 있는데 한 사람만 구할 수 있다면, 유대인들은 스승을 택한다. 율법은 민족을 이어주는 생명과도 같기 때문이다. 때로는 율법을 지키기 위해 죽기를 두려워하지 않는 민족이니 가능한 이야기이기도 하다. 유대사회는 그만큼 스승을 소중하게 생각하고, 스승을 아버지처럼 여겼다.

유대사회를 비롯해 당시 중동에서는 공동체에서 존경할 만한 어른을 '아버지'라고 불렀다. '아버지'는 공동체의 젊은이들에게 율법을 가르치고, 몸소 보여주는 사람들이었다. 이런 전통에 따라 성직자들은 초대교회와 중세시대를 거치면서 존경의 의미를 담아 '아버지'라 불리게 되었다. '여성 성직자'는 엄두도 못 내는 시대였으므로 여성 사제에 대한 호칭은 당연히 없었다.

사제들을 'Papa' 또는 'Pater'(아버지)라고 부르는 풍습은 2세기경 동방의 알렉산드리아교구로부터 생겨났다. 동방 교구의 경우 이런 호칭은 일반 사제들에게까지 폭넓게 사용되었다. 반면 서방 교회의 경우는 관습적으로 주교 등 고위 성직자에게만 Papa라는 호칭을 적용했다. 그리고 4세기 말의 시치리오 로마 총대주교는 'Papa'라는 호칭을 로마 주교의 공식 직함으로 사용했다. 이렇게 해서 'Father'는 신부로, 'Papa'는 '교황'의 의미로 자리를 잡게 되었다. 아버지(Father)가 신부인데, 아빠(Papa)가 교황이라니, 참 재미있는 일이다.

## 야한 영화 혼자 보던 신부는 뭐지?

이쯤에서 볼 만한 영화 한 편을 추천하고자 한다. 《시네마 천국》이다. 1988년에 개봉한 주세페 토르나토레 감독의 이탈리아 영화로, 27년 전에 만들어졌지만 지금도 많은 사람들의 마음을 따스하게 만드는 명작 중 하나다. 1989년 제42회 칸영화제에서 토르나토레 감독이 심사위원대상을 수상했고, 1990년에는 제62회 미국 아카데미 외국어영화상, 제47회 골든글로브 외국어영화상, 제11회 청룡영화제 외국어영화상, 1991년에는 제44회 영국 아카데미에서 각본상, 남우주연상, 남우조연상, 외국어영화상, 제11회 런던 비평가협회상 남우주연상을 수상했다.

줄거리는 대략 이렇다. 2차 세계대전이 끝난 직후인 1940년대 중반의 시실리에 여섯 살의 살바토레(토토)가 살고 있었다. 아버지는 전쟁 중 러시아 전선에서 전사하고, 어머니 마리아와 여동생과 살던 토토는 아델피오 신부가 영화를 검열하는 일을 도우면서 놀곤 했다. 장난꾸러기 토토는 동네 소극장 '시네마 천국'(Cinema Paradiso)을 들락거리면서 영사기사 알프레도 아저씨와 우정을 키워나간다.

이 영화 속에서 아델피오 신부는 마을의 영화관에서 상영할 영화들을 사전 검열하는 일을 한다. 사전 검열이라니? 무슨 유신 독재 치하인가 싶겠지만, 아니다. 신부가 검열하는 것은 단 하나, '야한 장면'이다. 여기서 재밌는 사실은, 그러다 보니 19금 장면들을 신부 혼자서 다 봤다는 거다. 그런데 극장 주인이 바뀌면서 신부에 의한 사전 검열을 없애고, 키스신과 베드신을 마음껏 틀어준다. 당연히 동네 사람들은 환호를 했지만, 그동안 혼자서 이런 장면들을 실컷 봐 왔던 신부는 펄펄 뛰며 극장을 뛰쳐나간다.

여기서 우리는 의문을 가질 수 있다. 신부가 마을 주민들의 영화 생활까지 간섭했단 말인가? 주민들 중에는 가톨릭 신자만 있지는 않았을 거다. 그런데도 신부는 사전 검열을 했고, 어느 누구도 토를 달지 않았다. 개인의 프라이버시와 합리성을 강조하는 서양인이라면 그러고도 남았을 법한데, 아무도 그러지 않았다.

## 그는 아버지였다

왜 그랬을까? 당시 사회에서 주민들은 가톨릭 신부를 성당에서 미사나 집전하는 사제 이상으로 생각한 게 분명하다. 그들에게 신부(Father)란 말 그대로 '아버지'였던 거다. 군이 구분한다면 영적인 아버지라고 해야겠지. 따라서 사전 영화 검열은 권력의 행사가 아니라 자녀들이 성적으로 타락하지 않도록 사전에 보호해주는 당연한 행위였던 거다. 따라서 '구시렁구시렁'하는 자녀들은 있을지언정 아버지를 몰아내는 일은 없었던 거다.

그랬다. 신부는 단순한 사제가 아니라 마을 공동체의 아버지 노릇을 했다. 아이가 태어나면 직접 가서 축복기도를 해주었고, 세례성사를 베풀었다. 혼인성사로 가정을 만들어주고, 괴로워할 때는 고해성사를 통해 삶을 찾아주었다. 아프고 병들 때는 병자성사를 통해 쾌유를 빌었다. 죽음이 가까워졌을 때는 종부성사를 통해 영혼을 위로했다. 죽은 뒤에는 장례미사를 통해 영혼의 안식을 기도해주었다. 이처럼 신부는 '신'이란 매개체를 사이에 두고 마을 공동체의 한 사람 한 사람의 삶 전체에 함께했다. 이 덕분에 나이 많은 노인들까지 젊은 신부를 기꺼이 아버지라고 부를 수 있었던 것이다.

# 이슬람의 공동체성을 알랑가 모르겠네

최근 아내와 함께 영화 한 편을 봤다. 클린트 이스트우드가
감독, 제작해서 2015년에 발표한 《아메리칸 스나이퍼》다.
미군 역사상 최다 저격 기록을 수립한 네이비 실의 전설적 저격수 크리스 카일의
실화를 다룬 영화로, 책으로도 출간되었다.

## 이라크전 영웅 다룬 영화, 알고 보니 미국 패권주의

미군 병사 크리스 카일은 스나이퍼로 이라크전에 참전한다. 시가전을 벌일 때 옥상에 자리를 잡고 적을 사살하는 것이 주 임무다. 그는 말 그대로 백발백중의 명사수로, 많은 미군을 적으로부터 구해낸다. 그만큼 이라크인을 많이 사살했다는 이야기이기도 하다.

문제는 파병을 마치고 귀국한 크리스가 일상생활에 적응을 하지 못한다는

것이다. 몸은 미국에 있지만 마음은 항상 이라크에 가 있다. 조국에 대한 충성과 전우들의 목숨을 구해야 한다는 구세주 콤플렉스는 그로 하여금 2차, 3차 파병을 자원하게 만들고, 사살당한 이라크 병사들의 숫자는 늘어간다.

마침내 전쟁이 끝나고 일상으로 돌아온 그에게는 힘든 적응기간이 기다리고 있다. 그리고 아내와 두 자녀가 함께하는 일상에 겨우 적응했을 무렵, 불의의 사건으로 그는 죽고 말았다. 그의 장례식은 2013년 2월 11일, 텍사스 주 알링턴에 위치한 댈러스 카우보이 경기장에서 성대하게 치러졌다. 텍사스 주립묘지에 안장된 그의 마지막 길을 지켜보기 위해 미국 각지에서 온 추모객의 행렬은 300킬로미터가 넘었다.

하지만 실화를 바탕으로 한 이 영화 역시 미국의 '패권주의'를 바탕에 깔고 있다. 미국인 입장에서 보면 크리스가 영웅이겠지만, 이라크인의 입장에서 보면 가족을 죽인 원수에 불과하다. 사실 이라크 전쟁은 2003년 3월 20일 미군의 침공으로 시작되었다. 즉 미군이 쳐들어가지 않았다면 수많은 이라크 군인과 민간인이 죽는 일은 없었을 것이다. 어떤 점에서 보면 미군의 희생은 미국이 자처한 거라고 할 수 있다. 이 때문에 내 눈에 비친 크리스의 활약은 또 다른 '슈퍼맨'과 같았다. 미국의 영웅놀이는 2016년 현재에도 여전히 현재진행형인 거다.

영화 속에서 미군들은 이라크 원주민들을 '야만인'이라 부르기를 주저하지 않는다. 자신들이 만들어낸 전쟁에서 이라크 주민들을 죽이면서 '야만인'이라니……. 과연 누가 야만인일까? 스나이퍼의 총에 죽은 사람들 중에는 무장한 군인만이 아니라 제 민족과 국가를 위해 '성전'을 치르는 민간인들이 더 많았다. 우리 역사로 치자면 일본군에 맞선 의병이나 독립군인 셈이다.

야만, 이것이 미국 사회가 이라크 사회를 바라보는 눈이자 이슬람을 대하는 그들의 태도다. 이를 조금 유식한 말로 '오리엔탈리즘'이라 한다. 그들에게 이슬람사회는 '눈에는 눈, 이에는 이, 칼에는 칼'로 대하는 무시무시한 사회다.

문제는 이와 같은 '미국식 이슬람 보기'가 우리 사회에서도 공공연하게 벌어지고 있다는 사실이다. 단언컨대, 그건 이슬람의 수많은 단면 중 일부다. 그나마도 미국을 포함한 서양사회가 조장한 단면일 뿐.

## 할례 장면을 친척 여자들도 옆에서 지켜보는 사회

앞에서와 같은 수많은 '이슬람사회에 대한 선입견'에도 불구하고, 수많은 나라들이 이슬람 전통을 지키며, 지구별에서 이웃으로 살아가고 있다. 그 힘은 무엇일까?

세계의 유력한 종교 중 사막에서 발생한 '사막의 종교'들이 있다. 이슬람교와 기독교와 유대교다. 세 종교 가운데 2016년 현재까지 종교를 일상생활에 체화하고, 공동체성을 잘 이어오고 있는 종교는 유대교와 이슬람교다. 그중에서도 특히 이슬람교는 끈끈한 공동체성으로 수백 년을 이어왔다.

문화방송의 윤영관 PD는 이런 이슬람 사회를 직접 체험하고 돌아와 《나를 사로잡은 이슬람》(김영사)이라는 책을 썼다. 서구의 눈에 비친 이슬람이 아닌, 있는 그대로의 이슬람사회를 잘 조명해주는 책이다. 특히 중학교 1학년생인 부락(11세)의 '할례 이야기'는 무척 인상적이다.

부락이 할례(이슬람의 종교의식 중 하나로 '포경수술'을 말한다)를 받는 날은 가족과 주변 사람들이 모두 함께 참가하고 즐기며 할례의 의미를 새긴다. 부락 역시 자기 사진이 박힌 초대장을 100장이나 만들어 친척들과 친구들에게 돌린다. 부락만이 아니라 할례를 앞둔 아이들은 누구나 초대장을 만드는 등 만반의 준비를 갖춘다. 부락의 아버지는 아들의 할례를 축하해주기 위해 '카퍼레이드'를 준비하고, 어머니와 동생들은 미용실에 가서 머리를 하고 제일 멋진 드레스로 갈아입는다. 차를 타고 20분 정도 걸리는 행사장까지 부락은 선 채로 카퍼레이드를 한다. 부락의 친척들도 20여 명 참석하고, 수술을 함께 받을 친구들도 10명이 참여한다.

할례의식은 흥겨운 춤으로 시작된다. 특이한 것은 누이동생이나 누나들도 가까이에서 시술 장면을 직접 보도록 하는 것이다. 그렇게 친척들이 보는 앞에서 축제처럼 치러지는 할례를 받은 소년은 성인으로 다시 태어난다. 말하자면 할례의식은 한 소년이 어른이 되는 것을 친척들과 마을 사람들이 한 마음으로 축복해주는 축제인 셈이다.

할례뿐만 아니다. 무슬림(이슬람 신자)들은 결혼식과 장례식도 집안 행사로만 해치우는 법이 없다. 결혼식이 열리기 사흘 전부터 시작되는 행사는 3일 이상 계속된다. 결혼식 당일, 법정에 가서 공식적인 혼인 등록 절차를 마치고 결혼 파티를 열어 손님들에게 식사를 대접하면 손님들이 신부를 데리러 간다. 신부의 친척들이 신부를 차에 태워 신랑 집으로 가는 동안 사람들은 거리에서 노래를 부르며 축하해준다. 꽃가마 대신 차를 탄 것만 다를 뿐, 마치 옛날 우리의 혼인잔치를 보는 것과 비슷하다.

또한 영생과 부활을 믿는 육신을 영혼의 안식처라고 생각하기 때문에 화장을 금하고 매장을 한다. 어떤 치장이나 비석도 없이 소박한 이슬람식 묘는 죽음을 죽음 그 자체로만 받아들인다는 것을 말해준다. 장례 행렬은 이슬람 성전인 모스크에 들러 장례 예배를 한 다음 시체를 매장한다.

이렇듯 무슬림들에게는 태어나서 결혼하고 죽어서 무덤에 묻히기까지 종교가 곧 생활이다.

## 이슬람사회는 하나의 거대한 종교 공동체다

문명비평가 권삼윤이 《자존심의 문명 이슬람의 힘》(동아일보사)에서 "이슬람사회는 성과 속이 일치한 사회다"라고 밝혔듯이, 이슬람사회는 거대한 공동체, 즉 종교공동체다. 이 때문에 무슬림을 가까이에서 지켜본 윤영관 역시 무슬림에게 있어서 "종교는 종교가 아니라 일상생활 그 자체"라고 얘기했던 것이다.

무슬림이 이렇게 사는 데는 나름의 이유가 있다. 이슬람은 메시아의 강림을 바라는 유대교나 기독교와 달리 '움마'의 재건을 꿈꾸는 종교다. 움마란 메카를 떠난 무함마드가 메디나에서 원래의 추종자들과 새로이 입교한 이들, 그리고 이교도들과 힘을 합쳐 만들어낸 최초의 이슬람 공동체를 말한다. 그들에게 움마는 기독교나 유대교 식의 죽어서 가는 천국이 아니다. 따라서 움마의 재건은 일상생활에서 일구어야 할 신앙 목표다.

움마를 재건하는 것은 현실적인 이유도 있다. 인간의 탐욕을 부추기고 부패를 만연시키는 서구문명이 자신들의 삶에 침투하지 못하도록 해주는 하나의 방편이기도 한 것이다. 그래서 무슬림은 서구문명의 결과인 현대문명의 편리한 이기들이 결국 자신들을 망치게 하는 주범이라 생각했다. 힘들고 불편하지만 스스로 삶의 주인이 되기 위해 이슬람의 전통을 고수하는 것이다.

새뮤얼 헌팅턴 교수가 《문명의 충돌》이란 책에서 서구 문명에 맞설 수 있는 '유이한' 상대로 이슬람과 중국을 꼽은 것은 우연이 아닐 것이다. 하지만 오늘날의 중국은 이미 서구화되어 거침없이 무너지고 있다. 그렇다면 현재 지구별에서 서구 문명과 맞장을 뜰 수 있는 것은 이슬람 문명뿐이다.

이슬람교를 보면서 우리는 다음과 같이 종교를 정의 내릴 수 있다.

"진정한 종교는 일상이며, 공동체다."

# 욕은 먹어도
# '빛나는 한방'이 있다

---

종교가 욕은 먹어도 그 속에 '빛나는 한방'이 있다고 하니 당신은 또 욕을 할 수도 있겠다. 평소 아무리 욕을 얻어먹어도 그 모든 욕을 날려버릴 한방이 있다는 말인가? 평소 퍼지게 놀다가 로또만 맞으면 된다고 생각하는 일확천금주의인가? 과정이야 어찌 됐든 결과만 좋으면 된다는 결과 지상주의인가? 굳이 이런 말들을 늘어놓는 이유는 오해가 두려워서가 아니라 그만큼 자신이 있기 때문이다.

## 종교에게 아직도 기대할 만한 게 있는가

제2부의 주제는 '종교만이 줄 수 있는 게 있는가' 하는 것이다. 이 주제를 처음 택했을 때는 물론 '종교만이 줄 수 있는 좋은 것'을 염두에 둔 거다. 하지만, 솔직히 종교가 사람들에게 선행만 하지 않는 건 사실이다. 오히려 '종교만이 줄 수 있는 악행'이 만만찮게 많다. 인류 역사상 종교의 악행은 태산을 이룰 정도다.

하지만 여기서 내가 짚고 싶은 것은 왜 사람들이 종교를 욕하느냐는 거다. 종교가 싫으면 안 믿으면 그만이고, 종교단체에 가입하지 않으면 그만이 아닐까? 아예 무시하면 그만이다. 하지만 현실은 다르다. 목사가 공금 횡령을 하면, "저런 '먹사' 새끼를 봤나"라며 욕한다. 스님이 술을 먹고 싸우면 "'땡중'이 절에서 주먹질만 배웠나" 하며 야단을 친다. 신부가 간통을 하면, "저런 놈이 신부를 하다니! 그렇게 하고 싶으면 장가나 가지"라고 몰아붙인다. 세속인과 같은 잘못을 저질러도 종교인은 더욱 가혹하게 야단을 친다. 일반인에게 대는 잣대와 종교인들에게 대는 잣대의 길이가 다르기 때문이다.

그렇다면 잣대의 길이는 왜 다른 걸까? 사람들은 종교에 뭘 바라는 걸까?

사람들은 특정 종교를 가지고 있지 않고, 종교예식에 참여하지 않아도, 종교 혹은 종교인이라면 적어도 이래야 되지 않느냐는 '그 무엇'이 있다. 다시 말해 종교가 아무리 욕을 먹어도 기대치가 아직은 살아있다는 이야기다. 그런 기대치조차 없다면 더 이상 종교는 존재할 가치가 없다. 종교가 욕을 먹는 게 잘하는 일은 아니지만, 역설적으로 사람들이 여전히 종교에 어떤 희망을 걸고 있다는 이야기다.

종교를 바라보는 사람들의 심리를 군이 표현하자면 이렇다.

"나는 부족하지만 너라도 잘해. 나는 비록 개차반이지만 너라도 잘해서 이 세상을 살맛나게 해줘. 나도 못하는데, 너마저 무너지면 어떻게 하냐. 내가 못한다고 너까지 못하면 이젠 누굴 바라보고 사냐. 우리 다 같이 죽을 수는 없지 않느냐. 아직은 기대를 못 버리겠어. 지켜보고 있으니 잘해. 못난 몇 놈은 용서해줄 테니, 잘해봐. 좋은 말할 때 잘해. 있을 때 잘하라고!"

이런 심리는 세상의 부모들이 '사랑'이라는 이름으로 자신의 자녀들에게 바라는 무엇들이다. '대리만족'이라 부를 수도 있다. 더 나아가 '자기사랑의 연장'이라 부를 수도 있다. 그렇다면 종교는 인류가 낳은 자녀인가? 다른 말로 인류의 산물인가? 두말할 것도 없이 그렇다. 종교는 인류가 산고를 겪고 낳은 자식들이다. 그것도 상당히 배가 아파 낳은 자식들이다.

불교는 인도의 춘추전국시대(싯다르타의 아버지 정반왕은 대국들 사이에 낀 소국의 왕이었다)에, 유교는 중국의 춘추전국시대에, 기독교는 이스라엘의 로마 식민지시대에, 이슬람은 중동 사막의 혼란시대에 태어났다. 하나같이 배 아파 낳은 새끼들이다. 그 새끼들이 비록 잘못도 많이 했지만, 그렇다고 내칠 수는 없다. 배 아파 낳은 새끼일수록 기대가 더 큰 법이다. 못된 짓도 많이 하지만, 가끔 보여주는 선행은 다른 어느 자식들보다 탁월하고 희생적이라는 걸 알기 때문이다. 아마도 엄마(인류)는 다른 자식들보다 종교라는 자식에게 더 특별한 기대를 걸고 있는 게 분명하다.

## 사람들이 기대하는 것은 소금과 빛

신약성서에서 예수는 자신을 따르는 무리들을 향해 이렇게 설교한다.

너희는 세상의 소금이니 소금이 만일 그 맛을 잃으면 무엇으로 짜게 하리오. 후에는 아무 쓸 데 없어 다만 밖에 버려져 사람에게 밟힐 뿐이니라. 너희는 세상의 빛이라 산 위에 있는 동네가 숨겨지지 못할 것이오. 사람이 등불을 켜서 말 아래에 두지 아니하고 등경 위에 두나니 이러므로 집 안 모든 사람에게 비치느니라. 이같이 너희 빛이 사람 앞에 비치게 하여 그들로 너희 착한 행실을 보고 하늘에 계신 너희 아버지께 영광을 돌리게 하라.(마태복음 5장13절~16절)

소금의 중요성을 새삼 말해서 무엇 할까. 냉장고가 발달한 요즘에도 소금은 여전히 중요한 천연 방부제다. 소금을 넣어 발효시킨 간장과 된장 등은 냉장고에 넣지 않아도 상하지 않고 그 맛을 유지한다. 그러니 냉장고가 없었던 예수 시대에 소금은 얼마나 중요한 천연방부제였을 것인가. 또 요즘처럼 다양한 조미료가 없던 그 시절 소금은 유일하게 맛을 내는 양념이었다. 따라서 당시 유대인들에게 소금은 생활필수품이었다.

예수는 자신을 따르고자 하는 무리들에게 "나를 따르려거든 소금으로 살 각오를 하라"고 일러주고 있다. 소금이 소금의 역할을 하려면 녹아야 된다. 녹지 않으면 소금으로서의 역할을 하지 못한다. 이것은 희생을 의미한다. 또 예수는 자신을 따르는 무리들에게 '너희는 세상의 빛'이라고 역설한다. 어두움이란 따로 존재하는 그 무엇이 아니라 빛이 없는 상태. 빛이 있으면 어두움은 없다. 즉 세상이 어둡다면, 그것은 빛이 제 역할을 하지 못한 때문이다.

세상이 어둠으로 물들어갈 때, 빛으로 세상을 밝혀야 할 사람들이 종교인들이다. 더 나아가 세상이 모두 절망적(어두움)이라고 말할 때, 아직은 희망(빛)이 있다고 말하는 사람들이다. 그러기 위해선 예수의 말대로 빛을 비춰야 한다. 숨겨서는 안 된다. "오른손이 하는 일을 왼손이 모르게 하라"는 말과 결코 상충되지 않는다. 예수의 이 말은 선행을 자랑하면서 그렇지 못한 사람들을 주눅 들게 했던 당시 종교지도자들에 대한 경고 메시지였다. 오히려 종교인들은 자신의 선행을 세상에 널리 알려서 "세상이 아직도 살 만하다"는 걸 인식시켜줘야 할 사명이 있다. 예컨대 '마더 데레사, 이태석 신부, 틱낫한 스님' 등이 그들이다. 물론 일부러 자랑하기 위해 선행을 한 것은 아니지만, 그렇다고 굳이 숨어서 행하지도 않았다. 알다시피 예수 또한 그랬다.

예수의 부름은 그리스도인뿐만 아니라 종교인들이라면 모두 따라야 한다. 예수의 부름이 예수 개인 또는 기독교만의 소산이 아니라 인류 전체의 소산이기 때문이다.

종교는 세상의 소금이요 빛이다. 그런 역할을 하라고 인류가 낳은 자식들이다. 소금과 빛의 공통된 역할은 사물이 상하지 않고 살아나게 하는 것이다. 소금은 방부제 역할을 하고, 빛은 살균 소독을 한다. 이런 걸 두고 정화작용이라 한다. 자연은 대부분 자기정화작용을 한다. 강이 더러워져도 (인간이 더 나쁜 짓만 계속하지 않는다면) 비가 내려서 모든 걸 치워버리고 깨끗하게 한다. 이와 같은 방식으로 인류의 정화작용은 종교가 맡아야 한다고 예수는 주장하고 있다. 그래서 사람들은 종교의 정화작용을 기대한다. 정화작용을 하려면, 정화작용을 해야 할 존재가 먼저 깨끗해야 한다.

## 사람들은 '종교인답기'를 기대한다

예수는 이어서 또 이렇게 말한다.

또 눈은 눈으로, 이는 이로 갚으라 했다는 것을 너희가 들었으나 나는 너희에게 이르노니 악한 자를 대적하지 말라. 누구든지 네 오른편 뺨을 치거든 왼편도 돌려대며 또 너를 고발하여 속옷을 가지고자 하는 자에게 겉옷까지도 가지게 하며 또 누구든지 너로 억지로 오 리를 가게 하거든 그 사람과 십 리를 동행하고 네게 구하는 자에게 주며 네게 꾸고자 하는 자에게 거절하지 말라. 또 네 이웃을 사랑하고 네 원수를 미워하라 했다는 것을 너희가 들었으나 나는 너희에게 이르노니 너희 원수를 사랑하며 너희를 박해하는 자를 위하여 기도하라. 이같이 한즉 하늘에 계신 너희 아버지의 아들이 되리니 이는 하나님이 그 해를 악인과 선인에게 비추시며 비를 의로운 자와 불의한 자에게 내려주심이라. 너희가 너희를 사랑하는 자를 사랑하면 무슨 상이 있으리오. 세리도 이같이 아니하냐. 또 너희가 너희 형제에게만 문안하면 남보다 더하는 것이 무엇이냐. 이방인들도 이같이 아니하느냐. 그러므로 하늘에 계신 너희 아버지의 온전하심과 같이 너희도 온전하라.(마태복음 5장 38절~48절)

그야말로 '율법'의 가르침을 넘어서는 구절들로 가득하다. 율법의 정신은 한마디로 '눈에는 눈, 이에는 이'였다. 지금도 세상 사람들 대부분은 이 율법에서 크게 벗어나지 못한다. 자신에게 잘해준 사람에게 잘해주고, 못해주면 되갚아주기 마련이다. 이런 심리를 넘어서서 사랑의 법칙을 알려주는 게 예수의 가르침이다. 지금도 종교인들이 일반 통념을 넘는 희생정신을 보여주면 사람들은 '역시 종교인답다'고 말하며 감동한다.

철학자 에리히 프롬은 "신은 최고의 가치, 최상의 선을 상징한다"고 말했다. 한 사회의 최소한의 규율을 법이라 한다. 반면 최고의 가치와 최상의 선은 '신'이며, 종교는 그것을 추구해야 할 의무가 있다. 사람들은 신의 모습을 사람들에게서 찾는다. 그 사람들이 바로 종교인들이다.

사람들은 종교가 '돌아갈 곳'을 지켜주기를 기대한다.

예수는 또 이런 예화를 제자들에게 말해준다.

또 이르시되 어떤 사람에게 두 아들이 있는데 그 둘째가 아버지에게 말하되 아버지여 재산 중에서 내게 돌아올 분깃을 내게 주소서 하는지라. 아버지가 그 살림을 각각 나눠 주었더니 그 후 며칠이 안 되어 둘째 아들이 재물을 다 모아 가지고 먼 나라에 가 거기서 허랑방탕하여 그 재산을 낭비하더니 다 없앤 후 그 나라에 크게 흉년이 들어 그가 비로소 궁핍한지라. 가서 그 나라 백성 중 한 사람에게 붙여 사니 그가 그를 들로 보내어 돼지를 치게 하였는데 그가 돼지 먹는 쥐엄 열매로 배를 채우고자 하되 주는 자가 없는지라. 이에 스스로 돌이켜 이르되 내 아버지에게는 양식이 풍족한 품꾼이 얼마나 많은가. 나는 여기서 주려 죽는구나. 내가 일어나 아버지께 가서 이르기를 아버지 내가 하늘과 아버지께 죄를 지었사오니 지금부터는 아버지의 아들이라 일컬음을 감당하지 못하겠나이다. 나를 품꾼의 하나로 보소서 하리라 하고 이에 일어나서 아버지께로 돌아가니라. 아직도 거리가 먼데 아버지가 그를 보고 측은히 여겨 달려가 목을 안고 입을 맞추니 아들이 이르되 아버지 내가 하늘과 아버지께 죄를 지었사오니 지금부터는 아버지의 아들이라 일컬음을 감당하지 못하겠나이다 하나 아버지는 종들에게 이르되 제일 좋은 옷을 내어다가 입히고 손에 가락지를 끼우고 발에 신을 신기라. 그리고 살진 송아지를 끌어다가 잡으라. 우리가 먹고 즐기자. 이 내 아들은 죽었다가 다시 살아났으며 내가 잃었다가 다시 얻었노라 하니 그들이 즐거워하더라.(누가복음 11장 11절~24절)

예수는 우리 인류가 어려워질 때 돌아갈 곳이 어디인가를 말해준다. 그곳은 바로 '아버지의 품'이다. 객관적인 말로 바꾸면 '신'이다. 아무리 개차반으로 살아도 돌아갈 곳이 있는 사람은 행복하다. 돌아갈 곳이 있는 사람에겐 희망이 있다. 인류는 종교에게 '돌아갈 곳'이 되어 달라고 요구하고 있다. 돌아갈 곳을 뭉개지 말고 지켜달라고 요구하고 있는 게다. 더 정확하게 말하면 종교는 인류가 돌아갈 곳 그 자체가 아니라 돌아갈 곳을 지키는 문지기다. 자기 역할을 게을리하지 말고, 돌아갈 곳을 지켜달라는 게 인류의 부탁이다.

어쩌면 종교와 종교인은 인류의 마지노선과도 같다. 세상이 아무리 팍팍하고 힘들더라도 끝까지 지키고 싶은 '사랑의 마지노선' 말이다. 아니 지켜주고 싶은 마지노선이다.

이런 바람이 가능한 건 종교 속에 뭔가가 있기 때문이다.《의식혁명》의 저

자이자 영적 교사인 데이비드 호킨스는 "어느 종교나 그 속에는 그것이 발원한 영적 기초가 여전히 묻혀있다"고 말했다. 종교가 아무리 욕을 먹어도 그 속에는 그것이 발원한 영적 기초가 여전히 묻혀있다. 그것마저 상실하거나 희미해진다면 더 이상 그 종교는 이 세상에 필요 없다. 그것이 내가 말한 종교의 '빛나는 한방'이다.

# 예수의 '여우 굴'과
# 법정의 '무소유'

---

지금 당신의 눈앞에 승용차 한 대가 지나간다. 그 승용차는 시가 17억원짜리
'2007 마세라티'다. 차종을 잘 모른다 해도, 눈이 저절로 따라간다.
알고 보니 그 차를 모는 사람은 우리 동네 교회 목사다. 당신은 두 번 놀란다.
차의 위엄에 놀라고, 운전자가 목사라서 놀란다. '무슨 이유가 있겠지'란 생각보다는
'저 목사, 저래도 되는 거야?'라 생각한다. 곧이어 '그 교회 교인들이 불쌍하다'라고
생각한다. 참 오지랖도 넓다. 자신도 살기 힘들면서 굳이 남 걱정까지 해주고,
'저거 어떻게 해쳐먹었지?' 하며 남의 영업수단까지 추리한다.
살살 배가 아프다. 사돈이 논을 산 게 아니라 목사가 마세라티를 샀단다.

## 예수를 따르려 했더니 개털이네

사실 목사는 비싼 승용차 타지 말라는 법, 세상 어디에도 없다. 성직자가
20억 아파트에 살지 말라는 법도 없다. 그럼에도 사람들은 마치 그런 법이라

도 있는 것처럼 성직자들에게 들이댄다. 성직자들 입장에서는 어느 장단에 춤을 춰야 할지 모를 일이다. 성직자가 가난하게 살면 '궁상맞다'고 하고, 부유하게 살면 '도둑놈'이라고 하니까. 그나마 성직자가 가난하면 청빈하다고 말해주는 아량이라도 베풀지만, 성직자가 부유하면 보태준 것도 없으면서 째려본다.

성서에 보면 예수는 여러 기적을 행한다. 물로 포도주를 만들고, 물 위를 걷고, 병든 자를 낫게 하고, 죽은 자를 살린다. 그중에서도 가장 장엄하고 스펙터클한 것은 '오병이어의 기적'이다. 떡 다섯 개와 물고기 두 마리로 5,000명을 먹였다는 기적이다.

이 사건을 성서는 이렇게 기록한다.

> 날이 저물어 가매 열두 사도가 나아와 여짜오되 무리를 보내어 두루 마을과 촌으로 가서 유하며 먹을 것을 얻게 하소서. 우리가 있는 여기는 빈 들이니이다. 예수께서 이르시되 너희가 먹을 것을 주라 하시니 여짜오되 우리에게 떡 다섯 개와 물고기 두 마리밖에 없으니 이 모든 사람을 위하여 먹을 것을 사지 아니하고서는 할 수 없사옵나이다 하니 이는 남자가 한 오천 명 됨이러라. 제자들에게 이르시되 떼를 지어 한 오십 명씩 앉히라 하시니 제자들이 이렇게 하여 다 앉힌 후 예수께서 떡 다섯 개와 물고기 두 마리를 가지사 하늘을 우러러 축사하시고 떼어 제자들에게 주어 무리에게 나누어 주게 하시니 먹고 다 배불렀더라. 그 남은 조각을 열두 바구니에 거두니라.(누가복음 9장 12절~17절)

생각해보라. 떡을 떼어주고, 물고기를 나눠주는데, 계속 생겨났다는 말이다. 예수는 마법사였나 보다. 이 구절을 두고 이렇게 해석하는 신학자들도 있다. "설교를 듣다가 청중들이 배가 고팠다. 이때 한 아이가 음식을 꺼내어 예수에게 주었다. 이 모습을 본 사람들은 부끄러워서 자신이 먹으려고 몰래

117

싸온 음식들을 주섬주섬 꺼내었다. 그 음식을 다 먹고도 열두 바구니나 남았다". 일리 있는 설명이다.

하여튼 예수가 일으킨 기적을 본 사람들은 생각했다. 아하! 예수를 따라다니면 굶어 죽지는 않겠구나. 잘만 하면 땡잡겠구나. 당시 백성들은 로마에 세금 내고, 세리와 관리들에게 세금 내고, 종교기관에도 세금을 내니, 항상 배고프고 가난했다. 예수가 벌인 쇼에 구미가 당길 수밖에 없다.

사람들은 "당신을 따르겠습니다. 저를 당신의 제자로 받아주세요"라고 간청하기 시작한다. 이때, 예수가 한마디 한다. "여우도 굴이 있고 공중의 새도 집이 있으되 인자는 머리 둘 곳이 없도다"라고. 예수를 따르고자 했던 사람들로선 김이 팍 새는 말이다.

실제로 예수는 전도생활을 하면서 거처할 집이 없었다. 하루는 빈 들판에서, 하루는 제자의 집에서, 하루는 창녀 집에서, 하루는 세리 집에서 잤다. 먹는 것도 항상 얻어먹었다. 제자들이 주거나, 죄인들이 주었다. 좋게 말하면 청빈했고, 노골적으로 말하면 거지였다.

예수는 제자들을 사람들에게 보낼 때도 "이르시되 여행을 위하여 아무것도 가지지 말라. 지팡이나 배낭이나 양식이나 돈이나 두 벌 옷을 가지지 말며 어느 집에 들어가든지 거기서 머물다가 거기서 떠나라"(누가복음 9장 3절~4절) 하고 말했다. 거지행각을 제자들에게도 물려주었다. 불교에선 이런 행위를 '탁발'이라 한다.

하루는 예수에게 한 청년이 찾아와서 가르침을 청한다. "예수여. 내가 율법에 있는 모든 계명들을 다 지키고 싶다. 내게 더 필요한 영적 가르침이 있습니까?" 이때, 예수는 "네가 온전하고자 할진대 가서 네 소유를 팔아 가난한 자들에게 주라. 그리하면 하늘에서 보화가 네게 있으리라. 그리고 와서 나를 따르라"(마태복음 19장 21절) 하고 일러준다. 하지만 그 청년은 부자였고, 다른 건 다 지켜도 그것만은 못 지키겠다는 마음으로 근심하며 돌아간다. 이를 본 예수는 그 청년의 뒤통수에다 대고 "내가 진실로 너희에게 이르노니 부자는 천국에 들어가기가 어려우니라"(마태복음 19장 23절) 하고 말한다. 그것도 한 번 말하면 됐지, 또 한 번 "다시 너희에게 말하노니 낙타가 바늘귀로 들어가는 것이 부자가 하나님의 나라에 들어가는 것보다 쉬우니라(마태복음 19장 24절)" 확인사살까지 한다. 예수도 '한 과장' 하는 사람인가 보다.

그 청년이 그렇게 떠나간 이유를 예수는 다른 곳에서 "한 사람이 두 주인을 섬기지 못할 것이니 혹 이를 미워하고 저를 사랑하거나 혹 이를 중히 여기고 저를 경히 여김이라. 너희가 하나님과 재물을 겸하여 섬기지 못하느니라"(마태복음 6장 24절) 하고 설명해준다. 맞다. 사람은 자신이 가치 있다고 여기는 걸 추구하기 마련이다. 돈도 좋아하고 도(道)도 좋아하기는 어렵다. 곧바로 예수는 "내가 너희에게 이르노니 목숨을 위하여 무엇을 먹을까 무엇을 마실까 몸을 위하여 무엇을 입을까 염려하지 말라. 목숨이 음식보다 중하지 아니하며 몸이 의복보다 중하지 아니하냐"(마태복음 6장25절) 하면서 물질이 아니라 생명을 추구하며 살라고 권고한다. 예수는 "등에 진 짐이 가벼우면, 손에는 행복이 묵직하다"는 말을 하고 싶었던 모양이다.

## 알고 보니 그게 종교인들의 전통

이런 종교인들의 전통은 각 종교의 교조들이 그 모범을 보여줬다. 그중에서도 단연 빛나는 사람이 석가모니다. 그는 왕자의 자리를 버리고 출가하여 '거지'로 살았다. 예수와 똑같이 정해진 거처 없이 이집 저집 돌아다니며 얻어먹었다. 그의 아버지(왕)나 신하들이 볼 때는 기가 찰 노릇이었다.

마호메트를 볼까? 그는 어렸을 때 부모님을 잃고, 할아버지 집에서 자랐다. 다행히 할아버지는 인근 마을의 부자였다. 할아버지 덕분에 많은 공부를 했고, 도를 깨치는 데 많은 도움이 되었다. 하지만 그 역시 소외된 자와 가난한 자들과 함께하기를 즐겼다. 그리고 그들과 함께 메카를 떠나 메디나로 이주하여 공동체를 만든다.

공자는 또 어떤가. 공자는 아버지와 그의 후처 사이에서 태어났다. 한마디로 서자다. 게다가 그런 아버지마저 공자 나이 세 살 때 죽었다. 몰락한 양반 가문의 가난한 살림이 공자의 어린 시절 모양새다. 공자 역시 가난하게 컸고, 자라서도 가난의 길을 택했다. 그리고 도를 깨우친 이후에도 이 나라 저 나라 떠돌면서 살았다.

유대교의 교조 모세는 이집트 파라오의 아들로 자랐다. 가만히 있으면 파라오의 후계자로서 파라오가 될 수도 있었다. 하지만 그는 자신이 이스라엘 사람이란 걸 알고 난 후 자진해서 광야로 나아가 수행을 하고, 유대민족과 함께 고난의 길을 택했다.

교조의 뒤를 이은 제자들 역시 가난하게 살기를 즐겨했다. 중세시대 수녀와 수사들은 젊음과 삶을 버리고 수도하며 살았다. 석가모니를 따르는 승려들은 탁발을 하며 살았다. 예수의 전통 역시 종교를 떠나서 행해졌고, 그것을 영광으로 생각하며 산 사람들이 많았다.

물론 이에서 벗어나는 경우도 종종 있었다. 오히려 종교를 빌미로 삼아 권력과 부와 명성을 거머쥔 사람들이다. 예수시대의 유대교 종교지도자들, 중세시대의 교황과 사제들, 이슬람사회의 종교권력자들, 고려시대 승려 신돈과 같은 사람들이다.

## 법정스님이 뜬 이유

지인 K가 들려준 재밌는 일화가 있다. 《무소유》란 책을 쓴 법정스님의 일화다.

K가 법정스님을 만나게 되었다. 어느 전통찻집에서 여럿이 함께 만났다. 대화가 무르익고, 차향이 가득할 무렵 전화벨이 울렸다. 법정스님이 받았다. "내 통장에 돈 들어왔는지 확인했는가?"

법정스님의 통화 내용은 이 한 마디로 축약이 된다. 《무소유》의 인세가 통장에 들어왔는지 확인하는 법정스님의 모습을 본 사람들은 순간 얼음이 되었다. '무소유를 팔아 돈을 소유하는' 모습으로 비쳐졌기 때문이다. 하지만 K는 이제는 법정스님의 참뜻을 이해한다고 한다.

'무소유'란 '아무것도 소유하지 않는' 게 아니라 자신에게 필요한 것만 소유하고, 필요하지 않으면 소유하지 않는다는 이야기다. 즉 필요 이상의 것을 소유하지 않는다는 말이다. 물론 그 필요라는 게 사람마다 달라서 어디까지가 필요이고 어디서부터 욕심인지 구분하기는 힘들다. 아마 법정스님은 필요를 최소화하는 것도 '무소유 정신'이라고 역설했을 게다. 앞에서 본 대로 예수 역시 제자들에게 전혀 소유하지 말라고 하지 않고 최소한의 것만 소유하라고 가르쳤다.

만일 법정스님이 이를 말로 설명했다면 당연히 설득력이 떨어진다. 하지만 그는 자신의 재물을 소외된 사람들과 나누기를 즐겼다. 《무소유》를 팔아 만들어진 소유를 많은 사람들에게 돌려주었다. 평소 그가 보여준 청빈한 삶이 사람들의 마음을 움직였다.

그런데 여기서 잠깐. 법정스님의 무소유 정신이 유독 더 빛난 이유는 뭘까? 사실 우리 주변엔 청빈한 사람이 많다. 자신의 재물을 나누는 사람도 많다. 평생 국밥집을 해서 모은 돈을 장학금으로 내놓는 노인의 이야기를 우리는 가끔 접한다. 그런 사람들을 보면서 깊은 감동을 느끼지만, 법정스님이 주는 울림과는 차이가 난다. 그게 단순한 유명세의 차이일까?

사람들은 법정스님의 글과 삶에서 '신'을 발견하곤 한다. 우리가 잊어버렸던, 잃어버렸던 그 '신' 말이다. 2,500년 전 석가모니가 보여주었던 '자발적 가난의 신', 2,500년 전 공자가 보여주었던 '떠도는 가난의 신', 2,000년 전 예수가 처절하게 살아냈던 '함께하는 가난의 신', 1,500년 전 마호메트가 힘써 싸워 지키려 했던 '가난한 자를 지키는 가난의 신'의 모습을 법정스님에게서 발견해낸 거다. 뿐만 아니라 '가난한 자와 함께하는 가난한 자'의 전통을 수행한 수많은 종교인들의 모습을 그에게서 찾아낸 거다. 자신이 믿는 종교적 전통을 살아내지 못하는, 말로만 떠드는 종교인들이 하도 많기에 법정스님은 상대적으로 더 빛났던 거다.

자본주의 사회란 자본을 사회의 기본으로 삼는 사회를 말한다. 우리 사회는 분명히 자본주의 사회다. 자본이 우리 사회를 지탱해주는 중요한 축이다. '자본만능주의'를 경계해야겠지만, 그렇다고 자본 자체를 죄악시하거나 경계해선 곤란하다. 그래서 우리에겐 좀 더 많은 '법정스님'이 필요하다. 지금은 인류가 낳은 종교적 전통을 좀 더 많이 적용해야 할 시대다.

# '사람이 신'이라 말하는 것은 종교뿐

---

살다보면 화를 낼 일이 생긴다. 화를 내는 이유는 천차만별이다. 어떤 사람은 자신을 째려봤다는 이유로 상대방을 무참하게 죽인다. 어떤 사람은 단지 화가 났다는 이유로 지나가는 사람들을 총으로 무차별 난사를 한다. 심지어 어떤 사람은 화가 나서 부모를 때려죽인다. 그놈의 화가 무엇이기에……. 사람들이 화를 내는 이유는 다양하지만, 한 가지 공통점이 있다. 그건 바로 무시당하고 있다는 느낌을 받았다는 거다.

자신을 사람으로 취급해주지 않거나 '더 낮은 사람'으로 취급한 데 대한 보복심리가 작용한 거다. 사람이 사람을 차별하고 무시하는 것, 그것이 바로 사람을 화나게 한다.

## 사람들은 왜 그럴 때 화를 낼까?

사실 우리는 이 세상에 자기 의지로 태어난 것이 아니다. 부모들의 '사랑의 장난'으로 이 세상에 태어난 존재들이다. 어쩌면 경험하지 않아도 될 세상인 셈이다. 물론 마냥 좋은 세상이라면 상관없지만, 어찌 그렇기만 할 수

123

있겠는가. 어렸을 적 부모에게 "날 왜 낳았느냐고" 대들어보지 않은 사람이 몇이나 있을까.

우리는 철저히 자신의 의사와 상관없이, 부모로부터 의사를 무시당한 채 이 세상에 나왔다. 그렇다고 정자로 있을 때, 아니 뱃속에 있을 때라도 "지금 세상은 내가 나가도 괜찮은 세상인가요? 혹시나 해서 말인데, 괜찮지 않으면 안 나가려고요. 아니면 미뤘다가 세상 좀 좋아지면 나가려고요"라고 말할 수는 없는 노릇이다.

우리의 존재가 부모들의 사랑의 장난의 산물이라고 생각하면 서글퍼진다. 물론 이런 시각이 균형 잡힌 시각은 아니지만 세상이 뭣 같아 보일 때는 이런 생각이 저절로 용솟음치곤 한다.

이걸 심리학적으로 풀어보면 우리는 우리를 낳아준 부모로부터 무시당한 존재들이다. 그래서 누군가에게 무시를 당한다고 느낄 때면 바로 그 원초적인 심리가 꿈틀대는 거다. 이렇게 세상에 온 우리들은 자신의 존재를 지키려고 안간힘을 쓴다. 누군가 나를 무시하지나 않을까 노심초사하게 된다. 혹시나 그걸 건드리면, 자신이 사자도 아니면서 잠자는 사자를 건드렸다고 난리를 친다.

그래서 우리는 사회 곳곳에 인권을 보호받을 장치를 만든다. 혹시나 인권이 짓밟히지 않을까, 까놓고 말해서 무시당하지 않을까를 염려한다. 사람들 사이엔 적어도 그것만은 건드리지 말자는 게 있는데, 그게 바로 '인권'이다. '무슨 무슨' 인권협회니 '무슨 무슨' 인권법이니 하는 것도 다 그 때문이다.

인권이란 '인간다울 권리, 인간다움을 침해받지 않을 권리, 인간이 인간일 권리' 등을 말한다.

왜 그토록 인권을 소중하게 여기는가. 그것은 내 의사와 상관없이 이 세상에 내던져지긴 했지만, 이제부터는 내던져지고 싶지 않은 거다. 인간답게 자신의 존재를 인정받고 싶은 거다.

## 사람이 사람을 무시한다

인권이 무시되는 일은 인류사에 종종 있다. 수백만의 유대인을 가스실에서 죽인 나치의 만행에 화를 내는 이유는, 그들을 사람 취급하지 않았기 때문이다. 마치 우리 자신이 가스실에 들어가 무시당한 느낌을 받는다. 일본군이 멀쩡한 사람을 '마루타'로 실험한 것에 대해서는 사람이 사람을 의학의 도구로 취급한 데 대한 분노가 치민다. 백인들이 흑인들을 잡아다 경매하듯 팔고 샀던 역사에 대해서는 "어찌 사람을 짐승 취급할 수 있는가" 하며 혀를 내두르는 거다.

이런 일은 우리 사회에서도 있었다. 일본의 잔인무도함을 그렇게 비난했던 우리들이 베트남전에 참가했을 때는 똑같은 짓을 저질렀다. 베트남전 당시 베트남 민간인들은 가장 잔인하고 무서운 존재로 한국군을 꼽았다. 심지어 일부 참전용사와 베트남 원주민들의 증언에 의하면 한국군은 베트콩의 껍질을 벗겨 자랑하듯 들고 다니기도 했다는 것이다. 물론 "우리에게 총격을 가하면 너희들도 이렇게 될 테니 조심해라" 하는 경고였겠지만, '인권, 인권'을 입에 달고 사는 우리도 어쩌면 기회만 있으면 다른 사람을 짓밟을 준비가 되어 있는 사람인지도 모른다.

80년 광주민주화운동은 또 어떤가. 당시에는 '광주사태'라고 하면서 광주 시민들을 빨갱이 폭도로 몰았다. '군인이 여학생의 유방을 도려냈네, 군인이 몽둥이로 학생의 머리를 사정없이 짓이겨 놓았네, 군인이 민간인에게 총을 사정없이 쏘고 시체를 강에 버렸네' 등등 수많은 유언비어(?)가 떠돌았다. 그런데 오래지 않아 그게 모두 사실이라는 게 밝혀졌다. 지금은 처참한 피해자들의 사진을 보면서 권력을 유지하기 위해 사람들을 '사냥꾼의 먹잇감'으로 전락시킨 권력자들에게 분노한다. 80년 광주의 현장에 '인권'은 개미 똥만큼도 없었다.

2014년 4월 16일 세월호에는 어떤 일이 일어났는가. 2015년까지 우리 사회가 밝혀낸 것만 이야기해보자. 세월호 소유 회사에서는 돈을 더 벌기 위해 당초 실을 수 있는 화물보다 더 많이 실었다. 서류까지 조작해가면서. 그런게 가능했다니, 얼마나 많은 사람들이 연루되어 있을까? 선장과 선원이 먼저 탈출하고 학생들을 수장시킨 것도 화가 나지만, 그 순간에도 해상보험금에 대한 셈을 하느라 구조를 늦췄다는 게 말이 되는가. 그런데, 그런 말도 안 되는 일이 2014년 4월 16일 전 국민이 보는 앞에서 자행되었다. 그 순간 사람은 돈보다 못한 존재가 되었다.

## 사람이 돈보다 낫긴 한가

사람이 돈보다 못한 존재로 전락한 이야기는 참 많다. 나는 아내와 함께 케이블 TV에서 방영하는 '이것이 실화다, 리얼 스토리' 등의 프로그램을 자주 보는 편이다. 내 주위에 그런 사람들이 없으니, 그런 내용이라도 봐야 세상 돌아가는 것을 보고 이해할 것 같아서다. 사실 재밌기도 하다. 마치 이혼을 좋아하지 않으면서도 '사랑과 전쟁'의 열혈 시청자가 되는 것과 같다.

'이것이 실화다' 등의 단골 소재가 '보험금으로 인한 살인사건'이다. 보험금 때문에 친구들이 작당해서 한 여자를 죽이고 시체를 물에 빠뜨린 이야기, 아내가 다른 남자와 짜고 남편을 죽이고 보험금을 가로챈 이야기, 부모가 자신에게 재산을 주지 않지 않자 재산과 함께 보험금을 타내려고 부모를 살해한 이야기 등이다. 하나같이 사람보다 돈을 우위에 둔 사건들이다.

이외에도 우리 주위에는 사람이 사람으로 대우받지 못하는 경우가 허다하다. 보험사나 통신사에서 우리는 '이름'이 아니라 '휴대폰 번호'로 취급받는다. '보이스 피싱'을 하는 사람들도 우리를 '사람'으로 보지 않고 '주민등록번호'로 본다. 친한 사람들끼리도 번호가 더 중요하게 여겨질 때가 많다. 사람보다 번호가 더 중요한 사회다.

이런 현상을 고상한 말로 '인간소외'라고 한다. 인간이 본래 있어야 할 자리에서 내던져져 소외당한다는 의미다. 불행한 일은 어째서 반복되는가. 엄마 뱃속에서 내던져진 그 한 번으로 만족할 수 없단 말인가. 타인으로부터 내던져지고, 기계로부터 내던져지고, 사회로부터 내던져지는 불행은 어디까지 이어질까? 이런 '인간소외'에 대한 답은 없는 걸까?

답은 의외로 간단하다. '인간소외'의 답은 '인간존중'이다. 문제는 인간존중을 어떻게 실현할 거냐는 거다. 사회학자는 '인간존중 시스템'을 세상에 내놓고, 정치지도자나 사회지도층은 '인간존중 제도'를 실행해야 한다. 기업은 '인간존중 경제'를 실천하고, 학교는 '인간존중 교육'을 해야 한다.

## 인권유린의 시대에 종교가 할 수 있는 일

그렇다면 종교는 무엇을 할 수 있을까? 아니 지금까지 이 지구별에서 무엇을 해왔나? 이 장의 제목이 그것을 말해준다. '사람이 곧 신'이라고 말해주는 데는 종교뿐이다.

예수는 제자들에게 이렇게 말했다.

인자가 자기 영광으로 모든 천사와 함께 올 때에 자기 영광의 보좌에 앉으리니 모든 민족을 그 앞에 모으고 각각 구분하기를 목자가 양과 염소를 구분하는 것같이 하여 양은 그 오른편에 염소는 왼편에 두리라. 그때에 임금이 그 오른편에 있는 자들에게 이르시되 내 아버지께 복 받을 자들이여 나아와 창세로부터 너희를 위하여 예비된 나라를 상속받으라. 내가 주릴 때에 너희가 먹을 것을 주었고 목마를 때에 마시게 하였고 나그네 되었을 때에 영접하였고 헐벗었을 때에 옷을 입혔고 병들었을 때에 돌보았고 옥에 갇혔을 때에 와서 보았느니라. 이에 의인들이 대답하여 이르되 주여 우리가 어느 때에 주께서 주리신 것을 보고 음식을 대접하였으며 목마르신 것을 보고 마시게 하였나이까. 어느 때에 나그네 되신 것을 보고 영접하였으며 헐벗으신 것을 보고 옷 입혔나이까. 어느 때에 병드신 것이나 옥에 갇히신 것을 보고 가서 뵈었나이까 하리니 임금이 대답하여 이르시되 내가 진실로 너희에게 이르노니 너희가 여기 내 형제 중에 지극히 작은 자 하나에게 한 것이 곧 내게 한 것이니라 하시고 또 왼편에 있는 자들에게 이르시되 저주를 받은 자들아 나를 떠나 마귀와 그 사자들을 위하여 예비된 영원한 불에 들어가라. 내가 주릴 때에 너희가 먹을 것을 주지 아니하였고 목마를 때에 마시게 하지 아니하였고 나그네 되었을 때에 영접하지 아니하였고 헐벗었을 때에 옷 입히지 아니하였고 병들었을 때와 옥에 갇혔을 때에 돌보지 아니하였느니라 하시니 그들도 대답하여 이르되 주여 우리가 어느 때에 주께서 주리신 것이나 목마르신 것이나 나그네 되신 것이나 헐벗으신 것이나 병드신 것이나 옥에 갇히신 것을 보고 공양하지 아니하더이까. 이에 임금이 대답하여 이르시되 내가 진실로 너희에게 이르노니 이 지극히 작은 자 하나에게 하지 아니한 것이 곧 내게 하지 아니한 것이니라 하시리니.(마태복음 25장 31절~45절)

이 구절은 단순히 우리에게 선행을 독려하는 내용이 아니다. 우리 옆에 있는 누군가가 바로 '신'이라는 이야기다. 그 사람이 어떠한 악행을 하거나 나를 괴롭혔다 할지라도, 한순간도 그가 '신'이 아닌 경우는 없다는 이야기다. 마찬가지로 자신 또한 '신'이라는 이야기다. 사람을 신의 위치로 끌어올리라는 예수의 가르침이다. 아니 이미 "너희는 신이다"를 알려주는 가르침이다.
　이런 가르침은 동학에서도 꽃피웠다. 동학은 남녀노소 빈부격차를 막론하고 사람은 누구나 그 안에 하늘을 모시고 산다(시천주 사상)는 가르침을 세상에 내놓았다. 더 나아가 사람이 곧 하늘과 같다(인내천)는 사상을 세상에 퍼뜨렸다. 반상(양반과 상놈)의 원리로 한 세상을 다스렸던 조선왕조 아래서 그런 가르침을 편다는 건 대단한 일이다. 사회의 근간을 흔드는 반역적인 가르침인 게다.

불교 또한 결코 뒤지지 않는다. 성철스님은 입버릇처럼 다음과 같이 말하곤 했다.

"집집마다 부처님이 계시니 부모님입니다. 내 집 안에 계시는 부모님을 잘 모시는 것이 불공입니다. 거리마다 부처님이 계시니 가난하고 약한 사람들입니다. 이들을 잘 받드는 것이 참된 불공입니다."

다른 곳에서도 인권을 말하고, 주장하고, 지켜낼 수 있다. 하지만 '사람이 곧 신'이라는 종교의 가르침은 그 영향력과 깊이가 남다르다. 사람을 신격화하자는 이야기가 아니라 사람을 사람의 자리에 두자는 이야기다. "사람이 곧 신"이란 말은 "신이 곧 사람"이라는 말이고, 나아가 "사람이 곧 사람"이라는 원리와 상통한다. 사람답다는 이야기는 신답다는 이야기다. 사람은 원래부터 신과 같은 존귀한 존재라는 이야기다. 이런 원리를 바탕으로 하는 종교가 사람을 무시하고 그 위에 군림한다면 더 이상 종교가 아니다.

# 사막의 종교와
# 농지의 종교의 공통점은?

---

나는 2015년 두 학기를 국제뇌교육종합대학원대학교에서 외래교수로 강의를 했다. 과목은 '종교와 홍익인간'이었으니, 종교학을 강의한 셈이다. 교재는 졸저《모든 종교는 구라다》(유심출판사)였고, 부교재로는《우리 아이 교회 절대 보내지 마라》(자리출판사)와《예수의 콤플렉스》(삼인출판사)를 사용했다. 생애 처음 교수로서, 저자 직강을 하면서 오히려 배운 것은 나였다. 어떤 때는 '아니 이 책을 내가 쓴 게 맞아? 이렇게 내가 잘 썼나?'란 생각이 들기도 했다. 내가 쓴 걸 공부하면서 다시 배우고 깨닫는 재미가 쏠쏠했다. 이 글을 읽는 당신도 한 번쯤 나의 강의를 들어보심이 좋을 듯하다. 하하하하. 내 강의 중 이 장과 주제가 맞는 부분을 여기서 풀어보겠다.

## 사막에는 사막의 신이 있었다

인류가 세상에 내놓은 종교는 크게 두 가지다. 각 종교가 태어난 장소를 기준으로 분류한 것이다. 바로 '사막의 종교'와 '농지의 종교'가 그것이다.

먼저 '사막의 종교'부터 풀어보자.

유대교의 교조 모세는 파라오의 궁궐에서 왕자 수업을 받으며 자라났다. 할아버지 파라오의 위엄과 카리스마를 보며 내심 '나도 저런 파라오가 되리라' 결심했다. 그의 미래는 궁궐 바닥의 대리석처럼 빛나고 있었다. 만약 그런 재수 없는(?) 일만 없었더라면…….

어느 날, 모세는 공사현장에서 누군가 싸우는 걸 목격하게 되었다. 아니, 싸움이 아니라 덩치 큰 이집트인이 왜소한 이스라엘인을 일방적으로 때리는 모습이었다. 불의를 참지 못하던 모세는 열이 올랐다. 덩치 큰 이집트인을 등 뒤에서 스트레이트로 한방에 날려 보냈다. 괴한이 나가 떨어지자 놀란 건 모세였다. '아니 내 주먹이 이렇게 세었나?' 그런데 하필 때려도 거기를 때렸을까. 뇌를 맞은 덩치는 죽고 말았다. 주위를 돌아봤다. 왜소한 남자와 자신뿐이었다. 모세는 모든 범죄자들의 심리대로 범죄의 증거를 없앴다. 어떻게? 시체를 모래 속에 파묻는 걸로. 사막지대니 모래가 쌓이고 쌓여 완전범죄가 될 거라 생각한 모양이다.

며칠이 지난 뒤 공사현장에 간 모세 앞에 또 싸우는 광경이 펼쳐졌다. 이번엔 이스라엘 사람들끼리의 싸움이다. 모세가 말리려고 하자 그들은 "허허, 재판관 나셨네. 그 전에 죽인 덩치로는 모자랐던가 보지. 어디 한번 우리도 쳐보시지"라 말한다. 이런, 발 없는 말이 천리를 간다더니, 모세의 살인행각은 벌써 입에 입을 타고 사막을 열두 바퀴 돌고도 남은 게다. 모세는 얼굴이 화끈거렸다. 쪽팔렸다. 그 자리를 박차고 얼른 도망갔다.

사실, 모세 자신은 이미 어느 정도 알고 있었다. 자신이 이집트인이 아니라 이스라엘인이란 걸. 자신을 키워준 이스라엘인 유모로부터 드라마에서나 나올 법한 출생의 비밀을 들었던 터였다. 며칠 전 '슈퍼 울트라' 주먹이 발사된 것도 그 때문이었다. 하지만, 지금은 상황이 달랐다. 동족으로부터 손가락질을 당하고 있는 거다.

이렇게 사막에 나간 그는 40년 동안 훈련을 받았다. 농사의 신을 섬기며 농사를 짓는 이집트의 후손이 아니라, 사막에서 단련된 사막의 아들이라는 것을 철저하게 깨우친 그는 때가 되자 이집트의 파라오 왕궁을 향했다. '사막의 신'을 등에 업고 맞장을 뜨러 간 것이다. 이스라엘 민족을 풀어달라고. 간도 크다. 무얼 믿고 그런 일을 한단 말인가. 협상이 가능한 것은 무언가 내밀 카드가 있을 때다. 그런데 모세에게 그럴 만한 카드가 있었나? 군사도 없고, 따르는 무리도 없는데, 어디서 그런 용기가 나왔을까? 그게 바로 용기라는 거다. 사람이 무언가에 신념을 가지게 되면 태산도 막지 못하는 법이다. 수많은 군사도 두려워하지 않는 경지에 오른다.

파리의 재앙, 독의 재앙 등을 맛본 후에야 파라오는 이스라엘 백성들이 사막으로 나가기를 허락한다. 홍해가 갈라지는 대역사를 거친 뒤에 만난 곳은 축복의 땅 가나안(파라다이스)이 아니었다. 사막이었다. 고향 이집트에서 평생 맛보지 못했던 고난이 그들을 기다리고 있었다. 1년도 아니고 2년도 아니고 무려 40년이었다. 결국 모세는 가나안 땅에 들어가 보지도 못하고 입구에서 죽고 말았다.

이런 스토리를 배경으로, 모세가 하늘로부터 받았다는 율법을 중심으로 생겨난 종교가 바로 유대교다. 이런 종교의 특성이 있다면, 그것은 모두 사막에서 익힌 것들이다.

예를 들어보자. 오아시스는 다른 부족과 공유할 수 없다. 한정된 물을 나누면 모두가 죽기 때문에 이웃 부족과의 공생은 생각도 할 수 없다. 그 부족을 쳐서 멸해야 한다. 그러니 자기 부족은 항상 선이고, 다른 부족은 항상 악이어야 한다. 악은 쳐서 멸망하고 없애는 것이지 살살 다루어야 할 존재가 아니다. 이런 사상 속에서 나온 신은 선악이 분명하다. 신은 절대자이며, 선악의 심판관이 된다. 이런 신은 세상에 둘이어서도 안 된다. 유일신이어야 한다.

혹독한 사막에서 운 좋게 오아시스를 만나면 그들은 감사한다. 허허벌판에서 목말라 죽을 인생을 인도한 신에게 감사하게 된다. 그런 신은 양을 '푸른 초장에 누이시며, 쉴 만한 물가로 인도하는' 신이다. 이런 느낌을 그들이 어떻게 알까. 바로 자신들이 양의 목자로서 양을 치기 때문에 아는 것이다. 여기서 파생된 종교가 바로 기독교와 이슬람교다.

'사막의 종교'들의 특징을 정리하면 이렇다.

유일신을 섬긴다. 그 신은 인격신이다. 그 신들은 하나같이 절대자이며, 중앙집권적이다. 세계관은 이집트에서 출발해서 가나안으로 들어가는 것처럼 순환적이라기보다 직선적이다. 처음과 나중이 확실하고, 세상의 처음과 종말이 확실하다. 스타일은 정적이라기보다 동적이다. 정적으로는 사막에서 살아남지 못한다. 행동하고, 때론 적을 죽여야 살아남는다. 여기엔 오로지 복종뿐이다. 그것도 절대적 복종이다. 복종하지 않으면 죽는다는 걸 그들은 몸으로 깨달아 안다. 사막도 오아시스도 자기의 노력과 상관없이 생겨났음을 인정할 수밖에 없다. 다른 말로 하면 그 신은 창조자다.

사실 인생이란 사막과 같다. 모든 것이 불확실하고 막막하다. 이럴 때, 우리의 삶을 관통하는 그 무엇에 기댈 수밖에 없다. 사막의 삶이 오로지 절대자에 기댈 수밖에 없는 것처럼. 이것을 종교에서는 신이라고 한다. 우리를 '푸른 초장과 쉴 만한 물가'로 인도할 신이 필요함을 우리는 늘 절감하고 산다. 자신의 삶에 대해 정직하고 겸허해지면, 이런 메시지가 좀 더 분명해진다. 유일신 신앙을 가진 제대로 된 종교인은, 그래서 늘 겸손한 사람이 된다.

## 생로병사에 대한 깨달음, 알고 보니 그랬었네

이쯤에서 낙타를 타고 사막을 건너 인도로 가볼까? 인도의 카필라국엔 정반왕이 마야부인과 살고 있었다. 정반왕은 주변의 큰 나라에 끓리지 않고 작은 카필라국을 지킨 용맹한 왕이었다. 그런 왕에게 근심이 있었으니, 아들이 없다는 것이었다. 그러다 드디어 아들을 낳았다. 그가 바로 싯다르타다. 아내의 말로는 아기가 태어나자마자 자신의 힘으로 걸어가더니 하늘을 향해 손을 올려 '천상천하 유아독존'이라고 했단다. 정반왕은 아내가 환상을 본 거라 생각했다. 왜 있잖은가. 자식이 너무나 좋으면, 옹알이 소리마저 "엄마, 아빠"라고 부르는 소리처럼 들리는……. 그런데 얼마 가지 않아 아내가 죽었다. 아들을 낳으면서 무리한 까닭이었다. 아내를 보내고 나니 아들을 더 잘 키워야겠다는 마음이 더 절실했다.

아들을 잘 키워 후계자로 쓸 생각을 하는 건 아버지로선 당연했다. 싯다르타는 유모의 손에 키워졌다. 모세가 그랬던 것처럼. 아들은 엄마가 없어도 무럭무럭 잘 자라줬다. 한 가지 흠만 빼면 말이다. 아무리 봐도 자신에게 있는, 그런 카리스마가 없었다. 늘 하는 게 '혼자서 생각하기'다. 말도 시원시원하게 하지 않고, 조곤조곤 말한다.

'저래서 한 나라를 어찌 통치할까? 내가 눈이라도 제대로 감으려나?'

마침내 일이 터지고야 말았다. 어느 날 왕궁 밖에 나갔다 온 아들이 "아버지! 사람은 왜 태어나는 거예요? 왜 태어나서 그렇게 고생을 하는 거예요?"란다. 올 것이 온 건가. 옛적에 한 도사가 이르기를 "왕자님은 출가할 운명일 수도 있으니 조심하십시오"라고 했다. 다음 날 아들과 함께 궁궐 밖을 나갔더니 더 가관이다. "나도 아버지도 저런 '쭈구렁탱이' 할아버지가 된다는 거잖아요!"

한동안 성 밖 출입을 금했더니 몰래 나갔다 와서는 땅이 꺼져라 한숨을 쉰다. 그러고는 유모에게 몰래 "유모도 심한 병에 걸려봤어?"라고 물었다는 소식만 들었다. 시간이 얼마나 흘렀을까? 이번엔 옆 나라로 가기 위해 아들과 함께 가마를 탔다. 한참을 가다 어디선가 곡소리가 들렸다. 앗! 정반왕이 그 사실을 알아차렸을 땐 이미 늦었다. 아들은 벌써 그쪽을 바라보며 한참 생각에 잠겼다. 아버지 입장에서는 자신이 탄 가마가 꼭 상여 같은 기분이 들었다.

물론 아들이 궁 밖으로 나갔을 때 꼭 그런 일만 생기는 건 아니었다. 왕궁 안에서는 볼 수 없는 계절의 맛을 만끽할 수 있는 곳이 성 밖이었다. 아들은 봄에 핀 꽃을 그렇게 좋아했고, 여름에 농사꾼들의 땀 흘리는 모습을 보며 "아빠 나도 커서 농사꾼이나 되어 볼까?" 이야기했다. 가을에 자신도 농작물 추수를 해보고 싶다며 굳이 성 밖으로 나가보자는 아들이었다. 겨울에 온 세상이 하얗게 변하면, 평소 보던 논과 밭이 모두 눈처럼 하얗게 되어버린 세상을 보면서 하얀 설렘을 가슴에 담곤 했다. 그럴 때면 정반왕은 '그래, 성 밖이 주는 단점보다 장점이 훨씬 많지'라며 자위를 하곤 했다.

하지만 그건 어디까지나 아버지의 생각이었다. 싯다르타는 스물아홉 살이 되던 해에 출가를 선언했다. 가출이 아니고 출가다. 그렇게 막아보려고 애썼건만 마침내 아들은 집을 떠나려 한다. 아무리 달래도 말을 듣지 않는다. 하루 이틀 생각한 게 아니라 29년 동안 생각하고 결심한 거란다. 그렇게 싯다르타는 왕궁을 떠나 성 밖으로 나간다. 마치 모세가 그랬던 것처럼. 그리고 인도의 들판과 산을 돌아다니며 농사가 생활인 사람들을 만났다.

그렇게 6년을 보낸 그는 드디어 보리수 아래서 큰 깨달음을 얻었다. 이렇게 탄생한 종교가 불교다. 이런 농지의 종교에는 불교, 힌두교, 유교 등이 있다.

'농지의 종교'들의 특성은 이렇다. 신관은 다신론이거나 무신론이다. 신이 다양하거나, 아니면 아예 없다. 여기서 신이 없다는 것은 사막의 종교에서 말하는 것과 같은 형태의 유일신이 없다는 이야기다. 인격적으로 관계를 맺는 신이 아니라 세상의 이치로서 존재하는 신이 대부분이다. 중국에선 '도'라고 부른다. 스타일은 동적이라기보다 정적이다. 농사를 돌아다니면서 지을 수는 없는 일이니까. 세계관도 직선적이지 않고 순환적이다. 봄, 여름, 가을, 겨울 등이 일상인 그들이다. 이런 그들에게 윤회설은 오히려 자연스러워 보인다. 그들에게 중요한 건 신앙이 아니라 깨달음이다. 절대 복종이 아니라 순응이며, '믿음'이 아니라 '수련'이 요구된다.

## 다른 두 종류의 종교, 하지만 하나에서 만나

| 구분 | 신관 | 세계관 | 신앙관 | 신과의 관계 | 스타일 | 선악관 | 사후 세계관 | 인간관 | 타자 세계관 | 종교 |
|---|---|---|---|---|---|---|---|---|---|---|
| 사막의 종교 | 유일신 | 직선적 | 복종 | 관계 지향적 | 동적 | 선악 분명 | 심판론적 | 신의 창조물 | 배타적 | 유대교, 기독교, 이슬람교 |
| 농지의 종교 | 다신론 비신론 | 순환적 | 깨달음 | 이치 지향적 | 정적 | 가치 중립적 | 윤회적 | 자업 자득 | 포용적 | 불교, 힌두교, 유교 |

위의 두 종교를 표로 정리하면 이렇다. 각 종교가 탄생한 자연적 배경을 기준으로 나눈 것이다.

그러고 보니 세계적인 종교들이 모두 동양에서 나왔다. 기독교를 서양종교라 착각한 것은 역사적 흐름 때문이다. 어쨌거나 두 종류의 종교가 결국 한 점에서 만난다는 게 종교다원론이다. 반면에 어느 종교도 섞일 수 없고, 자신의 종교만이 '참 종교'라고 주장하는 게 순수종교론이다. 이건 어느 것이 옳으냐의 문제가 아니라 시대의 흐름 문제다. 인류사에선 상당히 오랜 기간 동안 종교다원주의를 걱정할 필요가 없을 때가 있었다. 예컨대 유대민족의 유대교, 중세시대의 기독교, 중동의 이슬람교, 중국역사 속 유교 등이다. 그들에게 종교란 그것뿐이었다. 선택을 고민할 필요가 없는 시대였다. 하지만, 지금은 사정이 다르다. 온 지구별에 세상의 모든 종교가 함께 산다. 우리 앞에 길은 분명해 보인다. 인류는 지금 종교다원론을 선택하고 있다. 그래야 함께 살아남기 때문이다.

하지만 이렇게 서로 달라 보이는 두 형태의 종교에도 공통점이 있다. 그건 바로 하나같이 '인간존중 사상'을 핵심으로 하고 있다는 거다. 더 나아가 '생명존중 사상'을 기반으로 하고 있다는 거다. '만물을 창조했다는 신' 앞에 세상 만물 모두는 한 가족이 된다. '자타불이'란 깨달음 앞에 서면 지나가는 벌레도 남이 아니라 우리 자신이 되어버린다.

"집집마다 부처님이 계시니~"란 말씀 뒤에 이어진 성철스님의 설법을 끝으로 이 장을 마무리해야겠다.

"발밑에 기는 벌레가 부처님입니다. 보잘것없어 보이는 벌레들을 잘 보살피는 것이 불공입니다. 머리 위에 나는 새가 부처님입니다. 날아다니는 생명들을 잘 보호하는 것이 참 불공입니다. 수없이 많은 이 부처님께 정성을 다하여 섬기는 것이 참 불공입니다."

제 3부

# 종교가 있을 자리가 거긴 아니지

# 구원자 콤플렉스는
# 이제 그만

---

이 세상 종교에 문제가 있는가? 그렇다. 그것도 많이 있다.
그중에서 특히 고쳐야 할 좋지 못한 습성이 있다. '구원자 콤플렉스'다. 종교로
세상을 구원해야 하겠지만, '구원자 콤플렉스'는 곤란하다.

## '사랑은 주는 것'에 반기를 든다

'사랑은 주는 것'이라고 하는 말은 반쪽만 맞는 진실이다. 사람들은 모두 받기를 좋아하는 이기적인 존재라는 전제하에, 이것을 뛰어넘어 보자는 의미에서만 '사랑은 주는 것'이 진실이 된다. 하지만 여기에는 중요한 사실이 빠져있다. '주는 사랑'을 받아들여야 하는 사람의 입장이다.

내가 사는 안성의 경우, 소년소녀가장이 60가정 이상 될 것이라고 시청복지과는 추산하고 있다. 이런 이야기만 나오면 도와줄 대상이 또 나타났다고

여기저기서 야단들이다. 또한 언론에서는 심심찮게 결식아동을 도와야 한다고 난리다. 사실 나는 결식아동보다는 '급식지원대상아동'이라 부르는 게 더 낫다고 보지만, 어쨌든 소위 '결식아동' 아이들은 초등학교 고학년만 되어도 시청에서 챙겨주는 식사를 꺼리거나 해당 식당에 가지 않는다. 자신을 '불쌍하게' 여기는 주위의 시선을 견뎌내느니 차라리 한 끼를 굶는 것이 낫다고 생각하기 때문이다.

안성 일죽에서 교회를 하고 있을 때, 독거노인 반찬배달 봉사를 했다. 안성복지관으로부터 반찬을 건네받아 일주일에 두 번 정도 독거노인 집을 돌며 반찬을 배달한 것이다. 그런데 방문 횟수가 늘어날수록 한 가지 놀라운 사실을 알게 되었다. 내가 준 것은 반찬통 하나인데, 어르신들로부터 받는 것은 훨씬 더 많았다는 것을. 그것을 굳이 '보람'이나 '삶의 의미' 등으로 부르고 싶지 않다.

어르신들에게 가면 일단 인생 공부를 하사받게 된다. 일주일에 두 번씩 만날 때마다, 그분들은 연륜과 지혜로 나에게 깨달음을 주곤 했다. 그리고 빈 반찬통을 거저 돌려보내는 법이 없었다. 음료수는 기본이고, 철마다 텃밭 작물을 주시니 '아하 요즘은 오이철, 요즘은 고추철' 하면서 저절로 깨닫게 될 정도였다. '준 것보다 받은 것이 많았다'는 건 추상적인 상징이 아니라 실제적인 '현실'이었다.

우리는 과연 한 번이라도 '받는 자'의 입장에 서본 적이 있을까?

흔히 '준다'라고 하는 것은 이런 의미를 내포하고 있다. '나'는 '주는 자' 즉 '은혜를 베푸는 자'이고 '너'는 '받는 자' 즉 '은혜를 받는 자'라는 의미 말이다. 여기에는 근본적으로 주는 자와 받는 자에 차등을 두는 심각한 오류가 있다. 덧붙여서 '도와준다' '베푼다' '좋은 일 한다'는 등의 표현도 같은 선상에 놓여있다.

그러면 이제 어떻게 하란 말인가. 나는 여기서 '더불어 나눈다'로 가고 싶다. 나눈다는 것은 주는 자와 받는 자의 개념이 아니다. 동등한 입장에서 내가 가진 것을 서로 공유한다는 것이다. 아무리 힘없는 사람이라고 할지라도 누구에게나 나눌 것이 한 가지는 있다. 그 어느 누구도 우리가 동정해야 할 대상은 없다. 다만 나누어야 할 이웃이 있을 뿐. 내가 만난 독거 어르신들은 받으면서가 아니라 주면서 삶의 보람을 느꼈다. '내가 남에게 받아먹는 존재, 짐이나 되는 존재'가 아니라 '남에게 아직 베풀 것이 있는 존재, 아직은 세상에 쓸모 있는 존재'로 자신을 인식할 때, 비로소 어르신들은 살아갈 이유를 발견하게 된다.

## 노숙자 대부, 노숙자와 같이 잘 사는 비결

부산에서 노숙자 공동체를 하는 김홍술 목사는 '노숙자의 대부'로 알려져 있다. 20년을 넘게 노숙자들을 위해 살아온 그는 지금 노숙자 10여 명과 함께 공동체를 일구어 살고 있다. 그리고 그들과 함께 일주일에 1~2회씩 노숙자 급식을 한다. 인근 초등학교나 병원 등에서 급식을 하고 남은 반찬을 거둬다가 음식을 준비한다. 국을 끓이고, 밥을 해서 노숙자 급식소를 연다. 노숙자가 노숙자를 대접하는 셈이다. 사실 그 공동체의 사람들은 이미 노숙자가 아니라 '한때 노숙자로 살았던' 사람들이다. 그들은 노숙자 급식 날을 대단히 즐거운 날로 맞이한다. 평생 남에게 신세만 지다가, 이젠 누군가에게 도움을 주는 일을 하기 때문이다.

김 목사는 부산에서 괴짜 목사로도 유명하다. 그는 많은 사람들이 지나다니는 부산역 앞 길거리에서 죽어간 노숙자들의 사진을 모아놓고 위로의 제사를 지낸다. 살아서 천대를 받더니 죽어서도 천대를 받는구나 싶어서다. 대부분의 노숙자들은 아예 장례도 없이 화장을 하고 만다.

부산에서 노숙자들을 위해 제사를 지낸다는 건 결코 작은 일이 아니다. 부산은 '고신' 교단이 터를 잡고 있는데, 보통 고지식한 교단이 아니다. 그런 고지식한 동네 부산에서 제사를 지내다니. 그것도 공개된 장소에서 노숙자를 위해 제사를 지내다니. 목이 몇 개라도 되면 해볼 만한 짓이다. 아니나 다를까. 김 목사가 제사를 지내고부터 공동체를 지원하던 많은 후원자들이 손을 거둬들였다. 예상했던 바다.

이런 그가 종종 입버릇처럼 이야기하는 게 있다.

"송 목사, 이 세상엔 노숙자를 개×으로 보는 풍토가 있다 아이가. 노숙자는 무조건 교화해야 하고, 개선해야 될 존재로 본다 말이다. 그건 아이제. 하모. 나도 처음엔 그렇게 생각했는데 가만히 살다보이 그게 아잉기라. 아무리 형편없어 보여도 나름대로 존중받아야 할 삶이 있더라꼬. 그걸 깨닫는 데, 시간이 좀 걸렸제. 이제는 나도 노숙자를 바꿀라꼬 생각하거나 구원한다는 생각은 한 개도 없다 아이가. 다만 그들을 있는 대로 받아들이고 같이 살아가능기라."

김 목사는 말 그대로 그들과 '함께' 살아가고 있다. 그의 소원은 "노숙자처럼 살다가 길거리에서 노숙자처럼 죽는 것"이다. 진짜 종교인의 모습이 아닐 수 없다.

## 구원하겠다는 강박관념에서 구원받아야

이쯤하고 종교의 메커니즘을 이야기해야겠다. 특히 기독교 이야기를 해볼까 한다.

기독교에는 원죄의 교리가 있다. 사람은 태어나면서 죄를 물려받았고, 죄성을 가지고 태어난다는 이 교리는 구약성서부터 있어 왔던 게 아니다. 신약성서에도 없던 개념이다. 그럼 누가 만든 걸까? 바로 성서신학자 아우구

143

스티누스다. 젊었을 때 허랑방탕한 생활을 하다가 어머니 모니카의 기도로 개과천선하게 된 그는 신학교를 가서 신학자가 되었다. 이런 그가 성서에서 발견했다는 '원죄 교리'는 그의 젊은 시절을 그대로 반영한 것이다. 어쨌거나 그가 그런 교리를 '발명'한 이후 교인들은 모두 '타고난 죄인'이 되었다. 아니 세상 모든 사람들이 '물려받은 죄인'이 되었다.

이 교리가 이토록 중요한 이유는 바로 핵심 교리인 '구원의 교리'를 있게 하기 때문이다. 즉 "우리 인간들은 모두 타고난 죄인이므로 스스로를 구원하지 못한다. 이런 죄인들을 위해 예수께서 십자가 위에서 대신 죽었으니 그것을 믿기만 하면 구원을 받는다"는 구원론으로 가게 된다. 한마디로 예수가 세상을 구원하기 위해서는 온 세상이 반드시 죄인이어야만 한다. 아니 죄인이 아니면 곤란하다.

이런 교리는 곧바로 '교회론'으로 이어진다. '원죄와 죄 사함 그리고 구원', 이런 은총을 교회를 통해서 신이 주신다고 역설한다. 기독교에서는 이러한 교리를 포기하지 못한다. 예수는 "내가 곧 길이요 진리요 생명이니 나로 말미암지 않고는 아버지께로 올 자가 없느니라"(요한복음 14장 6절) 하고 말했고, 그의 신도들은 예수를 이 세상에 신이 보낸 유일한 구원자로 만들었다. 이런 교리는 세상을 둘로 쪼개는 분리의 논리다. 그것은 자신들만이 세상을 구할 수 있다는 오만과 엘리트의식의 소산이다.

교회가 일방적으로 주장하는 것만 아니라면, 죄론과 구원론이 인류에게 아름답게 작용할 수도 있다. 하지만 안타깝게도 교회들은 그러질 못했다. 여전히 대부분의 교회는 세상을 구원해야 할 의무가 자신에게 있다고 보고 선교에 혈안이 되어 있다. 그들은 세상을 죄의 구렁텅이, 교회를 구원과 은총의 방주로 여긴다. 구원자 콤플렉스에서 벗어나지 못하고 있는 것이다.

이런 현상이 어디 기독교만이겠는가. 모든 종교가 자신들이 세상을 구원해야 한다고 설파한다. 하지만 세상의 종교들은 '구원자 콤플렉스'로부터 그들이 먼저 구원받아야 할 처지다. 종교가 먼저 '세상을 구원해야 한다는 강박관념'으로부터 구원을 받아야 한다.

# "내가 아우를
지키는 자입니까?"

---

39권의 신약성서 중 무려 14권(학자마다 견해가 다르지만 최소 7권 이상)을 쓴
바울(가톨릭 이름 바오로, 교황 바오로와 동일 이름)은 적어도 기독교 교회사에서는
예수보다 더 큰 획을 그은 듯 보인다. 그만큼 바울은 기독교 교리 유산의 상당부분을
정리한 사람이다. 특히 그가 쓴 로마서는 기독교 신학자들의 주요한 바이블이다. 요즘
기독교인 특히 개신교인들이 '예수천당 불신지옥'의 교리를 외치는 것도
바울의 공이 크다. 그의 신학은 중세시대를 거치면서 가톨릭 신학은 물론 종교개혁자
칼뱅과 루터에게도 지대한 영향을 미쳤다. 심지어 신학자 중에는 오늘날의 기독교는
'예수의 기독교'가 아니라 '바울의 기독교'라고 말하는 사람도 있다.

## 부자가 왜 지옥에? 거지는 왜 천국에?

바울과 달리 신약성서를 한 권도 기록하지 않은 사람이 있다. 바로 예수
다. 신약성서의 복음서들은 예수를 바로 옆에서 지켜보았던 직제자들이 그
의 행적을 기록한 글이다. 그런데 예수는 왜 단 한 권도 성서를 기록하지 않
았을까? 물론 바빠서 못했을지도 모를 일이다. 3년 정도의 짧은 공생애 기

간 동안 100년 동안 겪을 일을 다 겪은 양반이다. 몸이 열두 개라도 모자랄 판이다.

하지만 바쁜 것보다 더 큰 이유가 있었으니, 그것은 바로 그가 '신약성서의 주인공'이기 때문이다. 즉 그가 보여준 삶이 바로 기독교인의 텍스트다. 위인전기로 말하면 바울은 작가요, 예수가 당사자다. 바울은 복음을 자기 식으로 정리한 사람이지만, 예수는 복음을 삶으로 보여준 사람이다. 이런 이야기를 하는 이유는, 많은 성서학자들이 두 사람이 보여주는 길이 다르다고 보고 있기 때문이다.

나 또한 그런 주장에 동의하는 사람이다. 지금 내가 보여줄 이야기가 그중 하나다.

예수는 분명 입담꾼이었던 것으로 보인다. 요즘 태어났으면 콩트나 시나리오 작가로 데뷔해도 성공했을 양반이다. 그가 복음서에서 보여준 예화들은 탁월하다. 짧은 이야기 속에 할 말은 다한다. 메시지도 훌륭하다. 뿐만 아니라 작가적 상상력과 이야기의 구성력도 치밀하다. 이솝 우화를 썼던 이솝의 뺨을 칠 만하다. 다음은 그중 한 편이다.

한 부자가 있어 자색 옷과 고운 베옷을 입고 날마다 호화롭게 즐기더라. 그런데 나사로라 이름하는 한 거지가 헌데 투성이로 그의 대문 앞에 버려진 채 그 부자의 상에서 떨어지는 것으로 배불리려 하매 심지어 개들이 와서 그 헌데를 핥더라. 이에 그 거지가 죽어 천사들에게 받들려 아브라함의 품에 들어가고 부자도 죽어 장사되매 그가 음부에서 고통 중에 눈을 들어 멀리 아브라함과 그의 품에 있는 나사로를 보고 불러 이르되 아버지 아브라함이여 나를 긍휼히 여기사 나사로를 보내어 그 손가락 끝에 물을 찍어 내 혀를 서늘하게 하소서. 내가 이 불꽃 가운데서 괴로워하나이다. 아브라함이 이르되 얘 너는 살았을 때에 좋은 것을 받았고 나사로는 고난을 받았으니 이것을 기억하라. 이제 그는 여기서 위로를 받고 너는 괴로움을 받느니라. 그뿐 아니라 너희와 우리 사이에 큰 구렁텅이가 놓여 있어 여기서 너희에게 건너가고자 하되 갈 수 없고 거기서 우리에게 건너올 수도 없게 하였느니라.(누가복음 16장 19절~26절)

이 예화를 읽는 당신은 기독교인인가, 아니면 타종교인가, 아니면 무종교인인가. 아무튼 예수가 든 이 예화를 아무런 편견과 선입견 없이 찬찬히 다시 읽어보라. 특히 주의할 사람은 교회 생활을 오래 해온 사람이다. 교회 선입견에 노출된 사람이니까.

이 이야기의 주인공은 나사로일까? 아니다 부자다. 그것도 한 부자 즉 영어로 'a rich man'이다. 이상하다. 조연은 이름이 있는데, 주인공은 왜 이름이 안 나올까? 궁금증은 잠시 접어두자. 거지 나사로가 아브라함의 품(편의상 천국이라고 하자)에 간 이유는? 살아서 고난을 받아서다. 햐! 이 말 그대로라면 거지로 고난을 받으면 천국에 가는 건가? 그렇다면 교회에서 그토록 힘써 강조하던 '예수천당 불신지옥'은 뭐냐? 이젠 우리 모두 천국에 가기 위해 노숙자가 되어야 한단 말인가? 그렇다면 이 세상에 천국 못 갈 놈 아무도 없네. 왕년에 고난 안 받아본 놈 어디 있다고……

여기서 잠깐! 그럼 한 부자는 왜 음부(편의상 지옥이라고 하자)에 간 거? 뭘 잘못했다고? 교회(성전)에 꼬박꼬박 잘 나갔잖아. 그 부자가 신앙이 특출나서가 아니라 그 시대에 유대인이라면 모두 그랬으니까. 하나님을 안 믿었나? 말도 안 되는 소리다. 아브라함에게 '아버지'라고 부르는 사람이 아브라함이 섬겼던 하나님을 안 믿었을 리가 만무하다. 그러면 그 사람 사는 게 문제가 있었나? 날마다 호화롭게 즐겼다는 걸 보면, 사람들에게 인심을 얻어 손님이 끊이질 않았다는 거다. 부자라고 해서 손님이 많이 찾아오는 건 아니다. 인색한 부잣집에는 발길이 끊어진다.

그럼 단지 부자라는 이유로 지옥에 간 건가? 그게 말이 돼? 그럼 이 세상 부자들 다 지옥에 가는 거? 그럼 나야 좋지. 난 가난하니까. 문제는, 나도 노숙자에 비하면 부자라는 거다. 그러니 부자와 가난한 자를 나눌 방법이 없다. 그렇다고 지옥문 앞에서 심층면접을 볼 수도 없고. 누군가 지옥행으로 결정이 나면, 아마도 노조를 결성해 데모하고 난리를 칠 게다. 그렇다. 한 부자의 지옥판결문엔 "살았을 때에 좋은 것을 받았고"('불신지옥'은 재고의 가치도 없다)라고 되어 있다.

헉! 그래도 이해가 선뜻 안 된다. 살아서 좋은 것을 받았다는 게 죄목이라니……. 이거 무슨 기준이야? 지옥과 천국을 판결하는 판사가 대충 얼버무린 거야? 누가 판결한 거야?

여기서 행간을 읽어야 한다. 글과 글 사이에서 진정으로 말하고자 하는 저자(예수)의 의도를 읽어야 한다. 당신과 내가 상식적으로 판단하기만 하면 답은 나와 있다. 한 부자의 죄는 바로 '자신은 좋은 것을 누리기만 하고, 거지 나사로를 돌아보지 않은 것이다. 요즘 말로 하면 이웃을 돌아보지 않은 죄다. 이 판단이 맞는지 어떻게 알 수 있을까? 그것은 평소 예수가 보여준 삶과 다른 이야기를 살펴보면 된다.

예수는 예수의 정적들도 인정한 '죄인'이다. 그들은 예수의 제자들을 향해 "너희들 선생이란 자는 죄인과 창기와 세리들과 먹고 마시는 자네"라고 했다. 한 상에서 먹고 마시는 것은 같은 부류라는 걸 의미한다. 그렇다면 조연인 나사로에게 굳이 이름을 붙인 이유도 알 수 있다. 그건 바로 우리가 섬겨야 할 이웃(나사로), 그가 바로 주인공이라는 예수의 심리가 반영된 것이다. 예수의 삶이 바로 그렇다.

## 누가 내 이웃입니까

다음은 예수가 들려준 다른 예화다. 앞의 이야기 주제와도 일치한다.

그 사람이 자기를 옳게 보이려고 예수께 여짜오되 그러면 내 이웃이 누구니이까. 예수께서 대답하여 이르시되 어떤 사람이 예루살렘에서 여리고로 내려가다가 강도를 만나매 강도들이 그 옷을 벗기고 때려 거의 죽은 것을 버리고 갔더라. 마침 한 제사장이 그 길로 내려가다가 그를 보고 피하여 지나가고 또 이와 같이 한 레위인도 그곳에 이르러 그를 보고 피하여 지나가되 어떤 사마리아 사람은 여행하는 중 거기 이르러 그를 보고 불쌍히 여겨 가까이 가서 기름과 포도주를 그 상처에 붓고 싸매고 자기 짐승에 태워 주막으로 데리고 가서 돌보아주니라. 그 이튿날 그가 주막 주인에게 데나리온 둘을 내어주며 이르되 이 사람을 돌보아주라. 비용이 더 들면 내가 돌아올 때에 갚으리라 하였으니 네 생각에는 이 세 사람 중에 누가 강도 만난 자의 이웃이 되겠느냐. 이르되 자비를 베푼 자니이다. 예수께서 이르시되 가서 너도 이와 같이 하라 하시니라.(누가복음 10장 29절~37절)

예수의 이 예화를 보고 있으니 한 편의 영화가 떠오른다. 앞에서 소개했던 홍콩 독립영화 《버스 44》다. 혹시 예수 시대에도 그런 비슷한 일이 실제로 있었을까? 알 수 없다. 하지만, 거기서 주는 메시지는 2,000년 전이나 지금이나 동일하다. 고난당하는 이웃을 돌아보지 않는 것, 즉 '무관심'은 죄라는 거다.

간혹 이런 분들이 있다. "남에게 큰 피해 안 주고 잘살면 되지 뭐." 결코 성숙한 생각이 아니다. '남과 나'를 이분법으로 바라보기 때문이다. 종교적으로 들어오면 이 세상 사람과 만물이 모두 한 식구인데, 남이 어디 따로 있을 수 있나. 또한 지혜롭지도 못한 생각이다. 어항 속에 붕어들이 살고 있는데, 주인은 그중 가장 예쁜 금붕어에게만 먹을 걸 자주 준다. 결국 다른 붕어들은 굶어 죽는다. 그럼 어찌 될까? 역설적으로 그 금붕어도 금방 죽고 만다. 주위가 다 죽어가는 데, 나만 잘산다는 건 불가능한 이야기다. 그래서 "남에게 큰 피해 안 주고 잘살면 되지 뭐"란 생각은 성숙하지도 지혜롭지도 못하다. 나아가 비종교적이며, 반종교적인 생각이다.

'선한 사마리아인의 법'을 아는가. '선한 사마리아인의 법'은 자신이 위험에 빠지지 않는 상황인데도 불구하고 위험에 처한 사람을 구조하지 않은 사람을 처벌하는 법이다.

오래전 얘기지만, 전 프로야구 선수 임수혁이 제대로 응급처치를 받지 못해 식물인간이 되었다. 이를 계기로 대한민국 국회에서도 2008년 5월 23일 선한 사마리아인법의 취지를 수용하여 본회의에서 응급의료법 개정안을 통과시켰다. 하지만 서양과는 달리 우리나라의 법은 이행하지 않은 사람을 처벌하는 법이 아니라 이행한 사람이 불이익을 당하지 않도록 하는 법이다. 예컨대 응급상황의 사람을 심폐소생술을 해줬으나 그가 죽었다거나, 그의 갈비뼈가 부러졌을 때 구해준 사람에게 법적 책임을 묻지 않는다는 내용이다.

어쨌거나 이 법이 우리 사회에 시사해주는 바는 크다. 우리가 얼마나 무관심과 방관 속에서 살고 있는지 돌아볼 일이다. 적어도 내가 사는 지역에서 '죽은 지 며칠이 지난 독거노인의 주검'을 맞이하는 일은 없어야 할 것 아닌가. 하물며 종교이겠으며, 종교인이겠는가.

## 종교, 최소한 이러지는 말자

이 장의 제목을 다시 보라. "내가 아우를 지키는 자입니까?" 이 말은 본래 인류 최초의 살인자 카인의 말이다. 성서 속의 이야기를 요약하면 이렇다.

형 카인은 벼농사를, 아우 아벨은 짐승농사를 했다. 카인은 자신의 추수 작물로 하나님께 제사를 지냈고, 아벨은 짐승으로 제사를 지냈다. 그런데

151

동생의 것은 하나님께 받아들여지고, 형의 것은 거부되었다. 동생은 '룰루랄 라' 하는 반면 형은 한참 열을 받는다. 나 같아도 열을 받았겠다. 하지만 하나님께 대들 수는 없다. 워낙 힘이 세기 때문이다. 아버지 아담과 하와도 에덴동산에서 쫓아내지 않았던가. 그럼 타깃은 누구? 그렇다. 바로 아벨이다. 어디 두고 보자 이놈. 두고 보자는 사람 안 무섭다 했지만, 사실 그런 사람이 제일 무섭다. 드디어 기회가 왔다. 들에 혼자 있는 동생을 발견했다. 나비처럼 날아 벌처럼 아우를 한방에 보냈다. 아우가 죽었다. 그리고 몰래 묻었다. (그 집안 사람들은 그런 내력이 있나 보다. 후대에 모세가 그 짓을 따라 한다). 이때 그분이 또 오신다. 에덴동산에서 그 아비에게 한 것처럼 또 묻는다. "네 아우가 어디 있느냐?" 이때 카인이 대답한다. "내가 아우를 지키는 자입니까?" 애비나 자식이나 변명의 달인이다. 하하하하.

카인이 뭐가 문제인가. 삶의 태도가 문제다. 자신은 아우를 지키는 자가 아니라고 말한다. 그분이 한 가족처럼 서로 돌아보고 지키라고 사람을 만들었는데, 자기는 지키는 자가 아니란다. 지킨다는 말은 'keep'과 'care'를 모두 포함한다. 카인을 보면서 우리는 반면교사를 삼아야 한다. 우리의 이웃은 서로 'keep'하고 'care'하라고 주신 하나님의 선물이다. 이것을 행하고, 이 길로 사람들을 인도하는 게 종교의 책무다.

데이비드 호킨스는 《의식혁명》에서 "만인의 삶은 최종적으로, 우주 앞에서 책임진다"고 말했다. 두고두고 곱씹어볼 말이다. 예수가 말한 '양과 염소의 사후재판 이야기' '한 부자와 거지 나사로의 사후재판 이야기' 등과 상통한다. 우리의 삶이 마감할 때는 전 우주 앞에서 책임을 져야 한다. 예수가 말한 재판은 생의 끝에서 '내가 나에게 하는 재판'인 거다. 바로 우주 앞에서 말이다. 우리는 최소한 "내가 아우를 지키는 자"냐고 하지는 말자.

# 잔인한 역사,
# "네 이웃을 사랑하라"

예수가 말했다. "네 이웃을 네 자신과 같이 사랑하라." 이 명령이야말로 예수가
인류에게 주는 지상 최대의 미션이다. 인류가 살아남느냐 파멸하느냐, 지구별이
생존하느냐 마느냐를 결정하는 중요한 과제다. 하지만, 여기서 잠깐. 위의 명령에는
문제가 있다. 문제점은 두 가지다. 하나는 '네 자신과 같이'라는 게 어느 정도의 수준을
말하는 건지 애매하다. '자신'을 정말 아끼는 사람도 있고, 막 굴리는 사람도 있다.
두 번째 문제는 '네 이웃'이다. 예수가 말한 이웃의 범위는 어디까지일까?
이 두 가지를 해결하지 않고는 예수의 지상명령은 '빛 좋은 개살구'나 다름없다.

## 인종청소 잔혹사, 인류의 민낯

우리에게 '이웃'이란 무엇이며, 어디까지가 이웃인가를 생각하게 하는 책이
있다. 《네 이웃을 사랑하라》(미래의 창)다. 미국의 저널리스트 피터 마쓰가
1992년 보스니아 내전 당시 미국 특파원으로 파견되어 기록한 전쟁보고서이

다. 보스니아 내전 당시 세르비아는 소위 '인종청소'라는 명목으로 이슬람계와 크로아티아계 주민 20만 명을 학살했다. 이 책은 사람이 어디까지 잔인할 수 있는지를 생생하게 보여준다. 다음은 그의 전쟁보고서 속에 담긴 증언이다.

세르비아인들은 포로들을 다리 난간으로 끌고 가 몸을 앞으로 굽혀 난간에 기대게 했습니다. 그런 다음 어떤 때는 총으로 쏘기도 하고 어떤 때는 목을 베었습니다. 그 다음에는 강물에 밀어 넣었지요. 그들은 나와 나보다 더 늙은 한 남자에게 다리로 오라고 명령했습니다. 가는 길에 머리가 깨진 한 늙은 남자의 시체가 있더군요. 그것을 다리로 끌고 오라고 했습니다. 시체를 끌고 가는 사이에 그의 두개골이 부서지며 뇌가 흘러나왔습니다. 시체를 다리까지 끌고 가서 드리나 강에 던져 넣으라고 했습니다. 다리에는 시체 두 구가 더 있었습니다. 목이 잘려 죽은 시체들이었습니다. 그들도 강에 던져 넣으라고 하더군요. 시체 중 하나는 왼쪽 손가락 네 개가 방금 잘려나간 채였습니다.

위의 보고는 피터 마쓰의 눈앞에서 벌어진 충격적인 일들 중 극히 일부다. 하지만, 그것보다 더 충격적인 사실이 있다. 이 책에 등장하는 '처형자'들과 '피해자'들의 관계다. 그들은 '인종청소'가 시작되기 전까지는 너무나도 살가운 이웃들이었던 것이다. 드리나 강가에서 같이 멱을 감고, 물장구를 치던 이웃들이 왜 사람이 아닌 짐승이 되어 서로를 그렇게 죽여야만 했을까? 아이러니하게도 이 책의 제목은 '네 이웃을 사랑하라'다.

## 스탠퍼드대학의 역할극, 죄수와 교도관

사람이 어떻게 정체성 때문에 순식간에 야수로 변하는지 보여주는 실험이 있다. 바로 미국 스탠퍼드대학의 필립 짐바르도 교수가 1971년에 24명의 대학생을 선발해서 시행한 '스탠퍼드 감옥실험'이다. 이 대학생들은 미국과 캐나다에 거주하는 중산층들이며, 정신질환 경력이 없는 건강하고 건전한 대학생들이었다.

짐바르도 교수는 대학생들을 무작위로 '죄수'와 '교도관'으로 나누고, 대학 건물 지하에 있는 가짜 감옥에서 살도록 했다. 그리고 이 역할극을 통해 인간의 심리상태가 어떻게 변하는지 관찰했다.

처음엔 모두 분위기가 좋았다. 그들은 이구동성으로 "우리 대충 하고 알바비나 받아갑시다"라고 말했다. 솔직히 서로 얼굴 붉혀 좋을 일 없고, 역할을 세게 한다고 돈이 더 나오는 것도 아니지 않은가. 그래서 처음엔 교도관들도 죄수들을 살살 다뤘다. 어차피 연극이니까.

시작한 다음날에 일은 벌어졌다. 교도관들은 죄수들에게 수감번호를 자꾸 부르게 하고, 번호를 틀린 죄수에게 기합을 주며 고통을 가했다. 그리고 죄수들이 그들의 변기통을 비울 수 없도록 벌을 주었다. 매트리스를 빼앗고, 급기야는 콘크리트 바닥에 자라고 강요했다. 심지어 어떤 죄수들에겐 발가벗은 채 다니게 하면서 성적 모멸감까지 주었다. 이 모든 일들의 시작은 단지 죄수들이 교도관들의 말을 잘 듣지 않는다는 이유였다.

며칠이 지나자 그들은 역할자가 아니라 이미 죄수와 교도관이 되어 있었다. 한 죄수는 이 상황을 견디지 못하고 몸이 아파 귀가를 했지만, 나머지 사람들은 이 역할극을 포기하지 않았다. 긴장이 극에 달했고, 사람이 다치는 일이 빈번하게 발생했다. 감옥에서는 죄수들의 반란이 시도되었다. 결국 2주로 예정되었던 실험은 단 6일 만에 중단되었다.

이 실험을 바탕으로 만든 영화가 40년 후에 탄생한다. 바로 《엑스페리먼트》(2010년, 폴쉐어링 감독)다. 이 영화는 스탠퍼드 감옥실험보다 훨씬 무시무시하다. 영화에서는 실험을 시작한 지 며칠 만에 죄수가 교도관을 죽이는 일이 벌어진다. 교도관의 폭정에 못이긴 죄수의 반란이었다. 이어서 또 다른 살인과 폭력, 모욕이 난무하는 더 심각한 상황으로 전개된다. 영화의 결말을 원한다면, 한번 보시라.

어쨌든 이 영화를 보고 있노라면, 스탠퍼드 감옥의 실험이 빨리 끝나지 않았을 경우 실제 살인사건이 일어나지 않았을 거라고 누가 장담하랴 싶다.

이 실험의 교도관(교도관 역할자)들은 왜 야수로 변했을까? 죄수(죄수 역할자)들은 왜 끝까지 참지 못하고, 고분고분하지 못했을까? 어차피 역할극인데, 대충 했으면 되었을 것을.

## 자부심 뒤에 숨은 치명적인 독

데이비드 호킨스는 사람의 의식수준을 20~1000으로 점수를 매겼다. 이 가운데 '175' 수준에 해당하는 게 '자부심'이다. 영어로 'pride'라고 쓰는 자부심은 '자긍심, 자랑, 긍지' 등을 나타낸다. 그런데 이런 자부심의 단계가 왜 175밖에 되지 않을까? 게다가 호킨스는 자부심을 상위 단계가 아닌 하위 단계로 구분하고 있다.

호킨스는 우리 인류의 대부분이 '이 수준'에 속한다고 말한다. 그 수준이란 바로 '자기가 속한 집단(가족, 단체, 국가 등)에 대한 자부심'의 수준이다. 다른 말로 '소속감'이라고 할 수 있다. 소속감은 정체성을 갖게 하고, 정체성은 안정감을 선물한다. 어디엔가 속해있는 사람은 아무런 소속이 없는 사람들보다 훨씬 안전하다고 느낀다. 그래서 사람들은 소속감을 자랑하고, 자긍심을 가진다.

하지만 모든 일에는 양면이 있는 법. '자부심'에는 치명적인 독이 있으니, 바로 배타성이다. 자부심에 몰두한 사람은 분열과 파벌에 몰두한다. '우리가 남이가'라며 한 식구임을 강조하는 사람들일수록 '파벌과 분열의 패거리의

식에 젖어있다. 이는 곧 '선민의식, 엘리트의식' 등과 통하게 된다. 세상의 모든 전쟁과 다툼은 여기로부터 나온다.

더군다나 이런 자부심은 죄를 짓고도 오히려 당당함을 느끼게 하는 치명적인 독이 있다. 사람이라면 모두가 '살인을 하면 안 된다'는 걸 알고 있다. 하지만, 현장에선 적용하는 게 다르다. 한 장의 사진을 보자. 일제강점기에 독립군의 목을 단칼에 베고는 그 목을 들고 자랑스럽게 웃고 있는 일본 병사의 사진이다. 그가 타고난 악마여서 그랬을까? 그도 알고 보면 한 집안의 사랑스러운 아들이요, 한 여자의 충실한 남편이었을 것이다.

인류 역사 속에서 이런 예는 수두룩하다. 소속이 다르다는 이유만으로 상대방을 깔아뭉개고 나면, 그와 같은 소속의 사람들은 그를 자랑스러워한다. 백인이 흑인을 짐승 취급하고, 독일인이 수백만의 유대인들을 가스실에서 죽이고, 일본군이 조선의 아녀자를 성노예로 부리다 배를 갈라 죽이고, 한국의 베트남 파병 군인이 베트콩의 껍질을 벗겨 잔인하게 죽이고, 9.11 자살 테러를 통해 수백 명이 죽어도 당사자들은 오히려 자랑스러워하고, 같은 편에 서 있는 사람들은 그들을 영웅시했다.

과연 어디까지가 우리가 사랑해야 될 이웃이고, 어디까지가 우리가 미워해도 괜찮은(죽여도 괜찮고, 모욕해도 괜찮고, 때려도 괜찮은) 원수일까? 어떤 기준으로, 누가 그것을 판단할까?

## 자부심 속에서 허우적대는 종교는 종교가 아니다

이런 고민을 안고 있는 우리 인류에게 예수는 말한다.

또 네 이웃을 사랑하고 네 원수를 미워하라 했다는 것을 너희가 들었으나 나는 너희에게 이르노니 너희 원수를 사랑하며 너희를 박해하는 자를 위하여 기도

하라.(마태복음 5장 43절~44절)

"네 이웃을 사랑하고 네 원수를 미워하라"는 것은 예수 당시까지 보편적으로 내려온 율법정신이었다. 하지만, 예수는 "원수를 사랑하며 너희를 박해하는 자를 위하여 기도하라"라고 주문한다. 이 말의 뜻은 간단하다. "이 세상 사람들이 모두 너희가 사랑해야 할 이웃"이라는 말이다. 사랑 앞에서는 '이웃과 원수'란 말이 더 이상 의미가 없다. 우리가 그토록 정하고 싶어 하는 이웃의 범위를 예수는 아예 무너뜨려버린다.

"네 이웃을 네 자신과 같이 사랑하라" 하는 말은 '이웃=자신'이란 말이다. 바꿔 말해 이 세상에 미워해야 될 존재는 아무도 없다는 말이다. 이런 정신이 모든 종교가 추구하는 동일한 정신이다. 자부심 즉 '작은 나'의 수준에서 허우적대는 종교는 수준 미달이다. 사랑해야 될 이웃이 따로 있고, 미워해도 되는 이웃이 따로 있다는 종교는 더 이상 종교가 아니다. 종교는 '파벌연대의 길'에서 '보편연대의 길'로 인류를 인도해야 할 책임이 있다.

# 폭탄에 '신의 사랑' 적는 이스라엘 소녀들

지금부터 내가 들려줄 모든 이야기들은 하나의 공통점이 있다. 그 공통점이 무엇인지, 차근차근 생각해보면서 이야기 속의 세계로 들어가 보자.

## 폭탄에 '신의 사랑' 적는 소녀들보다 어른들이 더 문제

자카리아 모하메드는 몇 장의 사진으로 세상에 충격을 안겨준 레바논 작가다. 그의 사진 속에는 조그만 소녀들이 환하게 웃으며 포탄에 뭔가를 적고 있다. 소녀들 옆에는 엄마로 보이는 여성이 환하게 웃고 있다. 도대체 그 소녀들이 폭탄에 적은 건 뭘까?

어느 폭탄에는 'Nazrala from Israel, and Daniell with love'라고 씌어 있다. '나즈랄라에게 다니엘이 사랑을 실어 보낸다'는 의미다. 다니엘은 이스라엘 소녀이고, 나즈랄라는 당시 레바논 헤즈볼라 지도자의 이름이다. 한

마디로 이스라엘의 천진난만한 소녀 다니엘이 적국 지도자에게 '사랑을 실은' 포탄을 보내겠다는 이야기다. 이와 비슷한 '사랑'을 담은 소녀들의 글이 그 많은 포탄에 일일이 적혔다. 아이들이야 물론 아주 순진한 마음이었을 게다.

아이들이야 그렇다 치자. 주위에서 웃고 있는 어른들은 무슨 생각이었던 것일까? 그 포탄이 자신들의 안정과 평화를 지켜줄 거라 믿었던 걸까? 아이들도 어른들도 웃고 있는 걸로 봐서는 그 행위를 자랑스럽게 생각한다는 이야기다. 도대체 그들에게 무슨 마법이 작용한 걸까? 그런 무시무시한 장면이 세상에 나가도 좋다고 허락한 그들의 뇌구조는 어떻게 생겼을까?

《아이들아 평화를 믿어라》(아시아네트워크)는 레바논 작가 림 하다드가 2006년 레바논 전쟁을 목격하고 기록한 보고서다. 이 책 역시 《네 이웃을 사랑하라》와 마찬가지로 '전쟁의 잔혹사'를 보고한다. 하다드는 이 책을 통해 레바논 사람 5,000명이 살해되거나 다치고 인구의 25%가 이재민이 된 엄청난 전쟁을 겪은, 아니 전쟁의 피해를 당한 한 아이가 어떻게 테러를 위한 병기로 커 가는지를 여실히 보여준다.

한 아이가 있다. 아이는 부모나 친지가 살해당하는 장면을 직접 보았다. 이스라엘과 미국이 만든 무기들이 아이의 가족을 살해했다. 아이는 이스라엘과 미국을 증오하며 자라난다. 열다섯 살이 된 아이는 무장단체로 찾아간다. 그 아이의 목표는 단 하나다. 가능한 모든 수단을 동원해 가능한 한 많은 미국인과 이스라엘인을 죽이는 것. 그것이 비록 스스로를 죽이는 자살 공격이라 할지라도. 이것이 테러리즘이 생겨나는 진짜 이유다.

전쟁과 보복의 악순환을 겪고 있는 아픔의 땅은 공교롭게도 세계의 3대 종교가 만나는 지점이다. 유대교의 메카 이스라엘, 이슬람의 나라 레바논과 팔레스타인, 그리고 21세기 기독교 강대국 미국 등이 그들이다. 그들은 각자의 신의 이름을 걸고 열심히 사람을 죽이고 있다. 도대체 그놈의 신들은 왜 그리 싸우는 것일까?

## 청교도의 후예들, 신의 이름으로……

영화 한 편을 소개하겠다. 1971년 작 《굿바이 엉클 톰》이다. 흑인들을 노예로 잡아가는 백인들의 역사를 다큐멘터리와 재연 형식으로 그린 영화다. 보통의 노예 영화보다 훨씬 실제적이고 끔찍하다는 게 특징이다.

아프리카에서 자유롭게 살던 흑인들을 백인들이 납치해서 배에 가득 싣는다. 물론 배 위가 아니라 갑판 아래다. 원래 물건이나 짐승을 가두는 창고로 쓰이던 그곳에는 수많은 흑인 짐승(?)이 갇혀있다. 그들은 모두 발가벗겨져 있고, 발에는 차꼬가 채워져 있다. 식사시간이 되면, 위에서 음식이 투하된다. 음식이라고 해봐야 개밥이나 다름없다. 그나마 위에서 무차별 투하가 되면 알아서 집어 먹어야 한다. 서로 먼저 먹으려고 싸우는 모습이 영락없는 짐승이다.

게다가 남녀노소 구분 없이 그 자리에서 먹고 싼다. 위생을 말하는 것은 사치다. 그렇게 가다가 죽으면 바다로 던져진다. 하지만, 그런 갑판 위에서 백인들은 주일이면 어김없이 예배를 드린다. "오 하나님, 감사합니다. 우리가 흑인이 아니라 백인임을 감사하고, 이렇게 좋은 물건들을 보내주심에 감사합니다."

육지에 도착하면 흑인들은 경매에 붙여진다. 마치 어부가 생선을 잡아오면 선창가에서 바로 경매가 이루어지듯. 백인 농장주는 흑인의 입을 벌려보고, 성기나 유방의 상태도 보고, 엉덩이도 만져 봐서 토실토실한지 확인한다. 농장에서 일할 만한 물건인가 보는 거다.

이렇게 경매에서 낙찰된 흑인들은 각 농장으로 간다. 거기서 죽어라 일만

한다. 백인 농장주는 때로 흑인 여자를 성적 노리개로 삼는다. 하나도 아니고 몇을 돌려가면서 그 짓을 한다. 때로는 자신이 보는 앞에서 흑인 남성과 여성에게 섹스를 하게 하고 즐긴다.

이 영화의 마지막에 매우 인상적인 장면이 등장한다. 백인 소녀가 흑인 소년을 데리고 뛰어노는 장면이다. 그게 뭐가 문제냐고? 흑인 소년의 목에는 개목걸이가 걸려있고 백인 소녀의 손에는 개줄이 들려있다. 이제 상상이 될 것이다. 백인 소녀는 한 마리 개를 끌고 다니듯 뛰어다니고, 흑인 소년은 충성스러운 개처럼 그 뒤를 따라다니는 것이다.

이것은, 시작이 그러한 나라는 계속 그렇게 한다는 걸 보여주는 상징이다. 미국을 건국한 사람들은 영국에서 핍박받던 청교도(프로테스탄트- 저항자)들이다. 영국과 유럽에서 핍박받던 사람들이건만, 아메리카로 건너간 그들이 제일 먼저 한 일은 인디언을 몰아내는 것이었다. 그렇게 인디언을 몰아내고 죽인 그 자리에 그들은 자랑스럽게 교회부터 지었다. 그런 땅을 허락한 신에게 감사하기 위해서.

## "하나의 관점에 집착하면 평화는 오지 않는다"

그런데 한국 개신교에서는 어렸을 때부터 인디언들을 몰아낸 개척지에 교회당부터 세운 그들을 귀감으로 삼으라고 가르쳐왔다.

이왕 한국 개신교 말이 나왔으니 몇 가지 더 말해보자.

우상을 몰아내겠다면서 우리 민족의 시조인 단군의 동상을 도끼로 부수고, 눈알을 파낸다. 경상도의 한 절에서는 경악할 만한 일이 CCTV에 찍혔다. 어느 한 남성이 대웅전 불상에다가 오줌을 누는 장면이 포착된 것이다. 알고 보니 절 인근에서 목회를 하는 개신교 목사였다. 뿐이랴. 태국 불교 사원에서 기독 청년들이 기타를 치며 찬송을 부르는 장면이 인터넷을 달구었다. 기도 제목은 "태국을 사탄의 소굴에서 건져내 하나님의 나라가 되게 해주시옵소서"란다. 예를 들자면 한도 끝도 없으니 이만하고, 최근의 사례만 하나 더 얘기해보자.

지난 2015년 서울에서 '퀴어 축제'가 열렸다. 성소수자(동성애자)들의 축제였다. 이 축제를 누구보다 반대한 건 개신교였다. 그들이 내세운 명분은 '하나님의 창조질서를 파괴하며, 윤리적으로 부정하다'는 것이었다. 그런데 축제 반대 시위를 하는 것도 모자라 대구 퀴어 축제에서는 한 개신교인이 축제 참가자들에게 똥을 한 바가지 퍼붓는 테러를 감행하기도 했다.

이상한 것은 이런 일들이 '일반인'들의 눈에는 지극히 비상식적이고 불합리한 행위로 보이는 반면, 정작 당사자들은 지극히 순수한 종교적 행위로 본다는 거다. 심지어 거룩한 순교적 행위라고까지 여긴다. 그런 짓을 하고도 죄책감이 아니라 자긍심을 갖게 되는 메커니즘은 과연 무엇이란 말인가?

이에 대한 답은 바로 이 장의 서두에서 "지금부터 내가 들려줄 모든 이야기들은 하나의 공통점이 있다"고 얘기했던 바로 그 공통점이기도 하다. 틱낫한 스님은 말한다. "한 가지 관점에 집착하면 평화는 오지 않는다"라고. 그렇다. 앞서 이야기한 종교인들(특히 개신교인들)은 모두 자신의 시각만이 옳다는 집착에 빠져있다. 한 가지 관점 즉 그들이 생각하는 신의 뜻에 매몰되어 맹목적 신앙에 빠져버린 사람들이다. 종교학자 뮬러가 말했듯이 "하나만 아는 것은 아무것도 모르는 것이다"라는 바로 그 메커니즘에 빠진 사람들이다.

그런 신앙을 우리는 맹목적이라고 한다. '맹'은 앞을 보지 못하는 사람을 일컫는 말이다. 그래서 사전에서는 '맹목적이란 조건이나 상황을 고려하거나 생각하여 옳고 그름을 따지지 않는 것'이라고 말한다. 하지만 '하나의 시각만으로 옳고 그름을 따지는 것' 역시 맹목적이라 할 수 있다.

이렇게 낮은 수준의 종교가 어떻게 세상의 '빛과 소금'이 되겠는가.

# 이젠 종교랑
# 좀 놀자

---

당신은 '종교' 하면 뭐가 가장 먼저 떠오르는가? '종교' 하면 떠오르는 분위기는 어떤가?
당신 속을 다 알 수는 없지만, 한 가지만은 분명하리라. '종교! 참 무겁다'라고.
종교가 꼭 무거워야 할까? 바꿔 말해 무겁게 살아야 꼭 종교적일까?
종교와 종교인의 모습들은 하나같이 거룩하다. 심지어 평범한 사람들로선 흉내 내기도
힘든 것처럼 보이기도 한다. 제대로 된 종교인으로 살려면 왠지 희생해야 할 것 같고,
나를 위해 살아서는 안 될 것 같고, 정의를 위해 투사처럼 살아야 할 것만 같다.

## 왜 하나같이 종교는 무거울까?

왜 종교는 무거울까? 아니 그렇게 보이는 걸까? 기존 종교가 평소 보여주는 종교적 행위, 더 정확하게 말하면 종교적 의식의 거룩함 때문이다. 어떤 종교를 막론하고, 가벼운 종교의식은 하나도 없다. 종교적 의식 앞에서 딴청피우거나 웃으면 왠지 불경스러운 짓을 한 것처럼 된다. 목사가 설교를 하는

데 "목사님! 그 설교는 앞뒤가 안 맞습니다"라고 누군가 문제를 제기하면 마치 신권에라도 도전한 듯 모두들 쳐다본다.

또 다른 하나는 종교인들이 보여준 길 특히 이 책에서 보여준 종교인들의 모습이 하나같이 자기희생적이기 때문이다. 그들은 마치 독립투사처럼 죽을 각오를 하고 남들이 가지 않은 길을 걸었고, 남들이 하지 않은 일을 했다. 예수와 석가, 공자, 마호메트 등의 교조들이 그런 길을 보여주었기 때문이다. 이런 그들 앞에 서면 평범한 우리는 이순신 장군의 위인전을 읽은 초등학교 5학년 아이처럼 작아진다. 우리는 이렇게 말한다. "존경스럽긴 하지만 나랑은 안 맞는 거 같다"라고.

여기에다 '종교적인 구라'까지 겹쳐서 종교는 한층 더 무거워진다. 종교적인 용어들은 하나같이 세거나 과장스럽다. 천국, 지옥, 극락, 죽음, 심판, 절대자, 윤회, 억겁, 영원, 죄인, 구원, 회개 등. 사실 《모든 종교는 구라다》에서 이미 밝혔듯이 '종교적 구라'란 '종교적 상상력'의 다른 이름이다. 말하자면 앞에서 열거한 모든 단어는 종교적 상상력이 만들어낸 것들이다. 종교적 상상력이 지나쳐서 사람들의 두려움을 증폭시키는 셈이다.

여기에 종교적 권위까지 가세하면 종교는 그야말로 초특급 울트라 몸무게로 올라간다. 신자들이 성직자의 말에 함부로 토를 달지 못하는 것은 그의 학력과 지식과 사회적 지위 때문이 아니다. 그들의 뒤에 있는 '그분' 때문이다. 아무리 그렇게 하지 않으려고 해도 특정 종교에 열심히 참여하다 보면 성직자의 뒤에 있는 신 또는 신적인 권위를 의식하게 된다. 심지어 '그분만 아니면 저걸 그냥 확'이란 마음이 들 때도 있지만, 그분이 가만히 계시지 않을 것 같은 기분은 지울 수가 없다.

이런 종교적 권위는 종교적 조직으로 인해 한층 더 강화된다. 사실 가톨릭 신부가 신자에게 내리는 징계는 하늘에서 내려온 게 아니다. 신부 위엔 교구장이, 교구장 위엔 대교구장이, 대교구장 위엔 주교가, 주교 위엔 대주교가, 대주교 위엔 추기경이, 추기경 위엔 교황이 있기에 가능한 거다.

이런 종류의 조직은 질서를 유지하고 해당 종교의 발전을 선물한다는 점에서 긍정적이다. 신자들 또한 종교적 조직으로 인해 소속감과 안정감을 갖는다. 또한 이런 조직을 잘 활용하기만 하면 세상을 변화시키는 데 엄청난 힘을 발휘할 수 있다. 하지만, 그런 복잡한 종교조직이 종교를 무겁게 보이도록 만든다.

## 종교, 무겁다며 버리지 못하는 이유

그러고 보니 종교는 어디 하나 가벼운 구석이 없다. 이쯤 되면 솔직히 "나 못해" "아몰랑" 이러고 싶어진다. 종교랑 노는 이야기는 고사하고 종교랑 친해지고 싶지도 않다. 우리 주위에도 꼭 이런 사람이 있다. 매사에 심각하고 진지한 사람 옆에 있으면 숨이 막히고 무거워진다.

그렇다고 종교를 포기할 수 없으니 더욱 안타까운 일이다. 아직까지는 "'구원과 치유, 깨달음과 해탈'의 길을 열어주는 곳이 종교는 아니다"라고 아무도 자신 있게 말하지 못한다. 아직도 사람들은 종교에게 무언가를 기대하고 있다.

하지만 우리가 종교를 포기할 수 없는 이유는 따로 있다. 종교는 바로 우리 자신의 길이기 때문이다. 특정 종교의 교리를 따르건 따르지 않건 사실상 종교와 상관없는 사람은 이 세상에 하나도 없다. 종교는 '내가 이 세상에 왜 태어났고, 어떻게 살아가야 하고, 어떻게 죽음을 맞이해야 하는가'를 보여주는 길이다. 이런 질문들을 근본적인 차원에서 고민하고 답을 찾아가는 길이 종교의 길이다. 더 정확하게 말하면 그런 질문과 고민 자체가 '종교적'이다. 그런 의미에서 세상 사람은 모두 '종교적'이다. 그래서 인류가 존재하는 한, 종교는 사라지지 않을 것이다. 물론 특정 종교가 사라질 수 있긴 하겠지만 말이다.

이러고 보면 사람들이 종교를 무겁다고 생각하는 것은, 종교의 길 자체가 아니라 종교가 여태까지 보여준 외관 때문이다. 인간 본래의 '종교성'이 아니라 특정 종교들의 관습 때문이다.

## 종교는 무겁다는 편견을 넘어서

사람들이 종교를 무겁게만 생각하게 된 것은 종교의 양면 중 한 면만 보고 생긴 일종의 편견이다. 그런 편견을 안겨준 건 종교계의 잘못도 크다. 뭔가 심오하고 어렵게 말해야 권위가 설 것 같은 권위의식을 내려놓아야 한다. 사실 이 장의 내용도 달랑 "이제 종교랑 좀 놀자"고 말하면 끝날 일이다. 하지만 그렇게 간단하게 쓰면 출판사에도 미안하고, 독자들은 본전 생각이 날 것 같아 그리 못한다. 뭔가 심오한 게 있는 것처럼 말해야 할 것만 같다. 하지만 수학문제도 모르면 어렵지만 알고 나면 쉬워지듯이 종교도 깨달음도 알고 나면 쉽고 가볍다.

제대로 깨달은 종교인, 진리에 다가간 종교인, 신과 동행하는 종교인들은 하나같이 "살아가는 게 가볍고 경쾌하다"고 고백한다. 오히려 종교적인 길을 가지 않았을 때가 더 무거웠다고 고백한다(이건 나의 고백이기도 하다). 종교를 통해 세상이 보이면, 발걸음은 항상 가볍다.

고려 말기 나옹선사(1262년~1342년)의 오도송은 바로 자신의 상태를 드러낸 거다.

청산은 나를 보고 말없이 살라 하고
창공은 나를 보고 티 없이 살라 하네.

사랑도 벗어놓고 미움도 벗어놓고
물같이 바람같이 살다가 가라 하네.

　이젠 지구별 사람들도 종교의 무거움보다 가벼움의 맛을 알기 시작했다. 이를테면 '명상, 치유, 나눔, 일상' 등을 종교에서 얻고 있다. 이런 흐름을 눈치 채고 추구하는 종교가 사람들에게 영향력을 끼치고 있다. 그런 의미에서 나는 《모든 종교는 구라다》에서 앞으로 종교의 모습이 이렇게 변해 갈 것이라 예상해보았다.

　'인터넷을 통해 활발하게 교류하는 종교, 특정한 교조가 없거나 교조가 있더라도 절대시되지 않는 종교, 일정한 날을 정해서 기계적으로 모이지 않고 융통성 있게 모이는 종교, 피라미드식 조직 구조가 아닌 수평적인 관계를 지향하는 종교, 이웃 종교에 언제나 열려있는 경계가 느슨한 종교, 경전이 없거나 있어도 절대화하지 않는 종교, 자유를 무엇보다 소중히 여기는 종교, 환경에 대한 구체적인 고민과 실천이 있는 종교.'

　이처럼 '간소한 우주적 종교'의 시대가 오고 있다. 앞으로 우리 지구별은 '종교 아닌 종교의 시대'가 될 것이다. 조직과 형식은 간소하되, 내용은 '우주적'인 종교다. 이제 우리도 종교가 아닌 것처럼, 간소하게 종교를 즐기자. 가볍게 종교 하자. 종교랑 좀 놀자.

# 종교가 무당만큼만 하면
# 더 바랄 것도 없다

내가 목사인 줄 알면서 굳이 이런 농담을 건네는 '불알친구'가 있다.
나보고 무당이 되어서 점집을 같이 해보자는 것이다.
자신이 아는 무당은 이렇게 영업을 한다고 한다.
"뭐 하러 왔누?"
"이번에 낳을 자식이 아들이겠습니까, 딸이겠습니까?"
"어디 보자, 보자, 보자. 아이고나 아들이로구나."
"정말요? 감사합니다! 감사합니다!"
이렇게 돈을 받아 챙긴다. 그리고 몇 달 뒤 그 사람이 다시 찾아온다.
"도사님. 도사님이 아들이라 해서 낳았더니, 딸입니다. 어찌 된 일입니까?"
"예끼. 이 사람아. 사실은 이미 알고 있었네. 자 여기를 보게."
그가 보여준 건 소위 '무당 일일업무일지'다. 거기엔 다음과 같이 적혀있다.
'00년 00월 00일. 아들 원하여 찾아온 000에게
딸을 낳을 것이나 상심할까 봐 아들이라고 말함.'

## 무교라는 종교의 세계

무당이 이렇게 말하면 손님은 "아하" 하면서 한 마디도 못한다. 아들을 낳으면, 찾아오지 않을 테고, 딸을 낳으면 찾아올 테니, 그때를 대비해 손님마다 일지를 적어놓으면 된다. 이런 점집을 같이 해보자며 웃는 불알친구! 해도 해도 너무하는 거 아냐? 하하하하하.

어쨌든 이런 무당은 돈 버는 것만이 목표일 것이다. 오늘날 초심을 잃어버린 채 돈에 환장한 성직자나 마찬가지다. 이제는 '교회 매매합니다. 매매가, 신도 1인당 500만원' 이런 광고가 붙어도 별로 충격적이지 않은 시대가 되었다. 물론 이런 시대에도 여전히 한 명의 신자를 위해 최선을 다하고, 목숨까지 기꺼이 바치는 성직자가 여럿 있다. 무당 또한 마찬가지다.

지금 소개하고자 하는 '무당' 이야기는 종교학자이자 목사인 이찬수 교수가 쓴 《종교로 세계 읽기》(이화여자대학교 출판부)의 내용을 발췌, 정리한 것이다.

한국인은 대체로 감성적이다. 2002년 한일월드컵 때 보여준 '감성충만 응원문화'는 세계를 놀라게 했다. 이런 감성문화를 잘 반영한 종교가 바로 무교다. 무교는 우리나라 고유의 종교이기도 하다. 무교를 네 글자로 표현하면 '무당종교'다.

'단군'은 샤먼을 뜻하는 몽골어 '탱그리'에서 온 말이다. 우리말로 '무당'이다. 그런 무당을 신봉하고, 무당집에 자주 찾아가는 사람을 '단군'과 같은 어원을 가진 '단골'이라고 한 건 우연이 아니다. 그런데 이 무당문화가 조선시대를 거치면서 천시되었다. 하기야 조선시대에 유교 말고 존중받은 종교는 없었다. 하지만 오늘날 무당권익단체인 '경신회' 회원만 해도 10만 명이 넘는다. 무당집에 종사하는 무당은 30만 명 정도로 추산하고 있다.

무교는 '사제로서의 무당과 신도로서의 단골이 신령과 조상에 대한 믿음 속에서 우환을 해소하고 복을 기원하는 행위를 중심으로 하는 종교현상'을 일컫는다. 이런 무교는 주로 굿(굿판)이라고 하는 종교의식을 통해 세상을 치유한다. 치유는 굿판에서의 '탓하기와 한풀이'를 통해 이루어진다. 탓하기를 통해 사태를 탓하고 그로써 한을 풀어주는 것이다.

무당을 샤먼이라고 보는 이유가 있다. 샤먼은 종교적인 목적을 위해 신접, 빙의, 기술 등을 가진 사람이다. 신접한 무당을 우리는 진짜배기 무당이라고 말한다. 샤머니즘은 하늘과 대지의 초월적 존재와 소통하는 기술과 능력으로 하늘과 사람의 대리자 역할을 하는 샤먼을 인정하는 종교다. 이런 종교적 형태는 인류 역사상 곳곳에 편만한 종교 형태이기도 하다.

## 무당에게서 종교적 진심과 열정 배워야

무교의 성직자 또는 제사장은 역시 무당이다. 무당은 크게 두 가지로 구분된다. 내림굿이나 접신을 통해 무당이 되는 강신무와 학습과 세습을 통해 무당이 되는 세습무가 그것이다.

이들의 기능은 크게 네 가지로 요약된다. 첫째, 종교의식을 집전하는 사제의 역할이다. 신당을 관리하고, 신령에게 맑은 물과 밥과 과일 등을 올리는 일이다. 둘째, 치유자의 역할이다. 무당은 굿과 치성을 통해 악귀를 물리치고 병든 자를 치유하고 위로한다. 셋째, 예언자의 기능이다. 무당은 접신한 신으로부터 영감을 받아 앞일을 내다보고, 인간의 길흉화복을 조율한다. 마지막으로 무당은 전통문화를 계승하는 역할을 한다. 무교에는 노래와 춤, 제상차림, 의복, 장단, 악기 등이 동원되는데, 이러한 것들이 모두 전통문화의 계승인 셈이다.

무교의 신령은 크게 세 가지로 나눈다. 조상신, 정신(正神), 잡신이다. 조상신은 부부의 4대 조상까지를 이른다. 정신에는 일월성신과 용왕신, 관성제군(관운장), 와룡선생(제갈량), 최영장군, 태조대왕 등을 비롯해서 부처와 예수까지 포함된다. 무당 세계에서 부처와 예수는 '아주 큰 신'으로 인정된다. 마지막으로 잡신은 '억울하게 죽었거나 사회에서 천대받던 사람들의 넋'을 말한다. 자신들의 존재를 무시하고 억압하던 개신교, 그들의 교조 예수까지 '큰 신'으로 섬기는 무당들의 포용성을 주목하지 않을 수 없다.

무교는 지나치게 기복적이고 초자연적이라는 점, 사회정의에 관심을 두지 않는다는 점 등에서 비판을 받아야 한다. 하지만 오랫동안 민중과 희로애락을 같이 해왔다는 걸 무시할 수 없다. '교회 매매, 신자 1인당 얼마'라는 광고를 내는 껍데기 성직자들은 도저히 따라갈 수 없는, 무당의 진심과 열정이 거기에 있다. 이 장의 제목인 '종교가 무당만큼만 하면 더 바랄 게 없다'는 말은 오롯이 진실이다. 따라서 그 명제는 세계 4대 종교 등의 '유력종교'가 무당만큼만 하면 더 바랄 게 없다는 말로 고쳐 읽어야 한다.

끝으로 이찬수 교수가 말한 무교의 강점은 다음과 같다.

"고통받는 이들의 아픔을 치유하기 위해 하루 종일 땀을 뻘뻘 흘리면서 춤추고 노래하는 무당의 모습 속에서 우리는 기성 종교의 사제들이 결코 해내지 못하는 강력한 민중 지향적 종교성의 발현을 본다."

# 종교는 세월호의
# 어디에 타고 있었나

---

2014년 4월 16일에 일어난 '세월호 침몰'을 누군가는 '사고'라고 하고, 누군가는 '참사'라고 한다. 아직 우리가 정확하게 이 사건을 정리하지 못하고, 사회적으로 합의하지 못한 데서 오는 현상이다. 향후 몇 년 안에는 분명히 정리가 될 것이지만, 아직은 정리가 완결되지 않았으므로 일단 나는 '세월호 사건'이라 부르겠다.
여기서 나는 세월호를 둘러싼 여러 부류의 사람들을 재조명해보려 한다. 이유는 한 가지다. 당시 세월호에 종교가 타고 있었는가? 있었다면, 어디에 타고 있었는가? 그것을 알아보려는 거다.

## 세월호에 타고 있던 네 가지 캐릭터

세월호 사건은 일반적인 해양사고가 결코 아니다. 특히 '재수가 없어서' 일어난, 단순한 사고는 더더욱 아니다. 어떤 이들은 세월호 사건을 교통사고에 비유하기도 했지만, 그건 아무리 봐도 무리한 시각인 것 같다.

백번 양보해서 세월호가 뒤집어지는 순간까지는 단순 사고라고 쳐도, 그 이후에 이어진 일련의 일들은 결코 단순 사고라고 할 수 없는 엄청난 재난이었다. 승객만 두고 탈출한 선장과 선원들, 눈앞에서 수백 명이 수장되어도 구조하지 못한, 어떤 사람들은 일부러 구하지 않았다고 주장하고 있는, 이런 상황들은 명백히 사고를 넘어서는 사건이다.

이 사건에서 제일 눈에 띄는 캐릭터는 단연 세월호를 책임지고 있었던 이준석 선장과 선원들이다. 세월호가 가라앉기 시작할 때 제일 먼저 탈출한 선장은 눈꼴사납게도 팬티 바람이었다. 삼각팬티가 아니어서 그나마 다행이었다고 할까……. 자다가 엉겁결에 보고를 받고 탈출했다는 그와 함께 배를 벗어난 사람들은 대부분 간부급 선원들이었다. 배를 끝까지 책임져야 할 당사자들이었지만, 그들은 자신들만 살겠다고 먼저 탈출에 나섰다. 게다가 탈출한 뒤에도 승객의 안전보다 손실(보험 문제 등)을 먼저 따졌다. 뿐만 아니라 (아직은 어떤 이유인지 밝혀지지 않았지만) 학생과 승객들에게 "선실에 가만히 있으라"고 방송까지 했다. 그들은 직접적 가해자들이었다.

두 번째 캐릭터는 해경들이다. 배가 뒤집어지고 가라앉을 때 해경이 출동했다. 그런데 그들은 무슨 이유에서인지 오자마자 기관실 앞으로 배를 대고 선장과 선원들을 구해낸 다음 자리를 떠버렸다. 이미 세월호에서 탈출한 승객들은 구조를 했지만 나머지 승객들에 대해서는 신경도 쓰지 않는 듯했다. 세월호 안에 더 이상 남아있는 승객이 없다고 판단한 것일까, 아니면 다른 이유라도 있는 걸까? 당시 세월호 주변에는 이렇게 공권력을 상징하는 해경 공무원들이 서성대고 있었다.

세 번째 캐릭터는 승객들이다. 그들은 배와 선장을 신뢰한 죄밖에 없다. 선장과 선원이 자신들을 버리고 먼저 탈출하리라고는 꿈도 못 꾼 사람들이다. 하지만 그렇게 선장과 선원을 믿었던 것이 칼날이 되어 처참하게 죽임을 당했다. 다행스럽게 살아나온 사람들도 오랜 후유증과 상처로 몸살을 앓고 있다. "가만히 있으라"는 그 말을 끝까지 믿다가 물속으로 사라져간 양민들이다.

마지막 캐릭터는 '세월호 의인'들이다. 사람들은 '절대 잊지 말아야 할 세월호 5대 의인'으로 다음 다섯 명을 꼽는다.

지금 아이들을 구하러 간다며 아내와 마지막 통화를 나눴던 양대홍 세월호 사무장, 4층에서 구명조끼를 구해 3층 학생들에게 건네고 가슴까지 물이 차올라도 마지막까지 승객을 구조했던 박지영 승무원, 제자들을 탈출시키려 애쓰다가 정작 자신은 탈출하지 못한 남윤철 교사, 자신이 입고 있던 구명조끼를 벗어주어 친구를 살리고 죽어간 정차웅 군, 10여 명의 학생을 구출하는 등 자신의 '첫 제자'들을 지키려 했던 최혜정 교사 등이 그들이다.

이들의 이름만 불러도 또 울컥한다. 죽은 승객과 학생들은 물론이지만 의인들을 생각하면 더욱 빚을 진 듯하다. 평생 빚진 마음으로 살아야겠다 싶다.

이외에도 꺼져가는 생명들을 한 명이라도 붙들어 보려고 애썼던 사람들이 승객들과 함께 객실에 타고 있었다. 위기의 순간마다 백성들을 위해 기꺼이 한 몸을 바치는 사람들이다.

## 세월호에서 종교가 타고 있던 자리는 어디인가?

세월호의 상황을 지금의 우리 시대와 사회로 한번 옮겨보자.

첫 번째 캐릭터들은 주로 기업가를 비롯한 자본가들이다. 국민들로 하여금 재화와 서비스를 이용하게 하고 이윤을 창출하는 사람들이다. '어떻게 하면 이윤을 극대화할까'라는 속내는 감춘 채 "네 고객님, 뭘 도와드릴까요"를 외치는 이들이다. 어쨌거나 자신들의 이윤이 국민들로부터 창출되므로 평소에는 최대한 국민들의 편의를 위해 애쓰지만 유사시엔 다르다. 자신들의 이익에 맞지 않으면 자신을 위해 일해준 사람들마저 가차 없이 버릴 수 있다.

두 번째 캐릭터들은 공권력을 비롯한 권력가들이다. 이들 또한 평소엔 국민을 위해 일한다(고 주장한다). 안전을 지키고, 질서를 유지하고, 국민에게 봉사한다. 국민에게 봉사하는 것을 보람으로 삼는 가상함을 보인다. 하지만 유사시에는 무엇이 자신들에게 유익한지 따져본 후 이익이 되는 쪽으로 움직인다. 평소 입버릇처럼 국민을 위해 살겠다고 하지만, 유사시엔 얼굴을 싹 바꾼다. 이들은 무엇보다 국민들의 배(세월호)에 함께 타지 않는 사람들이다. 국민의 배보다 더 신속하고 능력 있는 배를 따로 타고 다니는 사람들이다.

세 번째 캐릭터들은 말할 것도 없이 일반 국민들이다. 우리는 그들을 '서민'이라고 부른다. 이들은 자본가(선장)와 권력자(해경)들의 보호 아닌 보호 아래 살아가는 사람들이다. 자본가들의 이윤 생산에 동참하며 허리띠를 졸라매는 사람들이요, 권력자들의 권력 창출에 힘을 보태고 안정을 보장받는 사람들이다. 하지만 유사시에는 오히려 보호받지 못한다. 4.3제주항쟁, 여순사건, 5.18광주민주화운동 등은 그들만의 참사였다. 그렇게 속고도 "가만히 있으라, 보호해주겠다"고 공약하면 또 속아 넘어가는, 순진하다 못해 어리석은 양민이기도 하다.

마지막 캐릭터들은 국민들과 늘 함께하는 사람들이다. 평소에는 별로 눈에 띄지 않는다. 그들은 권력을 지향하지도, 이윤을 추구하지도 않으며, 국민과 동행하는 것을 기쁨으로 삼는다. 하지만 유사시엔 남다르다. '나'보다 '우리'를 위해 기꺼이 희생할 줄 아는 사람들이다.

## 종교가 탈 자리가 거기는 아니라면서……

이쯤에서 이 장의 애당초 목표를 떠올려보자. 과연 요즘 종교는 이 네 부류 중 어디에 속하는가? 요즘 종교인들은 세월호를 중심으로 어디에 타고 있는가? 물론 이상적으로야 네 번째 캐릭터가 되어야 한다. 하지만 요즘은 네 번째는커녕 세 번째 정도 캐릭터만 되어도 훌륭하다. 희생정신이 아니라 백성들처럼만 살아줘도 좋겠다.

아쉽게도 요즘 종교는 첫 번째와 두 번째 자리에 자주 타곤 한다. 겉으로는 종교가 있을 곳이 거기가 아니라고 말하지만, 그들은 첫 번째와 두 번째 자리가 주는 매력을 잘 알고 있다. 유사시에 두 번째 캐릭터가 첫 번째 캐릭터를 가장 먼저 구해낸 것처럼, 그들은 공생하는 사람들이기도 하다. 그래서 종교는 첫 번째와 두 번째를 오가며 '밀당'을 하고, 자신들에게 적절한 자리를 만들어간다.

사실 여기서 한 가지 부류를 설명하지 않았다. 세월호에 타고 있지도 않았고, 선장의 자리에도 있지 않았고, 해경의 배에도 타고 있지 않았던 존재가 있다. 그 존재는 권력을 움직이는 권력, 자본을 좌지우지하는 권력, 결코 전면에 나서지는 않으면서 세상을 움직이는 권력을 가지고 있다. 그들은 세상을 주무르는 컨트롤타워의 역할을 하곤 한다. 혹시 이 마지막 권력자가 특정종교와 친한 걸까? 아니면 종교 자신일까? 2014년 4월 16일, 종교는 과연 세월호의 어디에 타고 있었던 걸까? 종교는 요즘 한국호 나아가 지구호의 어디쯤 타고 있는 걸까?

# "종교는 종교일 뿐 오버하지 말자"

'소승불교와 대승불교 그리고 예수의 안식일'은 어떤 연관이 있을까?
눈치 빠른 당신은 조금만 가다 보면 '아하!'를 말할 게다.

## 소승불교와 대승불교, 알고 보니 수레 크기의 차이

불교에서는 '번뇌에 얽매인 고통의 세계를 건너가서 만나는 이상경의 저 언덕'을 피안이라고 한다. 피안은 '진리를 깨닫고 도달할 수 있는 이상적 경지'를 나타내는 말로 일반화되었다. 그 반대 개념인 차안은 '삶과 죽음이 있는 세계'를 뜻한다. '피안'을 저승으로, '차안'을 이승으로 이해하면 쉽지만, 그렇게 단순한 개념은 아니다. 죽은 다음 누구나 차안에서 피안으로 건너가는 건 아니니까. 마찬가지로 군이 죽지 않아도 이승에서 피안의 세계를 경험하는 사람도 있다.

차안(이 언덕)에서 피안(저 언덕)으로 건너가는 순간을 '깨달음' 또는 '해탈'이라고 한다. 저 언덕의 이름은 '니르바나의 언덕'이다. '니르바나'를 우리는 '열반'이라고 한다. 열반이란 '일체의 번뇌를 해탈한 최고의 높은 경지'를 말하며, 불교가 추구하는 궁극적인 목적지다.

여기서 잠깐. 이런 깨달음과 가르침을 베푼 붓다는 어디에서 그런 힌트를 얻었을까? 도대체 무엇을 본 것일까? 그렇다. 힌트를 얻은 곳은 인도의 갠지스강이다. 농사를 주로 짓는 인도 사람들에게 갠지스강은 어머니와 같은 존재다. 갠지스강에서 배를 타고 이 언덕에서 저 언덕으로 건너가는 사람들을 보며 붓다는 차안과 피안을 발견해냈다. 평범한 일상에서 영원을 길러낸 혜안은 그를 '인류의 스승'으로 태어나게 했다.

이렇게 언덕을 중심으로 차안과 피안을 설명했던 붓다, 그리고 이런 언덕 개념을 이어받은 제자들은 훗날 불교를 소승과 대승으로 구분하게 된다.

소승불교란 '작은 수레'라는 뜻을 가진 산스크리트어다. 원시불교는 수도자 각자의 수행과 깨달음을 중시했다. 그에 반해 '큰 수레'를 뜻하는 대승불교는 중생 구도를 최대 목적으로 삼았다. 사실은 대승불교란 말도 소승불교란 말도 원시불교에선 없었다. 다만, 스스로 '대승불교'라고 칭하는 사람들이 원시불교에게 '소승불교'라는 이름을 붙여준 거다. 자신들의 수레가 큰 것을 자랑하고 소승불교의 수레가 작음을 비아냥거리는 의도가 깔린 작명인 셈이다.

어쨌든, 소승불교는 사회와는 분리된 엄격한 수행을 강조하고 그를 통해 얻을 수 있는 개인의 해탈을 강조한다. 이런 수행의 과정을 통해 얻어진 이상적 존재를 아라한 또는 나한이라고 했다. 반면 대승불교는 보살 또는 부처의 개념을 넓혀 석가모니만이 아니라 모든 중생이 부처가 될 수 있다고 역설했다. 따라서 모든 중생을 보살로 보고, 자기만의 해탈이 아니라 중생 구제를 그 이상으로 삼았다. 소승불교에서는 깨달음을 얻은 성인(아라한)이 되는 것이 목적이지만, 대승불교에서는 이를 '이기적'이라 규정하고 널리 중생을 구제하는 보살이 되는 것을 목적으로 하고 있다.

2세기 이후 인도에서 태동한 대승 사상은 한나라 때 중국으로 건너가 몽골·티베트·한국·일본 등 이른바 북방불교의 주류를 형성하게 된다. 반면 소승불교는 주로 동남아시아(스리랑카, 타이, 베트남, 라오스 등) 지역으로 보급되어 남방불교라고도 불린다.

다시 정리하자면 소승불교란 '작은 수레'를, 대승불교란 '큰 수레'를 의미한다. 한마디로 이 언덕에서 저 언덕으로 건네줄 수레 크기의 차이로 소승불교와 대승불교를 나눈 거다.

## 안식일에 도전한 예수

유대인들에게 '안식일 지키기'는 생명과도 같다. 마치 우리 민족이 조선시대를 거치면서, 제사지내는 날을 가문의 생명으로 알고 지켜온 것과도 비슷하다. 안식일은 금요일 해질 무렵부터 다음날 어두워질 때까지다. 우리와 달리 유대인들의 하루는 해가 진 뒤부터 시작되어 그 다음날 해질 때까지를 말한다. 안식일이 되면 유대인들은 일체의 '일'을 금하고 하루를 '거룩하게' 보냈다.

이러한 전통은 본래 유대민족만의 고유한 전통은 아니었다. 고대 셈족에게 7이라는 숫자는 불길하고 불운한 것으로 간주되었다. 이에 따라 한 주의 마지막 날인 7일이 되면 불운을 방지하기 위해 모든 노동을 금지했다. 유대민족이 특히 이런 전통을 더 절실하게 지키게 된 것은 바벨론 포로기 때였다. 기원전 약 587(586?)년~515년까지로 추정되는 이 시기에 남유다 왕국의 백성들은 바벨론으로 강제 이주당해 살았다. 이 때문에 그들은 가장 중요한 종교적인 의무 중 하나를 할 수 없게 되었다. 그것은 예루살렘 성전에 올라가 예배를 드리는 일이었다. 이때 그들이 택한 신앙 패턴이 바로 안식일 지키기였다. 그리고 기원후 70년에 로마에 의해 예루살렘 성전이 아예 파괴되어버리자 안식일 지키기는 유대민족의 생명을 이어가는 필수행위가 되었다. 한때 이스라엘 민족이 온갖 핍박을 당하며 세계를 떠돌면서도 강인하게 살아남을 수 있었던 힘의 원동력은 바로 이 안식일 지키기였다.

이러한 전통이 시작된 것은 두 가지 이유 때문이었다. 그들이 섬기는 여호와가 세상을 창조한 뒤 제7일에 쉬었다는 것이 첫째고, 두 번째는 유대민족이 이집트로부터 해방된 날을 기념하는 것이다. 즉 그들이 하늘이 택한 선민이라는 것을 기억하게 하는 날인 셈이다.

유대인의 생명과도 같은 안식일(Shabbat)이란 말은 본래 'shavat'(중지하다, 그만두다)에서 유래했다. 그래서 안식일은 '쉰다'는 의미보다 '중지한다'는 의미가 더 강하다. 그렇다면 뭘 중지한다는 걸까? 모든 이들이 각자의 생업을 중지하고, 여호와를 온전히 기억하는 날이다. 6일 동안은 자신의 생업을 위해서 살지만, 제7일은 온전히 그들의 신에게 드린다는 의미다.

이토록 유대인에게 중요한 안식일 지키기에 딴죽을 거는 이가 있었으니 바로 예수였다. 누구보다 철저한 유대인이었던 그는 왜 안식일에 딴죽을 건 것일까?

유대인에게는 안식일만큼 중요한, 생명과도 같은 법이 있다. '토라' 즉 율법이다. 안식일 지키기는 율법의 핵심이었다. 모세가 시나이 산에서 여호와로부터 받았다는 '십계명' 중 제4계명이 바로 '안식일을 기억하여 거룩하게 지키라'다. 하지만 '모든 생업을 중지하는' 안식일을 지키는 것은 쉬운 일이 아니었다. 특히 사람이 아플 때나 죽음의 위기에 처했을 때가 문제였다. 당장 치료해주지 않으면 죽을지도 모를 응급환자를 치료하는 것을 '일'로 볼 것인 가 말 것인가의 문제였다. 판단기준은 사회가 복잡해지면서 다양해질 수밖 에 없다. 이런 세세한 규정을 만들고, 적용하고, 재판하는 이들이 바로 성서 에 나오는 율법사(서기관)들이다. 이런 그들에게 막강한 권력이 생기는 것 은 당연한 수순이었다.

예수는 이런 식의 안식일 지키기에 대해 대놓고 반항 아닌 반항을 했다. 안식일 날, 만인들이 보는 앞에서 버젓이 병자들을 고쳤고, 예수의 제자들 은 스승 앞에서 밀 이삭을 잘라먹었다. 이런 일련의 행위들은 예수를 눈엣 가시처럼 생각하던 정적들에게는 예수를 처벌할 좋은 빌미가 되었다.

## 종교는 '지도'일 뿐 '영토'가 아니다

이쯤에서 시대를 훌쩍 뛰어넘어 구한말로 가보자.

기독교 초창기라 할 수 있는 그 당시에는 비교적 많은 수의 선교사가 우 리나라에 있었다. 눈이 파란 그들은 성서 속 하나님의 존재를 전해주는 '하 나님의 대리인'과 같은 사람들이었다. 그들의 일거수일투족이 신기했고, 따 라야 할 모범으로 여겨졌다.

그러던 어느 날, 기절초풍할 일이 생겼다. 한 조선 신도가 선교사의 집 을 찾아갔는데 선교사가 없었다. 한참 선교사를 찾다 보니 뒷간에서 나 온다. 그런데, 어머나 세상에! 선교사가 성서를 들고 뒷간에서 나오는 것 이 아닌가! 그게 뭐가 문제냐고? 조선인 신도가 본 것은 '성서가 아니라 성 서 쪼가리'였다. 즉 선교사는 뒷간에서 볼일을 보고 성서로 뒤를 닦았던 것이다. 있을 수도 없고, 있어서도 안 되는 일을 목도하고, 다물어지지 않 는 입을 쩍 벌린 채 뒷걸음치는 조선인 신도에게 선교사는 빙그레 웃으며 이렇게 말한다.

183

"아, 이거요? 난 이미 하나님의 말씀을 마음으로 받아 실천하고 있으니, 이 성서는 내게 종이 쪼가리에 불과합니다."

지금도 한국교회사에 전해 내려오는 유명한 일화다.

사실 그 선교사가 보여준 종교인의 자세는 본받을 만한 일이다. 대승과 소승을 나누는 '수레' 이야기도 사실은 그와 같다. 불교란 종교는 사람들을 차안에서 피안으로 인도하는 수레에 불과하다는 고백이 담겨있기 때문이다.

예수의 안식일 개념 역시 이와 마찬가지다. "안식일이 사람을 위하여 있는 것이요 사람이 안식일을 위하여 있는 것이 아니니……"(마가복음 2장27절) 했을 만큼 예수는 안식일을 사람을 위한 '수단'으로 보았던 것이다. 하지만 이런 발언과 행위는 당시 유대사회에서는 목숨을 내놓아야 될 만큼 위험한 것이었다.

종교는 진리를 이루는 데 쓰임을 받은 뒤에는 자신은 없어져도 좋다고 생각할 때에야 비로소 그 가치가 빛난다. 종교는 그 자체가 목적도 아니고 주체도 아니다. 다만 진리의 세계로 인도하는 수레일 뿐. 수레를 위해 수레에 탄 사람을 희생시키는 법은 세상 어디에도 없다. 수레를 타고 차안에서 피안으로 건너갔다면, 수레는 더 이상 필요하지 않다.

종교는 '영토'를 안내하는 '지도'이지 영토 자체가 아니다. '영토' 그 자체는 겸손, 사랑, 연민, 신, 진리, 참나, 자비 등 영적인 것들이다. 그렇기에 '종교적인 것'과 '영적인 것'은 다르다. 이 둘을 혼동하는 데서 우리의 진실 왜곡은 시작된다.

안타깝지만 많은 종교들이 애초에는 '영적인 것'으로 시작하지만 그 영성을 약화시키거나 변질시키곤 한다. 즉 '영적인 것'들이 '종교적인 것'들로 대체되는 것이다. 이 과정에서 많은 악취(분파싸움, 종교전쟁, 권력투쟁, 인간 억압 등)를 생산한다.

우리는 종교를 통해 영성이 아닌 종교 자체를 추구하는 어리석음에 빠지지 말아야 한다. 다시 말하거니와 종교는 '지도'이지 '영토'가 아니다 우리가 영토를 제대로 찾으면 지도는 더 이상 필요 없다. 어떤 순간에도 '영토(영성)'가 '지도(종교)'로 대체될 수 없다. 다만 인간의 어리석음이 그렇게 될 수 있다고 고집을 부릴 뿐. "개그는 개그일 뿐 오해하지 말자"던 어느 개그맨의 말처럼, "종교는 종교일 뿐 오버하지 말자!"

# 2,000년 전 채찍,
# 또 휘둘러야겠니?

그들이 예루살렘에 들어가니라. 예수께서 성전에 들어가사
성전 안에서 매매하는 자들을 내쫓으시며 돈 바꾸는 자들의 상과
비둘기 파는 자들의 의자를 둘러엎으시며 아무나 물건을 가지고
성전 안으로 지나다님을 허락하지 아니하시고 이에 가르쳐 이르시되 기록된 바
내 집은 만민이 기도하는 집이라 칭함을 받으리라고 하지 아니하였느냐.
너희는 강도의 소굴을 만들었도다 하시매 대제사장들과 서기관들이 듣고
예수를 어떻게 죽일까 하고 꾀하니 이는 무리가 다 그의 교훈을 놀랍게 여기므로
그를 두려워함이러라. (마가복음 11장 15절~18절)

## 예수는 우뇌형 인간?

예수의 성격은 감성이 풍부한 우뇌형으로 보인다. 평소 들려준 예화나 비
유를 보면 창작을 잘하는 예술가적 기질도 보인다. 언어구사력이 뛰어난 것

도 우뇌형인 증거다. 친구 나사로의 죽음 앞에서 통곡하는 인정 많은 감수성의 소유자이기도 하다.

헌금을 많이 넣었다고 자랑하는 부자보다, 몰래 동전을 넣은 과부에게 더 높은 점수를 줄 줄 아는, 소소하고 자상한 남자다. 그는 IQ보다 EQ가 발달한 사람이다. 하지만, 이런 감성 충만한 사나이들의 문제점은 불뚝 성질이 있다는 거다. 예수 또한 순간 욱하는 다혈질의 소유자로 보인다. 평소 화내지 않는 사람이 화를 내면 무서운 법.

신약성서 복음서에는 예수가 욱하는 장면이 꽤나 나온다. 평소 다정다감하던 '로맨틱 가이' 예수도 그들 앞에만 서면 욕을 해댔다. 오죽하면 졸저《욕도 못하는 세상 무슨 재민 겨》(자리출판사)에서 그런 예수를 '욕의 대가'라고 그랬을까?

"화 있을진저 외식하는 서기관들과 바리새인들이여"란 예수의 말은 복음서에 수두룩하게 나온다. 한마디로 "이런 천벌을 받을 새끼들아!" 하는 욕이다. "독사의 자식들아"란 말도 심심찮게 나온다. 유대사회에서 뱀은 사탄을 뜻한다. 직역하면 "사탄의 자식들아"란 뜻이고, 우리말로 의역하면 "이런 개새끼들아"다. 이렇게 욕질을 해대던 예수도 좀처럼 횡포를 부리지는 않았다. 성전에서의 채찍질은, 복음서 전체에서 물리적 폭력을 행사하는 처음이자 마지막 장면이다.

이 장면을 단순히 성전 잡상인에게 화를 낸 것으로 생각하면 안 된다. '성전 안에서 매매하는 자, 돈 바꾸는 자, 비둘기 파는 자' 등으로 표현되는 그들은 단순한 매매상이나 환전상이 아니었다.

## 알고 보니 '종경유착'의 관계

애초에 그들이 그 자리에서 장사를 하게 된 건 순전히 유대인들의 종교적 의무 때문이었다. 유대인이라면 누구나 성전에 올라가 동물 희생 제사를 드려야 하고, 십일조와 헌금을 내야 했다. 이 때문에 성전에서 멀리 떨어져 사는 사람들은 짐승을 가져오기 힘들어 성전 근처에서 짐승을 사서 제사를 드려야 했다.

그렇다면 무엇이 문제일까? 바로 '독과점'이 문제였다. 그들의 독과점은 종교지도자들과 끈끈하게 연결고리가 이어져 있었다. 종교지도자들은 그들에게 성전 앞 장사를 허락해주고, 그들은 그 대가로 수익의 상당부분을 종교지도자에게 상납하는, 일종의 부정부패의 고리였다. 말하자면 '종경(종교와 경제)유착'의 메커니즘이었다.

그래서 예수는 화를 냈다. "아버지의 집을 강도의 소굴로 만들었다"라고. 자고로 종교가 권력을 가지면, 반드시 부정부패를 만들어냈다. 중세시대 교회가 그랬고, 고려시대 불교가 그랬다. 그들은 종교를 '강도의 소굴'로 만들고, 종교의 이름으로 강도질을 일삼았다. 지금 시대 종교는 어떨까? 돌아볼 일이다.

예수가 장사치들을 내쫓고, 상을 둘러엎고, 채찍을 휘두른 것은 잡상인들을 향한 징계가 아니었다. 그런 시스템을 허락한 종교지도자들을 향한 도전이었다.

## 예수는 무슨 권리로 채찍을 휘둘렀나?

그런데 여기서 잠깐. 예수는 무슨 권리로, 어떤 권한으로 그런 행동을 한 걸까? 기독교도들이 믿는 대로, 아니 예수의 제자들이 믿는 대로 신의 아들이라서 그럴 수 있었던 걸까? 하지만 예수가 신의 아들이라는 객관적 증거는 하나도 없다. 단지 추종자들의 신앙 속에 자리할 뿐.

그렇다면 그의 행위는 어떻게 봐야 하는가? "안식일이 사람을 위해 있는 것이지 사람이 안식일을 위해 있는 것이 아니다. 사람이 안식일의 주인이다"라고 말한 예수의 기본정신이 이를 잘 말해준다.

예수는 자신을 종종 "아버지와 하나"라고 이야기했고, "너희도 아버지 안에서 하나"라고 밀하곤 했다. 그런 면에서 예수의 채찍질은 이렇게 해석할 수 있다. "내가 신의 아들이듯 너희도 신의 아들이며, 성전 또한 너희들의 집이다. 결코 일부 종교권력자들과 장사치들이 독점할 수 있는 곳이 아니다. 그러므로 나는 너희들의 권리를 찾아주려고 상징적인 도전을 한다. 왜? 사람(신의 아들들)이 안식일(성전 또는 종교)의 주인이니까!"

예수의 이런 도전이 얼마나 무모하고 대담한지를 보여주는 대목이 있다. "대제사장들과 서기관들이 듣고 예수를 어떻게 죽일까 하고 꾀하니"라고 성서는 말해준다. 아무런 방패막이도 없이 예수는 내질러버렸다. 종교지도자들의 심기를 제대로 건드렸다. 저놈을 어찌 죽일까? 예수를 죽이고자 하는 그들의 본격적인 모의가 시작되었다.

이 장면에서 예수는 종교(성전)가 어떠해야 하는지를 제대로 말해주고 있다. 백성 위에 군림하고, 부와 명예를 쌓는 강도 같은 짓은 그만두어야 한다. 그리고 특정 종교인이나 특정 사람들이 아니라 세상 모든 사람들이 종교를 통해 기도하게 해야 한다. 기도란 무엇인가. 신(인간의 근본)과 사람을 연결시켜 의사소통하는 행위다. 끊어져 있는 사람의 근본과 사람, 사람과 사람, 사람과 세상 등을 이어주는 곳이 종교다. 기도를 통해 치유와 회복이 일어나는 곳이 종교다.

이런 본래 목적을 잊어버린 채 자신의 배만 불리는 종교라면, 예수는 2,000년 전이나 지금이나 마찬가지로 채찍을 휘두를 게 분명하다. "종교를 강도의 소굴로 만들지 말고, 만민이 기도하는 집으로 만들어라" 하면서. 21세기 지구별에선 이런 예수들이 더 많이 필요한지도 모른다. 아니 예수가 신의 아들이듯 우리도 신의 아들로서 늘 '종교의 불침번'을 서야 하지 않을까?

제4부

# 종교가 있어야
# 할 자리는
# 바로 여기

# 교조들의 불우한 어린 시절, 이유 있었네

---

이 장에선 각 종교 교조들의 신상을 좀 털어볼까 한다.
특히 어린 시절을 중점적으로 털어보겠다. 당신과 내가 수사관이 되어
이 재밌는 일에 함께 '고고 씽~.'

## 공자와 마호메트, 알고 보니 고아

누구부터 털어볼까? 그래, 가나다순으로 털어보자.

먼저 공자. 공자는 기원전 551년 9월 28일에 노나라에서 태어났다. 아빠 이름은 숙량흘, 엄마 이름은 안징재. 그런데, 문제는 공자의 아빠와 엄마가 정식으로 혼인한 사이가 아니라는 것. 따라서 공자는 요즘 말로 '혼외자식'이었다. 아버지를 아버지라 부르지 못하는 홍길동 처지네.

공자는 끝까지 공씨 집안의 핏줄로 인정받지 못했어. 왜냐고? 공자 나이

세 살 때 아빠가 죽는 바람에 공씨 집안에서 쫓겨났거든. 그때부터 '눈물겨운 홀어머니의 가족 부양기'가 시작된 거지. 그럼 아빠의 재산은 어떻게 됐냐고? 정식 아들이 아니니 당연히 다른 자식들이 유산으로 물려받았고, 공자와 엄마는 한 푼도 못 받았지. 엎친 데 덮친 격으로 공자의 엄마는 그 충격으로 눈마저 멀게 된 거야. 생각해보라고. 그 생활이 얼마나 어려웠을까? 고대 시대에 여자 혼자서 아이를 키우는 것만도 힘에 부치는데 눈까지 멀었으니. 그의 엄마는 결국 공자 나이 열일곱 살 때 돌아가셨어. 이 때문에 공자는 어린 시절 내내 공씨 집안의 아들로 인정받기 위해 살았던 거지. 그래서 "남이 나를 알아주기 전에 나 자신이 그만한 그릇이 되는지를 살펴보라"고 《논어》의 곳곳에서 말하게 된 거야.

다음은 마호메트. 사실 아랍어로는 '무함마드'라고 부르지만, 편의상 흔히 알고 있는 이름 그대로 마호메트로 가야겠네.

생년은 기원후 570년. 월일은 정확히 알 수 없어. 예수보다 약 570년 뒤에 태어난 셈인데, 그때는 어느 정도 기독교가 왕성한 시대였단 말이지. 아빠 이름은 아브드 알라, 엄마 이름은 아미나. 그런데 마호메트가 태어나기 전에 아빠가 죽었어. 이를 두고 유복자라고 하던가? 그게 끝이 아니야. 그의 엄마 또한 메디나를 방문하고 돌아오는 중에 병에 걸려 죽고 말았어. 마호메트는 그렇게 여섯 살 때 졸지에 고아가 된 거야.

그 후 할아버지 손에서 자라지. 그런데 마호메트에게 또 한 번의 시련이 닥쳐. 바로 할아버지의 죽음이지. 참 힘겹다 힘겨워. 하지만, 하늘이 무너져도 솟아날 구멍이 있다고, 마호메트의 삼촌이 그를 거둬주게 돼. 하지만 삼촌은 딸린 식구가 많아서 마치 흥부의 집을 보는 듯했어. 마호메트는 이런 삼촌 밑에서 어렸을 적부터 무역상을 했지. 가난하니까, 어렸을 적부터 생업

전선에 뛰어든 거야. 그런데 마호메트는 약자를 괴롭히는 사람을 보면 '정의의 사도가 되어 나서곤 했어. 청년 시절엔 '정의의 동맹'을 맺고, 어떤 소녀를 납치한 권력자에게서 소녀를 되찾아오는 기염을 토하기도 했지. 아마도 어렸을 적부터 친척들 손에 키워지면서 눈칫밥을 통해 '정의롭게 반듯하게 커야 대접받는다'는 자의식을 가지게 된 듯해.

## 모세와 석가모니, 왕궁에서 자라긴 했지만……

다음은 모세. 모세의 부모 이름은 수사를 해봐도 안 나오더구먼. 다만 성경에 의하면 아빠도 엄마도 모두 레위족속(유대인 12지파 중 제사장 지파)의 자손들이라는 건 확실해. 모세의 원래 이름은 '여호와께서 세운 사람'이란 뜻의 '요김'이야. 이스라엘 이름이지. 그럼 모세는? 이집트 공주가 지어준 이집트 이름이지.

모세가 태어날 무렵 파라오는 포로로 끌려온 이스라엘 백성을 더욱 핍박했어. 이스라엘 자손들의 왕성한 번식이 두려웠거든. 그래서 산파들에게 명령을 내렸어. 이스라엘 여성이 아이를 낳으면 여아는 살려두고 남아는 죽이라고. 그때 모세가 덜컥 태어나고 만 거야. 모세의 아빠 엄마는 아이를 살리고 싶어서 광주리에 담아 나일강에 띄워 보냈어. 이 광주리를 목욕하러 나온 파라오 공주가 본 거고. 그날부터 모세는 부모의 품이 아닌 파라오의 품에서 자라나지.

여기서 잠깐. 그럼 모세는 어떻게 자신이 이스라엘 민족인지 알았을까? 모세의 누나가 파라오의 공주를 멀리서 지켜보다가 다가간 거야. 그리고 "훌륭한 이스라엘 여성을 유모로 소개시켜주겠다"고 제안하지. 덕분에 모세는 이스라엘 유모 밑에서 자라게 되는데, 사실은 그 유모가 친엄마였던 거야. 그래서 어렸을 적부터 정체성의 혼란이 많았겠지? 이집트의 왕자로 살 것인가, 이스라엘 백성들에게 돌아갈 것인가. 성질도 지랄 같았던 것 같아. 이스라엘 사람과 이집트 사람이 싸우는 걸 보고는 당장 패 죽여서 땅에 파묻은 걸 보면.

이젠 석가모니의 신상을 털어볼까? 본명은 싯다르타. 정반왕(인도 이름 슈도다나)과 마야부인 사이에서 태어났어. 이 집안엔 원래 아들이 귀했어. 말하자면 싯다르타는 가문뿐만 아니라 나라의 대를 잇는 귀한 아들이었던 거지. 문제는 마야부인이 아들을 낳고 7일 만에 운명을 달리한 거야. 아마도 노산으로 힘들어서 죽은 걸로 추정돼. 태어나면서 엄마를 잃은 싯다르타는 '모정'이란 게 뭔지 모르고 자랐어. 다행히 이모 마하파자파티가 거둬 키우긴 했지만 아무리 그래도 엄마만 할까?

싯다르타는 어느 정도 성장한 후 엄마 죽음의 스토리를 들었을 거고, 그것이 모두 자신 때문이라는 죄책감도 있었던 것 같아. 자신의 출생 자체가 고통이라는 걸 알았던 거지. 삶이란 온통 고해의 바다라는 걸 어린 시절부터 가슴속 깊이 절감했다고나 할까. 싯다르타는 혼자 있는 시간을 좋아했어. 우울증도 좀 있었던 것으로 보여. 나이에 맞지 않게 세상을 등에 지고 고민하는 아이였던 거지. 그러니 성 밖으로 나가 '생로병사'의 백성들을 보며 고민이 더 깊어간 거야. 뭐 눈에는 뭐만 보이는 법이니까.

## 와! 예수, 알고 보니 한 성깔 했네

마지막으로 예수를 살펴볼까? 예수는 잘 알다시피 생년은 기원후 1년이지. 학자마다 달라서 기원전 3~4년이라고 하는 경우도 있어. 모두들 알고 있는 대로 아빠는 요셉, 엄마는 마리아. 그렇다면 이 집의 문제는 뭘까? 예수의 '사생아설'이야. 신약성서에는 예수가 '동정녀 탄생' 즉 처녀가 아이를 낳았다고 되어 있어. 그런데 당신도 설마 이걸 액면 그대로 믿는 건 아니겠지? 예수 탄생 당시 근동 지역에서는 '성인의 탄생'을 '동정녀 탄생'과 동일시하곤 했어. 여사제(거룩한 창녀)들의 배에서 태어난 종교적 성인을 '동정녀 탄생의 자식'이라고 불렀던 거야. 마리아가 여사제가 아니었다면, 아무래도 요셉의 씨가 아닌 다른 남자와의 외도를 생각해봐야겠지? 하여튼 예수는 어렸을 적부터 끊임없이 '사생아 구설'에 올랐던 게지. 사실이든 아니든 괴로운 일 아니겠어? 함께 살던 형제조차 한 번도 친형제인 적이 없었고, 아버지 또한 친아버지가 아니었던 거지. 아버지의 직업이 목수였으니 가난했던 건 두말할 것도 없고.

이런 예수의 어린 시절을 적나라하게 보여주는 성서가 '토마스복음서'야. 오늘날 우리가 보고 있는 성서에는 포함되지 않은 소위 '외경'인데, 이 책에 의하면 예수는 아주 거친 반항아로 자랐던 걸로 보여. 길을 걷다가 어깨를 부딪친 아이에게 화를 내면서 "더 이상 네 길을 가지 못하리라"라고 했는데, 아이가 발이 걸려 넘어져 즉사를 해. 그리고 같이 놀던 아이들을 양으로 만들어버리기도 하지. 덕분에 "예수를 화나게 하면 큰일 난다"고 마을에 소문이 날 정도였어. 오죽하면 아빠 요셉이 "아이를 화나게 하는 사람은 누구나 죽이니까 절대 밖에 내보내지 말아요"라고 마리아에게 요청을 했을까.

물론 나이가 들면서 난간에서 떨어져 죽은 아이를 살려내고, 뱀에 물려 죽어가는 형제 야고보를 살려내고, 도끼에 찍혀 죽은 청년을 살려내기도 해. '질풍노도의 시기'를 지나면서 조금씩 정돈이 되어가는 거지. 성서 누가복음에도 이런 얘기가 나오잖아. 예수의 부모가 어린 예수를 잃어버렸는데, 나중에 찾아보니 성전에서 어른들을 상대로 설교를 하고 있었던 거지. 그러고는 부모에게 "내 아버지의 집에 있어야 할 줄 몰랐느냐"고 당돌하게 말한 거야. 어린 예수는 마치 길들여지지 않은 야생마 같았고, 다듬어지지 않은 천재성이 꿈틀거렸던 것으로 보여.

## 교조들의 어린 시절, 정리해보니 가관이네

그러고 보니 다섯 명 모두 어린 시절이 평탄치 못했군. 이걸 표로 정리해보면 대략 다음과 같아.

| 이름 | 부 | 모 | 부모 사망 시기 | 가정환경 | 성격 | 다른 교조와 공통점 |
|------|-----|-----|-----|-----|-----|-----|
| 공자 | 숙량흘 | 안징재 | 부 : 3세 때<br>모 : 17세 때 | 유복자. 가난했음.<br>홀어머니 손에서<br>자라남. | 인정받으려는<br>욕구가 강하다. | 마호메트처럼<br>고아라는 것. |
| 마호메트 | 아브드<br>알라 | 아미나 | 부 : 탄생 전<br>모 : 6세 때 | 고아로 큼.<br>가난한 삼촌 집의<br>장사하면서 자람. | 정의롭게<br>모범적으로<br>살려는 욕구가<br>강하다. | 공자처럼<br>고아라는 것. |
| 모세 | 레위인 | 레위인 | 알 수 없음 | 민족의 원수의 손에서<br>자라남. 정체성의<br>혼란이 많음. | 의협심이 강하고<br>성질이 불같다. | 석가모니처럼 왕궁에서<br>자라나지만, 만족하지<br>못한다는 것. |
| 석가모니 | 정반왕 | 마야 | 부 : 알 수<br>없음<br>모 : 생후 7일 | 엄마의 죽음을<br>자책하면서 자라남. | 내성적이고<br>염세적이다. | 모세처럼 왕궁에서<br>자라나지만,<br>만족하지 못한다는 것. |
| 예수 | 요셉 | 마리아 | 알 수 없음 | 사생아라는 소리를<br>들으며 가난한 집의<br>장남으로 자람. | 천재성을<br>다스리지 못하는<br>반항아. | 공자처럼 인정받지<br>못하는 콤플렉스에<br>시달림. |

그렇다면, 이들의 불우한 어린 시절은 우연일까, 필연일까? 이 책에서 앞으로 만나게 될 '보이지 않는 우주'를 알게 되면, 우연은 없다는 걸 알게 될

거야. '아픈 만큼 성숙해진다'는 식상한(?) 인생의 진실이 이들에게도 적용된 셈이지. 아픔이 극에 달했을 때, 비로소 '신 체험'을 한 거야. 의식의 바닥을 쳐야 의식수준이 도약하기 시작한다는 걸 보여준 거라고 봐. 고통이 아니면 알 수도 없고 도약할 수도 없는, 뭔가가 그들에게 작용했던 것이 아닐까? 뿐만 아니라 그들의 불우한 시절은 오롯이 '민중의 고통'과 이어지게 마련이야. 어느 시대나 있는 '소외된 자와 고통당하는 자'가 만나는 지점이라고나 할까? 참 종교라면, 그들의 교조의 삶과 메시지를 따라 바로 그곳에 서야 하지 않을까?

# 코란의 핵심 가르침,
# "사람을 압제하지 말라"

---

'지하드'란 무슬림의 '성전'을 말한다. 어학사전에서 '지하드'를 찾아봤다.
'이슬람교의 신앙을 전파하거나 방어하기 위하여 벌이는 이교도와의 투쟁을
이르는 말'이라고 되어 있다. 그런데, 이교도와의 투쟁이라니. 누가 이렇게 뜻을
달아놓았을까? 정말 이슬람을 제대로 알고 이렇게 쓴 걸까? 이거야말로
전형적인 '이슬람 비틀어보기'다. 그래서 준비했다. '지하드'의 진실을.

## 힘이 정의였던 시대에 청년 마호메트가 택한 길

어떤 종교를 제대로 알려면 두 가지 방법이 있다. 교조의 삶과 경전을 보는 것, 이것만큼 확실한 것은 없다.

마호메트의 청년시절, 주위에서는 그를 이렇게 평가했다. '성실하고 정의로운 청년.' 그에게 이런 별명이 붙은 것은 다음과 같은 행위 때문이다.

어느 날, 아라비아 남부지역에 사는 한 베두인(유목민)이 자신의 딸과 함

께 메카에 장을 보러 왔다. 보아하니 '초보 손님'이다. 멀찍이서 그들 부녀를 노리는 사람들이 있다. 아버지가 잠시 한눈을 파는 사이, 일단의 사내들이 딸을 낚아챈다. 마치 사자가 무리 속에서 한 마리의 사슴을 낚아채듯. 순식간에 벌어진 일에 아버지는 당황한다. "저놈들 잡아라!" 그런데 어쩐 일인지 시장 사람들은 본체만체 시큰둥하다. 정신없이 그놈들을 쫓았지만, 낯선 지역인데다 시장 사람들의 비협조로 놓치고 말았다.

아버지는 자신의 부족에게 돌아와 딸을 되찾을 방법을 강구한다. 하지만, 힘의 논리에서 밀려 어림도 없는 일이다. 자신의 부족은 메카 부족에 비해 잽도 안 되는 소수부족이니까. 그래도 가만히 앉아있을 수만은 없다. 할리우드 영화 《테이큰》(납치된 딸을 찾는 아버지의 투쟁기)처럼, 딸을 찾으러 시장으로 다시 나섰다. 이번엔 혼자가 아니라 자신의 부족 사람들과 함께 메카의 지도자들을 만났다. 하지만 그들은 냉담했다. 이런 걸 두고 '짜고 치는 고스톱'이라고 한다. 메카의 '납치 팀'은 소수부족의 딸을 납치하고, 지도자들은 그 뒤를 봐주고, 뭐 그런 식의 구조다. 이에 아버지는 협상을 포기하고, 딸을 찾아 시장을 미친 듯이 헤맸다.

이때 이런 소문을 들은 한 청년이 있었으니 바로 마호메트다. 그는 메카의 청년으로서, 자기 부족의 부끄러운 소행을 참을 수 없었다. 그는 청년들을 모았다. 조직의 이름은 '정의의 동맹'이다. 그는 청년들과 함께 딸을 납치한 거상을 찾아갔다. 메카의 청년들이 거세게 항의하자 거상도 하는 수 없이 딸을 돌려보냈다. 이 사건은 마호메트의 평생에 걸쳐 이루어질 운명의 서막이었다. 이후에도 '정의의 동맹'은 압제당하는 외지인들을 도왔다. 덕분에 마호메트는 메카의 기득권자들에게 미운털이 단단히 박혔다. 마치 예수가 당시의 지도자들에게 그랬던 것처럼.

어설프고 정의로운 객기 이외에는 아무것도 없었던 가난한 청년 마호메트. 어느 시대나 그렇듯 '정의'를 말하는 사람에게는 기득권자의 압제가 있다. 그로 인해 마호메트의 현재와 미래는 어두웠다. 그런 그에게 굳이 시집을 오겠다는 처녀가 있었으니 바로 카디자다. 그렇게 카디자와 결혼해서 세 아들과 네 딸을 얻었다. 하지만, 불행은 예고도 없이 다가왔다. 세 아들이 모두 죽고 말았던 것이다.

## 무슬림의 시작, 압제당하던 사람들의 몸부림

크게 상심한 마호메트는 히라의 동굴을 찾았다. 그리고 절망이 바닥을 쳤던 그때, 그는 신 체험을 했다. 천지개벽을 하고 불의한 세상에 정의를 심을 내적 에너지가 생긴 그는 세상으로 다시 나아가 메카의 사람들에게 가르침을 베풀었다. 사람들이 몰려들었다. 마호메트에게 몰려든 사람들은 대부분 아웃사이더들이었다. 그들은 스스로를 무슬림이라 칭했다. 이렇게 마호메트의 세가 커지자 메카의 지도자들은 무슬림들을 핍박하기 시작했다.

622년, 큰 결심을 한 마호메트는 핍박받는 그들을 메카에서 사막의 땅 메디나로 이동시킨다. 이 장면은 이집트를 탈출하는 이스라엘 백성을 연상케 한다. 이때를 무슬림들은 이슬람의 원년, 헤지라라고 부른다. 아무것도 가진 것이 없었던 무슬림들은 유대인들의 신세를 지며 메디나에 머무른다. 하지만 유대인들은 그들과 밥그릇을 나누는 게 불만이었다. 그들은 무슬림들을 괴롭히고, 납치하고, 핍박했다.

무슬림들은 고향 메카 사람들로부터도 핍박을 받았고, 타향에서 유대인들로부터도 멸시를 당했다. 이때 마호메트는 청년시절의 '정의의 동맹'을 떠올렸다. 그리고 분연히 일어섰다. "나를 따르라. 이 세상의 모든 불의의 세력과 맞서 싸우자!" 마호메트는 뛰어난 전술로 메카의 군대와 유대인의 군대를 물리치고 630년 메카에 입성한다. 타향살이 8년 만에 이뤄낸 쾌거다.

마호메트의 삶을 관통하는 단어가 있다면 그것은 바로 '정의'다. 그가 살던 시대는 '힘이 곧 질서요 정의'였다. 강자가 약자를 괴롭혀도, 힘에서 밀리면 아무 말도 못하는 것이 당연했다. 하지만 그는 평생 '정의란 무엇인가'를 고민했고, 그것을 펼치기 위해 삶을 바쳤다. 마호메트는 '불의의 시대'가 낳은 '정의의 사자'였고, 압제당하는 자들의 대부였다.

이런 정신으로 세워진 이슬람교라면, '지하드'는 두말할 것도 없이 불의와의 싸움'을 말한다. 여기서 말하는 '불의'란 '힘의 논리로 강자가 약자를 압제하는 것'이다. 무슬림의 후예들이 그토록 미국과의 지하드를 고집하는 것도 이런 이유다.

## 지금도 지하드는 계속되어야 한다

무슬림들의 경전인 코란을 보면 좀 더 분명해진다.

코란의 처음 구절은 "은혜롭고 자비로우신 알라의 이름으로"(시작의장 1절)라고 되어 있다. 코란은 한마디로 알라가 은혜롭고 자비로운 신임을 만방에 알리는 책이다. 코란은 "알라가 은혜롭고 자비롭다"는 사실을 군데군데에서 말한다. 이유는 단 한 가지다. 무슬림들은 핍박을 당해봤기에 '자비'가 얼마나 귀한 줄 안다. 자비란 약자를 압제하지 않고, 호의로 대하는 것이다. 그들이 말하는 자비(정의)는 다음과 같다.

> 진정한 의는 알라에 대한 사랑으로 친척과 고아와 궁핍한 자와 나그네와 구걸하는 자에게 자기 재산을 나눠주고, 노예를 풀어주고, 기도시간을 지키며, 자선을 실천하고 자신이 한 약속을 지키는 것이다.(암소의 장 177절)

보았는가. 무슬림이 말하는 진정한 의, 즉 정의가 무엇인지를. 약자를 압제하지 않는 것을 넘어서 약자를 돌아보는 것이 정의라는 거다. 진정한 지하드는 바로 이런 것이다. 그들에게 있어서 진짜 큰 죄악은 "고아에게 그들의 재산을 주도록 하라. 그들이 가진 좋은 것을 나쁜 것으로 바꿔치기해서는 안 된다. 그들의 재산을 너희의 재산이라도 되듯 갈취하지 마라. 그것은 분명 커다란 죄악이다."(여인의 장 2절)라고 말한다. 그들에게 있어서 정의로운 심판은 "고아들의 재산을 부당하게 취득하는 자는 그 뱃속에 불을 삼키는 것이니, 그들은 타오르는 불 속으로 들어갈 것이다."(여인의 장 10절) 그들의 최후의 심판의 잣대는 예수의 것(양과 염소의 최후심판)과 닮아있다.

무슬림들은 그들이 추구했던 공동체를 '움마'라고 불렀다. 이것은 '한 사람도 소외됨이 없고, 압제당함이 없는, 정의로운 공동체'를 말한다. 코란을 관통하는 핵심구절 하나가 이 의미를 잘 말해준다. "압제는 살인보다 더 나쁜 것이다."(암소의 장 191절) 압제란 권력과 무력으로 약자를 억누르는 것을 말한다. 압제와 싸우는 길, 압제당한 자를 돌아보는 길, 이것이 모든 종교가 걸어야 할 지하드의 길이다. 아니 지구별 모든 사람이 걸어야 할 지하드의 길이다. 지금도 지하드가 계속되어야 할 분명한 이유다.

# 내려갈 때 보았네,
# 올라갈 때 못 본 그 꽃

'내려갈 때 보았네, 올라갈 때 못 본 그 꽃.'
노벨 문학상 후보까지 올랐던 고은 시인의 '그 꽃'이라는 시의 전문이다. 짧고
단순한 이 시가 왜 그토록 유명해졌을까? 인류사를 돌아보고, 우리의 인생을
돌아보면 이 시가 얼마나 구구절절 다가오는지, 올라도 가보고 내려도 가본 사람은
안다. 이러한 인생의 진실이 우리 민족과 함께한 불교의 역사와 닮았다.

## 불교, 처음 들어올 땐 괜찮았다

우리 민족에게 최초로 불교가 전해진 것은 고구려 17대 소수림왕(372) 때
다. 중국 전진의 왕이 사신으로 보낸 승려 순도가 불상과 경전을 들고 왔고,
고구려는 예우를 다해 불교를 받아들였다. 이후 전진에서 여러 승려들이 고
구려를 찾아와 불교를 전했다.

육지로부터 불교를 받아들인 고구려와 달리 백제는 바다로부터 불교를

받아들였다. 백제는 15대 침류왕 원년(384년)에 인도 승려 마라난타가 중국 동진을 통해 백제에 첫발을 내디뎠다. 마라난타 또한 외교적 사신이었고, 침류왕은 성 밖으로 나가 그를 환대했다. 침류왕 2년에는 한산에 절을 세우고, 10명의 승려가 불공을 드리게 했다. 백제는 신라와 고구려보다 더욱 적극적으로 불교를 받아들였다.

신라는 백제와 고구려에 비해 약 150년이 지난 뒤에 불교를 받아들였다. 그 이유는 뭘까? 국제정세에 어두워서 그랬다는 설도 있지만, 고구려와 백제에 대한 반감 때문이라는 게 더 정확한 것 같다. 말하자면 2강국 즉 고구려와 백제의 종교를 받아들이는 것을 문화적 굴종으로 생각했던 것이다. 이 무렵 고구려의 승려들은 신라에 불교를 전하러 왔다가 많은 고초를 당했다.

신라에서 불교가 공인된 것은 법흥왕 14년(527년) 때 신라의 승려 이차돈이 순교를 한 뒤였다. 사실 민간에는 이미 불교가 널리 전파되어 있었으므로 527년은 글자 그대로 '공인된 시기'를 말한다. 하지만 희생과 순교를 통해 가장 늦게 시작된 신라 불교가 오히려 삼국 중 가장 오래도록 남아 한반도에 많은 영향을 주었다. 아이러니하게도 적극적으로 받아들였던 고구려와 백제에서는 불교가 나라를 살릴 만한 에너지를 발휘하지 못했다.

신라 불교는 진평왕 때의 원광대사, 선덕여왕 때의 자장대사, 통일신라 때의 원효대사 등과 같은 걸출한 인물들을 배출해내며 사회에 이바지했다.

## 올라갈 때, 꽃을 보지 못했다

불교의 힘은 삼국이 망하고 고려왕조가 시작된 뒤에도 계속 이어졌다. 고려 초기 태조 왕건은 적극적인 봉불정책을 펴고 팔관회를 연례행사로 만들었다. 왕궁에서는 '경유·충담'과 같은 승려를 왕사(왕의 스승)로 삼왔다.

하지만 위세가 절정에 다다른 불교는 점차 썩기 시작했고 '정종(정치와 종교) 유착'의 고리는 더욱 끈끈해졌다. 승과를 통과한 승려들에게 법계를 주어 출세의 길을 열어주었고, 뛰어난 고승은 국사나 왕사로서 왕의 자문역을 맡았다. 승려들에게 토지를 나누어주어 개인재산을 인정해주는 한편 공역의 의무마저 면제해줬다. 이처럼 부와 명예를 양손에 거머쥐게 된 승려들은 서민을 상대로 고리대금업을 하며 재산을 늘려나갔다. 부의 덩치가 이처럼 커지자, 승려들은 '승명'을 통해 정치에 관여하고, 사병까지 두는 등 나라를 좌지우지할 정도가 되었다.

그렇게 그들은 화려하게 올라가고 있었다. 하지만, 그들은 몰랐다. 올라간다는 것은 언젠가는 내려와야 한다는 것을 의미한다는 걸.

정몽주와 정도전 같은 고려 말 신진 사대부들은 불교 사원의 피해를 지적하고 개혁을 외쳤다. 물론 정몽주와 정도전은 다른 점이 있었다. 정몽주는 불교를 개혁하고자 했지만 정도전은 불교를 도려내고자 했던 것이다. 정도전과 이성계가 손을 잡고 마침내 불교를 중앙으로부터 도려낸 사건이 바로 조선건국이고, '숭유억불정책'이 바로 그 열매다. 화려했던 스타의 몰락이었다.

## 거리상 멀어졌는데, 마음은 더 가까워지다니……

이렇게 시작된 불교 탄압으로 승려들은 모두 산으로 숨어들었다. 그러니까 조선 초기 승려들이 산으로 간 까닭은 수도를 하기 위해서가 아니라 권력 싸움에서 밀려 피신을 했던 거다. 그렇게 산에 자리 잡은 승려들은 쥐죽은 듯 참선하며 도를 닦았다. 하지만, 이때부터 불교는 오히려 진정한 종교의 면모를 보여주기 시작했다.

불교는 고려에서 조선으로 바뀌는 과정에서 벌어진 피바람의 피해자들을 위로했다. 권력에서 밀려난 승려들은 누구보다 그들의 마음을 잘 알았기에 그들을 불심으로 감싸 안았다. 건국 초기, 새 정부 세우기에 바빴던 권력자들로 인해 민생은 바닥으로 떨어졌다. 이때, 가난한 아이들을 거두어 돌보는 역할도 절에서 했다. 거둔 아이들을 동자승이라 하고, 그들에게 음식뿐만 아니라 글까지 가르쳤다. 절의 위치가 광장에서 산으로 옮겨지자, 사람들은 속세에서 지친 마음을 위로받으러 산사를 찾았다. 이때 승려는 말하자면 서양 사회에서의 마을의 정신적 아버지(신부) 역할을 하곤 했다.

승려들의 활약이 꽃을 피운 건 임진왜란과 정유재란, 병자호란 등의 국가적 위기 상황에서였다. 고려시대 귀족 승려와 달리 잃어버릴 게 많지 않았던 그들은 가벼운 마음으로 나라를 위해 승병으로 일어섰다. 이때, 빛난 두 사람이 바로 서산대사와 사명대사다. 물론 승려들이라고 해서 목숨이 귀하지 않았을까. 하지만 그들은 달라졌다. 올라갈 때 보지 못한 꽃(사람)을 내려오면서 너무나도 잘 보고 있었기 때문이다. 무엇을 해야 할지, 어떤 것이 참 종교인지 몸으로 체득한 것이다. 목숨이 아깝지 않아서가 아니라, 다른 이들의 생명을 지키기 위해 그들은 기꺼이 죽음의 길에 나섰다.

우리나라 불교는 대승불교다. '큰 수레'를 뜻하는 대승불교는 민중 교화 불교다. 불교가 탄생한 지 500년이 지날 무렵 인도에서도 우리나라의 '고려 말기'와 같은 귀족현상을 보였는데, 그때 불교개혁 차원에서 생긴 것이 대승불교다. 역사는 역시 돌고 도는 모양이다. 대승불교의 길은 민중에게 다가가서, 민중을 위로하고, 민중을 치유하고, 민중을 부처의 길로 인도하는 것이었다. 산에서 가만히 앉아 도나 닦는 것은 아니었다.

하지만 아이러니하게도 '거리상' 민중과 가까이 있었던 고려시대의 불교보다, 민중과 멀리 떨어진 산에 있었던 조선의 불교가 훨씬 민중과 가까웠다.

조용히 자신을 돌아보고 갈고 닦을 때, 세상과 더 가까워진다는 진실을 종교는 알아야 한다. 세상에 뭔가를 주기 위해 판을 벌이려고 할 때는 오히려 사람이 잘 보이지 않는 법이다. 우리 민족의 불교를 보고, 2016년 오늘의 종교를 본다. 지금 한국 사회의 정상에 올라가 있는 두 종교 즉 불교와 기독교가 아슬아슬해 보인다. 특히 기독교는 더 아찔하다.

# 좀 더 많은
# 선한 사마리아인이 필요하다

---

한 율법사가 예수를 찾아와 어떻게 하면 영원한 생명을 얻을 수 있느냐고
물었다. 사실 영원한 생명(영생)은 우리 인류가 늘 궁금해 하는 물음이다.
영생이 생물학적으로 '영원한 – 끝이 없는 삶'이 아님은 분명하다.
왜냐하면, 예수의 전공은 '의학'이 아니라 '종교'기 때문이다.
물론 가끔 사람을 낫게 해주긴 했지만, 그건 어디까지나 옵션이었다.
율법사의 질문 의도로 봐서도 '영생의 양'이 아니라 '영생의 질'을 물은 게 분명하다.

## 영원한 생명, 어떻게 하면 얻을까?

영생이라……. 대체 어떻게 살아야 영원한 생명, 즉 영원한 가치가 있는
삶일까? 어떻게 살아야 나도 행복하고 너도 행복할까?

예수가 대답했다. 아니 스스로 대답하게 했다. 그렇다. 항상 답은 자기 자
신 안에 있다. 전문가를 찾아다니고, 별 지랄을 다 해도 결국 답은 자신 안

에 있는 것이다. 그가 대답했다. "신을 사랑하고 이웃을 사랑하는 것이 영생이다." 알면서 왜 물어? 지금 장난하나? 곧이어 나오지만, 그는 자신의 영성과 지성을 자랑하고 싶었다. 자신을 높이고 남을 깎아내리려는 불순한(?) 의도다. 그래도 말은 맞았다. '사랑', 바로 그것이 '영원한 생명'이다.

이런 질문에 예수는 아주 간단하게 대답한다. "그래? 잘 아네. 그러면 잔말 말고 그대로 실천해. 뭘 망설여?"

진리의 길은 아주 단순하다. 진리가 아닐수록 복잡하다. 아니면 괜히 복잡하게 만들어서 "거기에 뭔가 있을 거야"라고 생각하게 만든다. 그리고 "우리하고는 뭔가 수준이 달라"라고 생각하게 만든다. 예수 당시 율법사가 그랬고, 제사장과 레위인이 그랬다.

그렇게 알아듣도록 이야기했으면 당장 가서 사랑을 실천하든지 말든지 둘 중 하나를 선택하면 되잖아. 그런데 또 묻는다. "그러면 누가 내 이웃입니까?" 한 대 콱 쥐어박아 주고 싶다. 이 상황을 다룬 어느 유머 웹툰(인터넷)에선 이 대목에서 예수 왈 "저 새낀 내 말을 뭘로 처들은 겨"라고 말했으니, 요즘 말로 '사이다' 웹툰이다. 저렇게까지 자랑을 하고 싶을까? "이래 봬도 나는 지성을 추구하는 이 시대의 종교지성가요 종교영성가요"라고. 예수는, 다른 때는 화도 잘 내더니 이번엔 참 차분하기도 하다. 또박또박 묻는 말에 꼬박꼬박 대답한다.

## 나도 너도 언제나 당할 수 있는 아픔

여기서 예수가 대답한 이야기가 바로 '선한 사마리아인의 이야기'다. 2,000년 전 이스라엘의 한 골목에서 예수가 들려준 그 이야기가, 전 세계에 이토록 큰 영향을 미칠 줄 예수도 미처 몰랐을 거다. 심지어 '사마리아인의 법'까지 만들어졌다.

살다보면 우리도 가끔 '강도'를 만나게 된다. 원하든 원하지 않든. 나도 당할 수 있고, 너도 당할 수 있다. 이 상황은 내 이웃의 이야기가 아니라 우리자신의 이야기다. 우리는 안다. 내가 어려움에 처해보면 진정한 친구가 누구인지 가짜 친구가 누구인지를 구분할 수 있게 된다는 것을.

이걸 우리 사회 전체로 확대시켜보면 이렇다. '소외된 사람, 억울한 사람, 피해 입은 사람' 등은 항상 나오기 마련이다. 사회의 덩치가 클수록 더욱 많다. 이때, 종교는 무엇을 해야 하는가? 어느 곳에 서야 하는가? 구약성서 신명기에 그 해답이 있다.

> 땅에는 언제든지 가난한 자가 그치지 아니하겠으므로 내가 네게 명령하여 이르노니 너는 반드시 네 땅 안에 네 형제 중 곤란한 자와 궁핍한 자에게 네 손을 펼지니라.(신명기 15장 11절)

이런 상황에서 예수는 "마침 한 제사장이 그 길로 내려가다가 그를 보고는 피해서 지나갔다. 그리고 어떤 레위 사람도 그곳에 이르러 그를 보고는 피해서 지나갔다"고 고발한다.

제사장과 레위인이라……. 그들은 당시 사회의 기득권층으로 부와 명예와 권력을 모두 차지한 사람들이다. 조금 순화해서 표현하자면 종교 자체가 중요했던 사람들이다. 종교를 관리하고, 종교를 펼치고, 종교를 이어가고자 한 사람들이다. 문제는 '가르침과 삶이 어긋나는 사람들'이었다는 거다. 사회가 종교적일수록 또는 도덕적일수록 그런 현상은 심화된다. 앎과 삶이 나누어진다.

이런 종교주의자들은 사람보다 교리를 중요시한다. 사랑을 말하지만, 정작 사랑을 실천해야 할 결정적인 상황에서는 피해간다. 보는 사람, 아니 봐주는 사람이 없기 때문이다. 그들의 선행과 사랑은 오로지 전시적인 효과가 있을 때만 작용한다.

즉 사회적 지위와 명예를 더해줄 때만 작용한다. 그들의 심리는 이렇다. '강도 당한 사람 외엔 아무도 없네? 이 사람마저도 의식이 없군. 나만 모른 척 지나가면, 아무 일도 없을 거야. 갈 길도 바쁜데, 뭐하려고 수고를 해? 알아주는 사람도 없고, 나만 손해를 볼 텐데. 어이쿠, 이러다 나도 혹시 강도를 만날라. 빨리 여기를 떠나야겠다. 미안하긴 하지만 난 바빠서 그럼 이만.'

## 그래도 다행이다. 아직은 'but 사회'라서

이때 우리의 주인공 사마리아 사람이 지나간다. "그러나 어떤 사마리아 사람은 여행 중에 그 길로 지나다가 그를 보고 불쌍한 생각이 들었다"고 예수는 표현한다.

여기서 '그러나'는 영어로 'but'이다. 다행이다. 아직은 but이라 말할 수 있는 사회라서. 이웃에게 무관심한 사람이 많다. 'but' 그렇지 않은 사람도 많다. 이런 정도라면 아직 세상 살 만하지 아니한가. 우리 사회가 퍽퍽하고 살기 힘들다고 말하지만, 아직은 이웃을 돌아보는 사람이 적지 않다. 아직은 'and 사회'가 아니라 'but 사회'다. "정치인도 무관심하고 and 종교인들도 무관심하고 and 친구들도 무관심하다." 이러면 살 수 있을까? 그렇다. 아무리 우리 사회가 물질만능주의네, 이기주의네 해도 아직은 'but'가 우리 옆에 있다. 많은 사람들이 부와 성공을 따라 사느라 이웃을 돌아볼 여유가 없지만 'but' 나는 사랑의 길을 가겠다는 사람들이 곳곳에 있다. '착한 사마리아 사람'은 이웃에 대한 '연민'의 센스가 살아있는 사람이다. 이런 사람들이 우리 주위에 많아야 살 만한 세상이다.

여기서 잠깐. 왜 예수는 주인공을 사마리아 사람으로 설정했을까?

이스라엘은 솔로몬왕 이후 북왕조(이스라엘)와 남왕조(유다)로 나누어졌다. 당시 북왕조의 수도 역할을 했던 도시가 사마리아였다. 그런데 세월이 흐르면서 사마리아는 유대의 전통을 지키지 못한, 종교적 간음을 행한 도시로 낙인이 찍혔다. 반면 종교적 순수성을 지켰다는 자부심(선민의식)으로 똘똘 뭉친 남쪽 유다왕국에서는 사마리아 사람들을 무시했다. 따라서 성서 속에서 '사마리아 사람'이란 대부분 종교적 또는 사회적으로 소외된 사람을 뜻하는 말이다.

이런 사마리아 사람이 예수가 말한 '영원한 생명'을 행하려 하고 있다. 과부가 홀아비 심정을 잘 안다고, 아파본 사람이 아픈 사람의 심정을 잘 알기 마련이다. 사회로부터 소외당하고 버림받은 사람을 보면, 마치 자신의 모습을 보는 것처럼 여긴다. 동병상련이다.

## 종교는 '선한 사마리아인 양성소'가 되어야 한다

"그래서 그는 다가가 상처에 기름과 포도주를 붓고 싸맨 후 자기 짐승에 태워 여관까지 데리고 가서 간호해주었다. 이튿날 그는 두 데나리온을 여관 주인에게 주면서 이 사람을 잘 보살펴주시오. 비용이 더 들면 돌아오는 길에 갚아드리겠소 하고 부탁했다."

이 사람, 너무 오지랖 떠는 거 아냐? 상처를 치료해주고, 여관까지 데려다준 것으로 모자라 돈까지 주면서 환자를 보살펴달라니, 비용이 더 들면 더 주겠다니…….

요즘은 이런 아름다운 '오지랖 정신'이 그리운 시대다. 사실 두 데나리온은 그렇게 큰 돈은 아니다. 당시 한 데나리온은 노동자의 하루 품값이었다. 따라서 2016년 기준으로 따져보면 이틀 치 일당인 16만 원 정도가 된다. 돈의 액수가 아니라 그는 이웃에게 마음과 시간을 내었던 것이다.

아차차. 우리는 잠시 잊고 있었다. 그가 뭐하는 사람인지를. 성경에는 그의 직업이 나오지 않지만 적어도 그가 사마리아 출신이고, 지금은 여행 중이라는 것은 알 수 있다. 여행하는 사람. 이것은 우리의 인생을 대변해 주는 말이다. 우리는 어차피 지구별로 여행을 온 사람들이 아닌가. 여행을 왔으니 이 땅에 내 것은 아무것도 없다. 잠시 여행하는 동안 빌려 쓰는 것일 뿐.

이런 지구별 여행에서 우리가 살아갈 이유와 살맛을 느낄 때는 언제일까? 바로 사람과 사람, 이웃과 이웃이 서로를 보듬고 나눌 때다. 그는 그 맛을 알고 있던 사람이다. 누가 시킨다고 그리 할 수 있을까? 그걸 무슨 '고귀한 희생'이라고 생각했을까? 아니다. 그냥 '내가 하고 싶은 즐거운 일'쯤으로 생각했을 게 분명하다. 우리는 '내가 너에게로 이를 때, 네가 나에게로 이를 때' 종종 삶의 기쁨을 맛보곤 한다. 이것이 생명을 지지하고 응원하는 길이다.

눈치 챘겠지만, 사마리아 사람이 한 일이야말로 종교가 해야 할 일이다. 소외되고 버림받은 이웃을 치유하고, 회복시키는 일. 나아가 상처 난 인류를 적극적으로 치유하고 통합하는 일. 언제까지 그래야 할까? 강도를 만난 이웃이 다 나을 때까지다. 다 나아서 자립할 수 있을 때까지다. 종교는 그런 의미에서 '치유하는 충전소'가 되어야 한다. 또한 종교는 '선한 사마리아인 양성소'가 되어야 한다.

## 지금은 행동하는 지성과 영성이 필요하다

예수는 마지막으로 율법사에게 물었다. 아니 나와 당신에게 묻고 있다. "그러니 네 생각에는 이 세 사람 중에 누가 강도 만난 사람의 이웃이 되겠느냐?"

중요한 건 다른 사람의 생각이 아니라 바로 '나'의 생각이다. 이 글을 읽는 당신 생각은 어떠한가. 누가 강도 만난 사람의 이웃이 되겠는가. 우리는 순간마다 선택을 한다. 그때, 무슨 생각으로, 어떤 가치관으로 선택을 할 것인가. 효율과 경제성의 논리로 그들을 대할 것인가. 아니면 공동체성과 사랑의 논리로 그들을 대할 것인가.

그때 율법학자는 "그 사람을 불쌍히 여긴 사람입니다" 하고 대답했다. 예수는 그에게 "너도 가서 그와 같이 실천하라"고 했다.

예수 당시 율법학자라면 당시 사회를 기초하는 '율법'을 해석하고, 가르치는 선생이다. 이런 그가 뭐가 아쉬워서 예수에게 그런 질문을 했을까? 앞에서 이미 그 이유를 일러주었다. '자기가 옳다는 것을 보이려고' 그랬던 것이다. '자신을 옳게 보이려고 하는 것'을 우리는 '위선'이라고 한다. 성서 속 용어로는 '외식'이다. 사랑의 알맹이는 없고, 형식과 종교적 전통만을 중시하는 사람들이다. 섬겨야 할 사람보다 종교 자체가 중요한 사람들이다. 예수가 성서에서 줄기차게 "사탄의 자식들아. 화가 있을 것이다" 하고 욕한 사람들이다. '위선'도 눈꼴사나운데, 자신들이 정한 옳지 않은 사람 즉 종교적 의무를 행하지 못하는 소외된 사람들을 단죄하기까지 했다. 예나 지금이나 권력을 쥔 사람의 메커니즘은 비슷한가 보다.

율법학자는 예수에게 "내 이웃이 누구냐"고 물었다. 이웃에 대한 그의 개념은 매우 한정적이었다. 그가 생각한 이웃에는 '강도 만난 사람과 사마리아 사람'은 들어가 있지 않았다. 가족과 율법학자들, 제자들, 제사장과 레위인들만이 이웃이었다. 말하자면 자신을 유익하게 해주거나 편안하게 해주는 사람이어야 이웃이었다. 그러니 이웃에게 무엇을 줄 것인가, 이 사회를 위해 무엇을 할 것인가 고민해본 적이 없다. 사랑을 말하고, 종교를 말하지만, 그것은 어디까지나 자기중심적인 세계에 불과하다. 예수가 말하는 사랑은 대상을 가리는 선택적 친절이 아니라 모든 생명에 대한 무조건적 친절이다. 이것이 영원한 생명 즉 영생이다.

더 나아가 예수는 우리 사회와 종교를 향해 묻는다. "사랑하라는 '머리'는 있는데, 사랑하는 '손발'은 있는가"라고. 잔말 말고 바로 "너도 가서 그와 같이 실천하라"라고 한다. 문제는 '실천'이다. 실천하지 않는 지성은 공허한 메아리에 불과하다. 사랑은 연구하는 게 아니라 실천하는 것이다. 종교도 마찬가지다.

# 우리는 항상
# 사랑을 선택합니다

---

안양에 있는 지인 목사의 교회당 입구에는 이렇게 씌어 있다.
"우리는 항상 사랑을 선택합니다." 볼 때마다 참 대단한 구절이라 생각된다.
곱씹어볼 만하다 싶어 당신과도 나누고자 한다.

## 우리는 매순간 선택을 하며 산다

평범한 직장인을 예로 들어보자. 아침에 일어나자마자 세수부터 할 것인가, 용변부터 볼 것인가 선택해야 한다. 세수를 한다 해도 머리부터 감을지 말지 선택해야 한다. 용변부터 본다 해도 대변을 먼저 눌지, 소변을 먼저 눌지 선택해야 한다. 혹자는 "뭘 그걸 선택하나? 급한 것부터 나오겠지"라고 말할지도 모른다. 하지만, 우리의 뇌는 그 순간에도 선택을 한다. 순식간에 세면을 해치우고 나서는 밥을 먹고 나갈지 말지, 혹은 밥을 먹을지 빵을 먹을지 선택해야 한다.

이렇게 이야기하다 보면 끝이 없다. 그만큼 짧은 순간순간 우리는 선택을 하고 산다. 간혹 우리는 "나도 모르게 그만……"이라고 말할 때가 있다. 하지만 '나도 모르는' 그 순간에도 우리의 뇌는 선택을 한다. '무의식'의 이름으로.

우리는 한 사람이 무언가를 선택하는 것을 '취향' 또는 '성향'이라고 한다. 하지만, 성향 또는 취향이란 한 사람의 선택 스타일일 뿐, 무언가를 선택하게 하는 근본 원인은 아니다. 그렇다면, 선택의 순간에 작용하는 근본적인 것은 무얼까?

무언가를 선택했다면, 그럴 만한 이유가 있을 것이다. 무의식적인 선택이라 해도 마찬가지다. 우리는 '그럴 만한 이유'를 '가치관'이라고 부른다. 한 사람이 무언가를 선택할 때는 가치관이 작용한다. 무의식적인 선택의 순간에도 가치관이 작용한다. 어떤 선택이든 가치관이 작용하지 않는 순간은 없다. 여기서 '가치'란 사물의 객관적·절대적인 성질이 아니라 주관적·상대적인 측면을 주로 말한다. 말하자면 객관적인 세계에 대한 내면의 판단기준이다. 이것은 곧 우리가 우주와 상대하는 고유한 방식이기도 하다. 우주란 나 자신을 포함한 세상의 모든 것이다. 다시 정리하면 '나를 포함한 전 우주와 상대하는 나만의 관계방식'이 바로 가치관이다.

'나를 포함한 전 우주'라고 굳이 표현한 것은 우리가 종종 그 진실을 간과하기 때문이다. 자기 자신을 어떻게 대할 것인가의 선택은 참으로 중요하다. 그 선택이 평생 자신을 행복하게도, 불행하게도 할 테니까(이 선택에 대한 자세한 내용은 마지막 장에 가서 만날 수 있다). 자신을 많이 사랑하는 사람은 세상을 많이 사랑할 테고, 자신을 많이 미워하는 사람은 세상을 미워할 수밖에 없다. 이것은 이기적인 자기애와는 다르다. 이기적인 자기애는 사실은 자신을 미워하는 상태다. 자신에 대한 열등감이 그 바탕에 깔려있다.

자신을 대하는 방식에서 뭔가 조화롭지 못한 상태다.

우리는 자기 자신을 사랑하는 사람, 자기 자신을 존중하는 사람을 '자존 감'(자아 존중감)이 높은 사람이라고 말한다. 행복한 사람들의 공통된 특징 이기도 하다. 일차적으로 우리가 사랑해야 할 대상이자 주체가 바로 우리 자신이기 때문이다. 우리는 어쩔 수 없이 자기 자신으로부터 출발해서 '너' 에게 이르고, '우리'에게 이르고, '우주'에 이른다. 이런 메커니즘을 깨우친 사 람은 그 역도 가능하다. 우주에서 우리에게로, 우리에게서 너에게로, 너에게 서 나에게로. 이런 흐름이 자연스러운 사람을 우리는 '조화로운 사람, 사랑 의 사람'이라고 말한다.

## '이기적인 유전자'와 종교가 만나는 지점

하지만 "당신이 리처드 도킨스의 '이기적인 유전자'를 알게 된다면, 그따위 낭만적인 말은 할 수 없을 것"이라고 누군가 나에게 일러줄 수 있을지도 모 르겠다. 도킨스의 이론에 따르면, 당신과 나는 단지 유전자(DNA)를 운반하 고 재생산하는 도구에 지나지 않기 때문이다. 그 유전자는 어떤 생물체를 희생시켜서라도 자신을 닮은 유전자를 번식시키고자 한다. 설령 우리가 이 타적인 행동을 할 때조차도 유전자는 이기적인 계산을 염두에 둔다. 그래 서 도킨스는 이를 '이기적인 유전자'라고 명명했다.

그렇다면 이기적인 유전자의 생명체인 우리는 근본적으로 이기적인 존 재인가? 우리는 모두 이기적인 유전자의 가치관대로 선택하는 것인가? 그 렇기도 하고, 아니기도 하다. 만일 우리 인간을 이기적인 유전자의 운반 체로만 보면 당연히 그렇다. 하지만, 종교적인 관점에서 보면 전혀 그렇지 않다.

이기적인 유전자와 종교가 만나는 지점은 어딜까? 바로 인류의 상태를 진단하는 지점이다. 종교는 인류를 '근본과 단절된 상태'라고 본다. 그 단절된 관계를 이어주고, 치유하고, 통합하기 위해 종교가 있다. 그런 시각으로 보면, 이기적인 유전자는 생명의 근원과 떨어지면서부터, 어떡하든 살아보려고 발버둥치는 유전자의 본능이라 할 수 있다.

구약성서 창세기의 말씀대로라면, 에덴동산에서 쫓겨난 아담과 이브의 생존본능이다. 이 본능은 생명체라면 모두 가지고 있는 보편적 본능이다. 우리는 이것을 '에고의 본능'이라 말한다. 그 본능은 세상을 '생존경쟁, 약육강식'으로 보는 가치관으로 완성된다. 바로 앞에서 말한 대로 종교는 그 상태를 '뭔가 결함이 있는 상태'라고 본다. 그래서 종교는 "결함이 있는 상태를 함께 탈출해보자"고 말한다. 종교는 '인류로 하여금 이기적인 유전자를 떠나 사랑의 유전자에로 건너가게 하는 다리'다. 여기서 '사랑의 유전자'란 성서 속의 '영원한 생명'을 말하며, '원초적 생명' 즉 우리의 뿌리를 말한다.

## 세상의 모든 생물이 이기적인 유전자에 충실하지는 않았다

세상의 모든 생물체가 이기적인 유전자의 본능에만 충실했다면 이 지구는 어떻게 됐을까? 실제로 모든 생물체가 그 논리에 충실하긴 한 걸까?

러시아의 위대한 학자 크로포트킨은《만물은 서로 돕는다》를 통해 단호하게 "아니다"라고 말한다. 그의 책은 인간을 비롯한 다양한 생물의 '상호부조로 인한 번성의 현장'을 생생하게 보여준다. 그는 "이 지구별에는 동종 간에 상호부조하는 종이 가장 번성해왔다"고 일러준다. 우리 지구별에서 가장 번성한 생명은 '식물과 곤충'이다. 동종간의 상호부조는 물론, 상호간에도 상호부조하며 지구별을 지배해왔다. 그중 '꽃과 꿀벌의 상호부조'가 좋은 사례다.

이렇게 보면 인간보다는 흔히 하등생물이라고 폄하하는 곤충과 식물이 좀 더 수준이 높아 보인다.

다행히 이제 우리 인류도 상당 수준에 올라와 있다. 최고의 고지인 '깨달음'은 불교의 표현으로 해탈, 열반이라 할 수 있다. 기독교로 말하면 '거듭남'을 넘어 성화'를 뜻한다. 일반적으로 말하면 '신'(God)이라 할 수 있다. '최상의 가치, 최고의 가치'를 신이라고 한다면 말이다. 우리는 '이기적인 유전자의 의식수준'에서 벗어나, '사랑의 유전자의 의식수준'으로 가야 한다.

## 왜 하필 'God is love'일까?

이때, 정상의 모든 단계를 통합할 수 있는 실체가 있다면, 그것이 바로 사랑이라고 나는 말하고자 한다. 신약성서에서 신을 표현하는 단어가 몇 가지 있는데, 그중 단연 눈에 띄는 구절은 이것이다. "사랑하지 아니하는 자는 하나님을 알지 못하나니 이는 하나님은 사랑이심이라."(요한일서 4장 8절) God is love! 실로 놀라운 선언이다. 사랑하지 않는 사람은 신을 만날 수도, 알 수도 없다. 불교에서는 '자비의 길', 유교에서는 '인의 길', 이슬람교에서는 '관용의 길'이라고 표현되는, 그런 길이다.

이런 선언을 한 요한은 예수의 직제자다. 요한은 예수의 무엇을 보았기에 그렇게 말했을까? "또 네 이웃을 사랑하고 네 원수를 미워하라 했다는 것을 너희가 들었으나 나는 너희에게 이르노니 너희 원수를 사랑하며 너희를 박해하는 자를 위하여 기도하라."(마태복음 5장 43절~44절). 예수는 공생애 기간 동안 늘 '이에는 이, 눈에는 눈'이라는 고대사회의 보편적인 사회 메커니즘을 뒤집었다. 간음하다 현장에서 잡혀온 가련한 여인을 대할 때도, 안식일에 몸이 아파 자신을 찾아온 사람에게도, 모두 '율법'보다 '사랑'을 행했다. 이런 예수의 행동을 바로 옆에서 지켜본 제자 요한은 예수를 통해 신을 만났다. 그 신은 다름 아닌 '사랑'이었다. 요한 앞에 걸어 다닌 예수가 신이고 사랑이라니, Oh my God is love!

　지인 목사의 조그만 교회당 입구에 붙어있는 "우리는 항상 사랑을 선택합니다"란 말은 "무엇이든 선택할 수 있지만, 굳이 사랑을 선택하겠다"는 의미다. 기독교회 말로 표현하면 '하나님의 나라 실현'이다. 그 사랑을 선택할 때, 나와 당신을 포함한 우주에서는 놀라운 변화가 일어난다. 우리의 선택 하나가 세상을 치유하고, 이기적인 유전자의 길이 아닌 사랑의 유전자의 길로 우주를 바꾸기 시작한다. 영원한 생명의 길(영생)로 우주를 인도한다. 이것은 특별한 종교적 경험이 아니라 일상의 선택을 통해 일어날 우주적 사건이다. 지구의 모든 생명체가 일상의 소소한 선택 하나에서부터 '사랑의 유전자의 길'을 선택하는 그날을 꿈꾸며, 종교는 그 길을 선택하는 자리에 서야 한다.

# 종교는 도약의 구름판?
# 타락의 번지점프?

---

나는 내가 지은 다른 여러 책에서도 밝혔듯이 '인생은 평생공부'라고 생각한다.
우주적 관점에서 보면 '우주를 대하는 나의 관계방식'이 성숙해가는 과정이다.
종교적으로 말하면 '신(사람)을 대하는 방식' 즉 '사랑의 성숙'이라 말할 수 있다.
무엇보다 이것을 가능하게 하는 것은 '삶의 내적 에너지'다.
이런 평소 나의 생각과 놀랍도록 비슷한 주장을 했던 사람이 '데이비드 호킨스'다.
이제 앞에서 틈틈이 이야기했던 그의 의식수준 지도를
좀 더 상세하게 살펴볼 때가 되었다. 아래 내용은 호킨스 박사가
지구별에 내놓은 놀라운 결과물인 '에너지(의식) 수준'을 내 나름대로 요약한 것이다.

## 아래 단계의 에너지 수준들

### 에너지 수준 20(수치심)

수치심의 수준은 죽음에 가깝다. 수치심은 흔히 의식적인 자살로 이어진다. 이 수
준에서는 생명을 지지할 에너지가 거의 제로 상태다. 수치심은 자신을 학대하고,

우울해하고, 세상을 회피한다.

## 에너지 수준 30(죄책감)

죄책감은 죄에 대한 집착으로 귀결된다. 종교 선동가들은 '모든 사람은 죄인'이라고 선동하며 죄책감에 사로잡히게 한다. 죄책감에 빠지면, 세상뿐만 아니라 자신을 용서할 줄 모르게 된다.

## 에너지 수준 50(무감정)

이 수준의 특징은 '가난, 절망' 등이다. 세상을 염세적으로 본다. 이 수준의 사람은 희망이 없으므로 살아갈 의지 또한 약하다. 매사에 무덤덤하며, 무언가 도전해 오면 귀찮아한다. 노숙자나 사회낙오자들의 수준이다.

## 에너지 수준 75(슬픔)

비애, 상실, 낙담의 수준이다. 일순간의 슬픔이 아니라 지속적인 슬픔의 상태다. 이 수준은 자신의 패배를 슬퍼하며 거기에서 헤어 나오지 못한다. 상습적 노름꾼들의 수준이며, 자신에게 주어진 기회(건강, 직업, 친구, 가족 등)를 스스로 잃어버리곤 한다.

## 에너지 수준 100(두려움)

두려움은 인격의 성장을 제한하고 억압한다. 두려움은 종교가 발생하게 된 원인이기도 하며, 종교가 흔히 이용해 먹는 도구이기도 하다. 반면, 앞의 세 가지 수준에 비하면 건강하다. 상위단계로 올라갈 에너지가 조금이나마 있기 때문이다.

### 에너지 수준 125(욕망)

이 수준은 한창 에너지가 왕성하다. 흔히 성공하고자 하는 욕구, 출세하고자 하는 욕구 등이 여기에 속한다. 욕망의 수준은 기회이면서 동시에 위험하다.

### 에너지 수준 150(분노)

분노는 두 가지 종류가 있다. 사적인 분노와 세상의 불합리에 대한 공적인 분노. 분노는 자칫 잘못하면 생명을 파괴하는 불길에 휩싸이게 된다. 반면에 잘 다스리면 사회를 변혁하는 대대적인 운동으로도 이어진다.

### 에너지 수준 175(자부심)

오늘날 인류 대부분이 동경하는 수준인 자부심은 정체성을 요구하며, 정체성의 만족을 추구한다. 한 집단에 속해 있는 데서 오는 안정감을 기반으로 하고 있다. 하지만 자부심은 세상을 분열시키고 파벌을 만드는 주범이 되기도 한다.

## 상위 단계의 에너지 수준들

### 에너지 수준 200(용기)

용기란 철저히 '생명을 지지하는 자발성'에 기인한 것이다. 자부심과 욕망 또한 용기를 발휘하게 만들기도 하기 때문이다. 이때부터 자기보상과 자존감은 점차 강화된다. 상위 수준으로 이끄는 역동적인 에너지 수준이다.

### 에너지 수준 250(중립)

중립적이라는 것은 상대적으로 결과에 집착하지 않음을 뜻한다. 자기 마음대로 하지 못해도 크게 개의치 않는다. 그들은 기본적으로 '갈등, 경쟁, 죄책감' 등에 관심이 없어서 자유롭다.

## 에너지 수준 310(자발성)

이 수준은 자존감이 높다. 자발성은 인정, 공감, 보상의 형태로 사회로부터 받는 긍정적 피드백에 의해 강화된다. 이런 사람들은 사회의 공익을 추구하고, 세상을 건설적으로 이루어간다. 자발성은 '자부심'이란 보상의 유무와 관계없이 세상을 자발적으로 사랑한다.

## 에너지 수준 350(수용)

이 수준에서는 자신이 곧 인생경험의 근원이자 창조주라고 이해한다. 밖이 아니라 내면에서 삶의 근원을 찾는 능력이 있다. 편견, 선입견, 왜곡 등이 아닌 세상을 있는 그대로 보는 능력이 있다. 조화로운 사람이다.

## 에너지 수준 400(이성)

대량의 복잡한 데이터를 처리할 수 있고, 신속 정확한 판단을 내릴 수 있으며, 여러 관계와의 점진적 변화, 미세한 구별의 복잡성을 이해할 수 있다. 노벨상 수상자, 위대한 정치가의 수준이다.

## 에너지 수준 500(사랑)

사랑은 무조건적이고, 변치 않으며, 영속적이다. 이 수준에서는 모든 경계의 구별이 무의미해지고 생명에 대한 무조건적인 친절로 나타난다. 모든 위대한 종교는 이 수준에서 시작해서 이 수준을 넘어선다.

## 에너지 수준 540(기쁨)

사랑이 점점 더 무조건적으로 되어감에 따라 내면의 기쁨으로 나타난다. 매순간 내면에서 기쁨을 길어내며, 다른 사람을 치유하는 에너지가 저절로 나온다. 성인,

영적 치유자 등이 여기에 속한다.

### 에너지 수준 600(평화)

'초월, 참나 각성, 신 의식' 같은 경험을 하는 수준이다. 주체와 객체 간의 구별은 사라지고, 지각에는 특정한 초점이 없다. 형식적 종교를 초월하며, 모든 종교가 추구하는 순수한 생명에 자리 잡는다.

### 에너지 수준 700~1000(깨달음)

이 수준의 사람은 참나와 온전히 합일한 상태이며, 신성과 동일시된다. '나와 아버지는 하나'라고 말한 예수처럼 말이다. 내면에는 무한한 은총과 평화의 강이 흐른다. 붓다, 예수 등이 여기에 속한다.

## 물리학 양자도약에서 우리의 도약을 배운다

위 분류 기준을 보면서 내 수준을 살펴보는 것도 중요하지만, 정말 우리가 궁금한 건 단 한 가지다. 우리는 지금 수준에서 다음 수준으로 도약할 수 있는가? 만일 그렇다면 언제 도약할 것인가? 답을 찾기 위해서는 '양자물리학'을 좀 살펴볼 필요가 있다.

양자(quantum)란 물리학 용어로 '에너지·전하·각운동량을 비롯한 물리적 성질을 나타내는 불연속적인 최소단위의 물리량'을 말한다. 전기량과 같이 전기소량(전기량의 최소단위)의 정수배로 되어 있는 경우를 나타내는 단위로 특히 복사 에너지에 대하여 분할할 수 없는 최소의 에너지양을 말한다.

여기서 우리는 '양자 도약'(quantum leap)이라고 하는 획기적인 개념을 만나게 된다. 양자역학에서 에너지는 비탈처럼 쭉 이어져 있는 것이 아니라 계단처럼 단계별로 불연속적인 상태다. 여기서 낮은 단계의 에너지 상태가 한 단계 높은 에너지 상태로 도약하는 것을 '양자도약'이라고 한다. 이를 '전이'라고도 하는데, 피코초(1조분의 1초)보다 더 짧은 시간에 일어나는 게 특징이다.

에너지가 도약할 때 필요한 것은 빛이라고 부르는 전자기파와의 공명이다. 더 높은 단계의 높이에 해당하는 만큼의 에너지 광자를 가진 빛을 흡수해야 전이가 가능하다. 마찬가지로 더 낮은 에너지 상태로 옮겨가려면 계단의 높이에 해당하는 만큼의 에너지 광자를 가진 빛이 방출되어야 한다.

앞서 말한 '의식수준의 지도'는 바로 이런 양자역학과 상통한다. 먼저 둘다 '에너지'의 흐름을 말한다. 또한 둘 모두 '비탈길처럼 연속적이지 않고 계단처럼 불연속적이다.' 즉 단계가 구분이 된다. 한마디로 시간이 되면, 저절로 한 상태에서 다른 상태로 넘어가는 게 아니라는 이야기다. 또한 한 단계에서 다른 단계로 넘어갈 때는 계단 높이만큼의 빛이 필요하다.

양자도약은 얼핏 서서히 이루어지는 것처럼 보이지만 순식간에 이루어지는 것이 특징이다. 이런 양자도약의 관점으로 우리의 의식수준을 그대로 설명할 수 있다는 건 참으로 놀라운 일이 아닐 수 없다. 사실은 세상 모든 원리가 결국은 통한다는 점에서 놀라울 건 없지만 말이다.

## 달란트는 재능의 양이 아니라 에너지의 양이다

우리는 처음 태어날 때 받은 에너지의 수준 즉 의식의 수준이 있다. 물론 그 수준은 각자 다를 수 있다. 호킨스에 의하면 "개인이 한 생애에 한 수준에서 다른 수준으로 이동하는 것은 흔치 않은 일"이라고 한다. 의식수준도 양자역학처럼 계단과 같이 형성되어 있기 때문에 시간이 지나면서 저절로 상승해가는 게 아니라는 이야기다.

하지만 빛(에너지의 스파크)의 도움만 있다면 언제든지 도약이 가능하다. 의식수준에 있어서 빛이란 '종교적 계시, 내적 에너지의 발현, 깨달음' 등으로 표현될 수 있다. 물론 도약의 순간에는 엄청난 에너지가 필요하지만, 그 순간은 길게 이어지는 게 아니라 순간적이다. 도약이 있기까지 많은 고통과 에너지가 뒷받침되지만, 도약하는 그 순간은 그야말로 찰나다. 그렇게 도약하고 나면 직전의 단계보다 높은 의식이 다가와 있음을 알 수 있게 된다. 나의 경험으론 분명히 그랬다.

내가 겪은 도약은 이렇다. 개인적으로 고등학교를 자퇴하고 방황했을 때, 20대에 어머니가 돌아가셨을 때, 부산에서 모든 것을 뒤로하고 경기도로 떠나왔을 때, 노자의《도덕경》을 읽고 무릎을 쳤을 때, 안성 일죽에서 마지막으로 살던 집을 털어먹고 쫓겨나왔을 때, 2014년도에 나를 힘들게 하는 세 명의 사람과 사투를 벌이고 났을 때 등이다. 물론 이런 종류의 경험은 나의 것이기도 하지만 우리 인류 모두의 것이기도 하다.

'quantum'은 물리학에서는 '양자'라고 번역되지만 일반 사전에서는 '분량, 몫, 액수' 등으로 번역된다. 그런데 '분량' 또는 '몫'이라는 뜻에서 우리는 한 가지를 발견하게 된다. 그것은 곧 '달란트'와의 관계다.

신약성서에 자주 등장하는 '달란트'를 많은 사람들이 '재능'이라고 생각하지만, 사실 그건 '재능'이 아니라, 각자 받은 '에너지'를 뜻한다. 신이 우리에게 삶을 줄 때, 각자의 그릇에 맞는 에너지를 주었던 것이다. 그것이 바로 달란트다.

어떤 사람은 타고난 에너지가 강해서 좀처럼 넘어지지도 않고, 넘어지더라도 곧 털고 일어난다. 반면에 타고난 에너지가 약한 사람은 조금만 바람이 불어도 넘어지곤 한다. 하지만 신은 '선천적으로 부여받은 에너지의 양'을 문제 삼지 않았다. 오히려 그 에너지를 풍성하게 했느냐, 그대로 두었느냐를 두고 판단을 했다. 양자물리학으로 보면 도약을 했느냐, 그대로 머물렀느냐의 차이로 판단을 한 것이다.

## 우리는 언제 도약하는가

그렇다면 도약을 할 수 있는 순간은 언제인가. 두 가지 경우가 있다. 소극적으로는 고난을 당할 때이고, 적극적으로는 의미가 부여될 때다.

고난을 당할 때는 지금 각자가 처한 수준의 바닥을 치는 과정이다. 고난은 도약을 갈망하게 하고, 끊임없이 에너지를 공급한다. 고난을 당하는 자체가 아니라 고난을 받아들이는 자세가 도약을 불러온다. 고난을 당한다고 해서 모든 사람이 도약을 하는 것이 아닌 이유다. 오히려 어떤 사람은 타락을 하기도 한다. 한 집에서 태어나 함께 자란 한 가정의 형제자매들이 같은 고난을 당해도 받아들이는 정도와 성숙하는 정도가 다른 것은 모두 이런 이유에서다.

어쨌든 현재 의식수준의 바닥을 칠 때, 우리는 그 바닥을 딛고 도약할 수 있다. "내게 왜 이런 고난이?"라고 자책하기보다 "이 고난이 내게 무엇을 주려고 왔는가?"라고 묻는 게 훨씬 도움이 된다. 뭔가 삐걱거리는 고난이 왔을 때는 아직 그 분야에 공부할 게 더 남았다고 생각하면 딱 맞다.

하지만 상위단계로 올라가면 단순한 고난이 아니라 우주와 생명의 본성을 이해하는 능력에 따라 도약이 일어난다. 바꿔 말하면 삶과 우주에 대한 의미와 동기가 제대로 부여될 때 도약이 일어난다. 종종 정신적 고통과 고난을 수반하기도 하지만, 그와는 별도로 정신세계에서 이루어지기도 한다. 헤르만 헤세의 소설 《데미안》에 나오는 유명한 구절, "새는 알을 깨고 다른 세상으로 나오려 한다"처럼 '알 깨고 나오기'는 평생 이루어져야 할 우리의 길이기도 하다.

이처럼 '깨달음의 빛'이 도착했을 때 비로소 도약이 가능하다. 내 개인적으로는 '경계 없는 독서'가 깨달음의 빛을 종종 불러왔다. 다른 사람은 또 다른 경험으로 가능할 것이다. 이처럼 깨달음의 빛을 얻는 방식은 각자 다르다. 하지만 어떤 식의 경험이건 결국 '자기성찰과 우주성찰이 이루어져야 내적 에너지가 쌓이는 건 분명하다. 내적 에너지가 쌓여야 도약의 에너지를 순간적으로 발휘할 수 있다. 말하자면 내공이 쌓여야 한다는 거다. 기도도 명상도 독서도 모두 자기 성찰의 통로들이다.

## '영원의 불꽃', '생명의 불꽃'

그런데, 양자역학의 원리로는 설명할 수 없는 우리의 에너지 수준이 있다. 한 사람이 지금 어느 수준까지 올라와 있다 하더라도, 그의 내면에는 다양한 의식수준이 혼재해 있다는 사실이다. 예컨대 지금 그가 용기의 수준(200)에 와 있다 하더라도, 여전히 마음 한쪽엔 두려움의 수준(100)이 숨어있을 수 있다. '지킬박사와 하이드'가 공존을 할 수 있다는 얘기다.

하지만 가장 중요한 것은 '생명의 도약이 일어나고 있는가'다. 도약의 빛은 과연 무엇일까? 그 빛은 어디에 있다가 우리에게 올까? 종교적으로는 그것을 '영원의 불꽃'이라 하고, 생명의 관점에서는 '생명의 불꽃'이라 한다. 그 불꽃은 각자의 내면에 웅크리고 있다. '웅크리고 있다'는 얘기는 우리가 그것을 깨우기만 하면 언제든 일어날 준비가 되어 있다는 얘기다.

이런 도약의 길에서 종교가 해야 할 일은 무엇일까? 앞에서 나는 우주와 생명 자체의 본성을 이해하는 능력에 따라 도약이 일어난다고 말했다. 그렇다면 종교는 인류에게 그런 '앎과 에너지'를 공급하고 있는가? 희망이 없다고 하는 이들에게 끊임없이 삶의 의미를 부여하고 있는가? 우리 속에 있

는 '생명의 불꽃'을 깨우고 있는가, 꺼뜨리고 있는가? 생명을 도약하게 만드는
가, 아니면 타락하게 만드는가? 종교는 도약의 구름판일까, 타락의 번지점프
일까? 누가 말한 것처럼 종교는 '아편'일까, 아니면, '생명'일까?

# 자유를 찾아
# 자유하라

2000년 6월 어느 날, 나는 비로소 자유의 세계를 맛보는,
일생일대의 중요한 사건을 하나 만났다. 그 이야기를 풀기 위해 잠시
내가 걸어온 길을 이야기해야겠다.

## 나의 '출애굽' 날짜는 1999년 12월 31일

나는 기독교 모태신앙자다. 어렸을 적부터 할머니와 어머니의 영향을 받아 교회를 다녔다. 기도원에서 주여! 주여! 외치며 통성기도도 해봤고, 성령체험을 하면서 방언기도도 했다. 고등학교 1학년 말, 가난한 집안형편 때문에 자퇴를 하고 헤매던 당시에도 교회는 빼놓지 않았다. 오히려 그런 방황이 극에 달했을 때도 교회를 찾아 기도했다. 이렇게 기도를 하다가 예수를 만났다. 천지개벽의 체험을 하고 삶이 달라졌다. 그 후 검정고시에 합격하고,

부산신학교(기독교대한성결교회)로 진학해 목회자 수업을 받았다. 이렇게 나는 착실하게(?) 평범한 목사가 될 준비를 하고 있었다.

하지만 전도사 시절 부산의 어느 교회에서 보조목회를 하면서, 내적 고민이 쌓이기 시작했다. '경계 없는 독서' 덕분(?)이었다. 한국 교회, 이대로 좋은가? 한국 사회, 이대로 가도 되는가? 나는 어떻게 살아야 하는가? 이런 고민들은 나로 하여금 부산에서 탈출하게 만들었다. 그래서 아내와 여섯 살짜리 딸, 아내의 뱃속에 있는 아들(임신 6개월)을 데리고 무작정 상경을 했다. 1999년 12월 31일이었다. 나는 지금도 이날을 나의 개인적인 '이집트 탈출'이라고 생각한다. 20세기를 건너 21세기를 맞이하게 될 날이었다. 나의 자유를 향한 몸짓은 이때 시작되었다. 뭔가 도저히 풀리지 않아 감옥 같던 그곳(정확하게 말하면 당시 나의 내적 갈증)을 탈출해서 경기도에 자리를 잡았다. 그곳에서 트럭으로 고물을 주워 모아 팔면서 가정을 꾸렸다.

## 노자의 물처럼 살리라

이때, 자유를 맛보는 일생일대의 중요한 사건이 하나 발생했다. 노자의 《도덕경》을 읽었을 때다. 거기서 나는 자유의 세상을 맛보았고, 고민을 한 꺼풀 벗게 되었다. 그날 내 의식을 통째로 바꾼 것은 본문이 아니라 머리말 해설 부분에서 만난 문장 하나였다. "물은 그릇에 따라 자유롭게 자기 형체를 바꾸지만 어떠한 경우에도 무너지지 않는 자기를 갖고 있다." 이 구절 하나가 나의 삶의 수수께끼를 풀어놓았다. 원효가 해골바가지 물을 마시고 깨달았다는, 바로 그런 순간이었다.

물은 네모 통에 담으면 네모가 되고, 세모 통에 담으면 세모가 된다. 하지만, 결코 물은 자기의 본질을 잃지 않는다. 그렇다. 내가 어떤 사람, 어떤 종교와 어울리건 '나는 나'라는 본질은 변하지 않는다는 거다. 나는 이것도 될 수 있고, 저것도 될 수 있는 자유가 있다. 나는 물처럼 살리라. 나는 이후 나의 이름을 '일해'(一海)라고 지었다. 물처럼 바다처럼 살고 싶어서였다.

그 후 공자를 만나면서 자유의 의미를 더욱 확고하게 다졌다. 《논어》에서 공자는 "군자(君子)는 화이부동(和而不同)하고, 소인(小人)은 동이불화(同而不和)니라"(23장) 하고 말했다. 군자는 다른 이와 화합하기는 하나 동화되지는 않고, 소인은 다른 이와 동화되기는 하나 진정으로 화합하지 못한다는 말이다. 공자가 말한 '군자의 길'과 노자가 말한 '물의 길'이 어쩜 이리도 닮았을까.

더불어 만난 불교의 가르침은 좀 더 자유의 길을 선명하게 해줬다. '자타불이' 또한 자유를 일러준다. '남과 내가 하나'라 하지 않고, 굳이 '남과 내가 둘이 아니다'라고 쓰는 것은, '우리는 하나'라고 하는 패거리의식과 구별되기 때문이다. 사실은 '자타불이'보다 '이이불이'가 자유를 좀 더 선명하게 나타내준다. 이이불이, 즉 '둘이지만 둘은 다르지 않다'는 뜻이다. 세상 모든 존재가 한 뿌리로부터 왔다는 근본에 이를 때조차, '이이불이'라는 깨달음은 자유의 매력을 발산한다. 둘인 듯 하나이고, 하나인 듯 둘인 게 자유다. 한 뿌리에 속하지만 엄연히 개별적인 것, 이게 바로 자유다.

나는 가끔 입버릇처럼 "현 지구별에서 제일 좋은 종교는 불교라고 생각한다"고 말하곤 한다. 그러면 사람들은 "그렇게 불교가 좋으면 스님이 되어보라"고 이야기한다. 그럴 때면 "내겐 불교도가 되거나 기독교도가 되는 것은 크게 의미가 없다"고 말한다. '나는 이미 노자가 말한 대로 물처럼 자유로운 사람으로 살고 있다'고 속으로 말하면서 말이다. 에구구! 이렇게 말하면 내 속마음이 소문나겠네. 하하하하하.

## "모든 종교는 자유에 살고 자유에 죽는다"

사실 모든 종교적 가르침은 자유로 시작해서 자유로 끝난다. 불교의 가르침의 핵심은 "세상은 고해의 바다이고, 이 고해의 근본원인은 집착(욕심)이다. 그러니 집착으로부터 자유(무고집멸도)하여 진정한 자유의 세계(열반, 해탈, 피안)로 가자"는 것이다. 기독교의 가르침의 핵심은 "세상은 죄악의 세계이므로 예수를 통해 죄 사함을 받고, 구원받아 하나님 나라로 가자"는 것이다. 이슬람의 가르침의 핵심은 "지하드(성전)를 통해 억압의 세상을 탈출하여 억압이 없는 공동체 즉 움마를 건설하자"는 것이다. 모든 종교적 가르침들의 공통점은 모두 어딘가에서 탈출해서 어딘가로 가자는 것이다.

이것을 에리히 프롬이 명확하게 설명해주었다. '~로부터의 자유'에서 '~에로의 자유'라고. 일차적으로는 우리를 구속하고 얽매는 무언가로부터 탈출해야 하지만, 궁극적으로는 그것만으론 부족하다. '~로부터의 자유'를 쟁취한 사람이라면 '~에로의 자유'를 추구해야 한다. 그렇지 않으면 그 자유정신은 옛날이 그리워 다시 돌아가기 때문이다.

모세를 따라 이집트를 탈출했던 이스라엘 백성들은 광야에서 시도 때도 없이 모세를 원망했다. "거기서 백성이 목이 말라 물을 찾으매 그들이 모세에게 대하여 원망하여 이르되 당신이 어찌하여 우리를 애굽에서 인도해 내어서 우리와 우리 자녀와 우리 가축이 목말라 죽게 하느냐."(출애굽기 17장 3절) 이런 식의 원망이 출애굽기에 가득하다. "이집트 시절, 그때가 좋았다. 그때는 최소한 배불리 먹고, 잘 집은 있었다"는 원망이 대부분이었다. 마치 많은 어르신들이 "그래도 유신시절이 좋았다"고 회상하는 것과 닮아있다. 그들은 자유를 저당 잡힌 '배부른 노예'로 살던 때를 그리워하고 있는 것이다.

어쨌든 자유의 원리는 헤겔이 말한 정반합의 변증법에서 보기 좋게 만난다. '정'으로 시작해서, 거기서 나와 '반'으로 가지만, 궁극적으로 가야 할 길은 '합'이다. 동양의 중용의 길과도 통하는 길이다. 양극단을 아우르면서 조화로운 길을 걷는 것, 이 길이 바로 자유의 길이다.

우리가 세상의 모든 '자부심'이라는 작은 정체성에서 벗어나 '우주심'이라는 더 큰 정체성으로 가는 것이야말로 진정한 자유다.

## 용기를 내는 자만이 자유를 맞이할 수 있다

그렇다면 어떻게 한 발 더 나아갈 수 있을까. '용기'다. "사람들이 불행한 것은 이미 자기 자신 안에서 불행하기로 결정했기 때문"이라고 아들러는 말한다. 이를 아들러의 목적론이라 한다. 이는 또한 《미움 받을 용기》(인플루엔셜)에서 누차 강조하고 있는 핵심적인 메시지이기도 하다. 사람들은 모두 변하고자 하는 데서 찾아오는 '불안'보다, 차라리 변하지 않아서 오는 '불만'을 선택한다. 변하려고 하면 많은 에너지가 필요하다. 뿐만 아니라 변한 후의 세상은 아직 가보지 않은 미지의 세계, 즉 불안한 세계다. 그런 불안한 모험을 하느니 차라리 지금까지 살아온 방식대로 살기를 선택한다. '살아온 대로 사는 게 불편하고 불만스럽긴 하지만, 불안한 것보단 낫다'고 자위하면서. 이런 사람으로 하여금 '불만'을 넘어 '불안'으로 가게 하는 것이 바로 '용기'다. 그래서 '미움 받을 용기'가 자신을 도약하게 만든다.

공자는 "나이 열다섯에 배움에 뜻을 세우고(지학), 서른 살에 자립하였고(이립), 사십에는 미혹되지 않았고(불혹), 오십에는 천명을 알았고(지천명), 육십에는 귀가 순해졌으며(이순), 칠십에는 마음대로 해도 도를 넘어서지 않았노라(종심)"고 자신의 길을 고백한다. 공자가 말한 연령대별 칭호는, 사실은 나이의 흐름이 아니라 의식의 흐름이며, 우리가 평생 높여가야 할 의식수준의 단계다. 무엇보다 '종심', 그것이 바로 자유의 길이다. 쉽게 말해 "꼴리는 대로 살아도 거칠 게 없더라" 하는 말이다.

자유는 거저 주어지지 않는다. 항상 용기가 필요하다. 용기 앞에 주저하는 개인도 사회도 자유를 가질 자격이 없다. 자신의 인생의 주인공이 되려는 자는 반드시 용기를 내야 한다. 우주의 주인공으로서 세상을 조금이라도 변화시키려는 자는 용기를 내야 한다.

## 자유를 원한다면서 구속을 원하다니……

여기서 잠깐. 왜 사람들은 그토록 자유를 바라면서도 자유를 버리고 살까? 자유가 좋은 줄은 누구나 알지만, 실상은 자유를 바라지 않는 사람들처럼 살고 있다. 무슨 말이냐고? 당신이 진정 자유를 좋아한다면, 왜 그토록 특정 집단(가정, 회사, 학교, 국가 등)에 소속감을 가지려고 애를 쓰는가? 그 집단으로부터 떨어지면 죽을 것처럼 두려워하는가? 오늘도 우리들 대부분은 소속감에 얽매여 자유를 저당 잡히고 산다.

그 메커니즘은 권력의 속성과도 통한다. "지도자는 겉으로 드러내고 추종자는 내면에 간직한다"고 버트런드 러셀은 《권력》(열린책들)에서 말했다. 사람들이 기꺼이 권력자(독재자 등)를 따르는 것은 그 권력자를 통해 자신의 권력을 얻으려고 하기 때문이다. 권력자가 무언가를 이루어내면 사람들은 마치 자신이 이루어낸 것처럼 보람을 느낀다. 그들은 집단의 성공이 자기 개인의 성공이라고 여긴다.

다수의 사람들은 자유를 저당 잡히고 권력에 복종하면서 그 대가로 '안정'을 받아낸다. 그리고 '안정'이라는 곳에서 떨어질까 두려워하고 있다. 권력자는 이것을 이용하고, 추종자는 이것을 허락할 뿐이다. 이런 메커니즘은 기업이나 국가뿐만 아니라 종교에도 여전히 통하고 있다. 우리는 이제 우리의 자유를 구속하는 그 모든 것들로부터 '출애굽'해야 한다. 세상의 모든 수직적 관계에서 수평적 관계로 나아가야 한다.

　사실은 우리 자신을 구속하는 것은 세상의 그 무엇이 아니다. 사람들은 누구나 익숙한 관점을 포기하는 것을 힘들어 한다. 그래서 대부분의 사람은 자신의 관점과 신념체계를 바꾸느니 차라리 죽음을 택할 것처럼 보인다. 결국 사람들을 자유하지 못하게 하는 것은 세상이 아니라 자기 자신이다. 자신의 시야에 갇혀 허우적대는 자신이야 말로 자유를 구속하는 주범이다.

　그러므로 성서 속 '출애굽기'는 개인적으로는 우리 자신의 내면이, 사회적으로는 사회의식이 이루어내야 할 우리들 자신의 이야기다. 자유를 향한 우주의 탈출기다. 그 순간 우리는 항상 '자유해야 한다는 생각'에서조차 자유해야 한다. 그리고 종교는 항상 세상을 향해 이렇게 말해야 한다. "진리를 알지니 진리가 너희를 자유케 하리라."(요한복음 8장 32절)

# 우리는 얼마만큼
# 하나로 연결되어 있을까?

---

어떤 사람은 목사가 교회에서 목회나 하지 사회운동을 왜 하느냐고 묻는다.
신부가 성당에서 미사나 집전하지 데모의 자리에 왜 나서느냐고, 승려가 절에서
부처님이나 모시지 정치적 발언을 왜 하냐고, '좌빨'이나 하는 짓을 성직자들이 왜
하느냐고 묻는다. 이런 질문이 얼마나 무의미한지 곧 보여주겠다.

## 모든 문명에는 비슷한 창조신화가 있다

어느 문명에나 공통적으로 있는 것이 창조신화다. 특히 구약성서의 창조
신화는 하도 많이 들어서 기독교인이 아니더라도 많은 부분을 알고 있다. 여
기서 굳이 지면을 할애해서 말하지 않아도 될 만큼. 그래서 잠시 히브리문
명 이외의 창조신화를 간단하게 살펴볼까 한다. 아래 내용은 김정아의 책
《닮은 듯 다른 모습, 세계의 창조신화》(조선일보)를 인용하고 참조한 것이다.

240

먼저 히브리문명과 인접한 그리스문명의 창조신화부터 살펴보자. 그리스 신화에 따르면 태초의 세상은 하늘도 땅도 구분되지 않는 하나의 어둠 덩어리였다. 이 혼돈 속에서 대지 '가이아'가 태어나 땅이 만들어졌다. 그리고 사랑의 신 '에로스'와 맑은 밤의 여신 '닉스', 땅 속의 칠흑 같은 어두움의 남신 '에레보스'가 탄생했다. 닉스와 에레보스는 에로스의 힘을 빌려 땅 위를 비추는 밝은 빛의 남신 '아이테르'와 낮의 여신 '헤메라'를 낳았다. 이들에 의해 밤과 낮, 땅속의 어둠과 하늘의 빛이 생겨났다. 가이아는 홀로 '우라노스(하늘)', '폰토스(바다)'를 낳고 우라노스와 교접을 통해 천둥, 번개, 벼락 등 대자연의 힘을 상징하는 신들을 낳았다.

중국의 천지창조 신화에 따르면 아주 먼 옛날 세상은 하늘과 땅이 한데 섞여있는 어두운 알과 같은 모습이었다. 이 알 속에서 태초의 신 '반고'가 나타났다. 1만 8,000년 동안 알 속에서 잠을 자며 자라난 반고는 커다란 도끼로 알을 깨고 나왔다. 이때, 알 속에 있던 물질 중 가벼운 것들은 위로, 무거운 것들은 아래로 내려가 하늘과 땅이 생겨났다. 반고는 나눠진 하늘과 땅이 다시 붙지 않도록 하늘과 땅을 받쳐 들었는데, 날마다 3미터씩 자라나 하늘과 땅이 차츰 멀어지게 되었다.

이렇게 다시 1만 8,000년의 시간이 지나 하늘과 땅이 지금과 같이 멀리 떨어지게 되었으나, 반고는 너무 힘이 들어 쓰러져 죽고 말았다. 죽은 반고의 숨결은 바람과 구름이 되었고, 목소리는 천둥과 번개가 되었다. 반고의 왼쪽 눈은 해가, 오른쪽 눈은 달이 되었다. 머리카락과 수염은 별, 팔과 다리는 산과 언덕, 피부는 논과 밭이 되었다. 반고의 뼈는 금, 은 등의 광물이 되었고, 피와 땀은 강과 비와 이슬, 몸에 난 털은 나무와 풀이 되었으며, 반고의 영혼은 새와 동물, 물고기, 벌레 등이 되었다.

이렇게 세상이 창조되었지만, 아직 세상에는 사람이 없었다. 사람을 만든 것은 '여와'라는 여신인데, 여와가 진흙탕에 넣었다 뺀 덩굴을 휘둘러 떨어진 진흙방울들이 사람이 되었다.

인도문명에는 다양한 창조신화가 전해지고 있다. 그중 하나는 프라자파티 신화다. 그에 따르면 태초에는 깊고 어두운 원시 바다만이 있었다. 이 바다에서 만들어진 금 달걀이 9개월 동안 떠다니다 그 안에서 조물주인 프라자파티가 나왔다. 프라자파티가 내뱉은 첫 단어는 지구가 되었고, 그 다음 단어는 하늘이 되고 계절이 나뉘어졌다.

프라자파티는 남성도 여성도 아닌 중성이었으나, 외로움을 견디지 못해 자신을 둘로 나눠 남편과 부인이 되었다. 그리고 이들은 불, 바람, 해, 달, 새벽이라는 다섯 명의 자식 신을 만들었다. 이때 시간이 만들어졌고 프라자파티는 시간의 화신이 되었다. 프라자파티는 새로 탄생한 다섯 명의 신 중 유일한 딸인 새벽에게 애욕을 품고 접근한다. 그러자 다른 신들이 프라자파티를 벌하기 위해 세상의 모든 두려운 것을 모아 루드라(시바)를 탄생시켰다. 루드라는 프라자파티에게 활을 쏘아 상처를 입혔고, 상처를 입은 프라자파티가 태초의 씨앗을 흘려 모든 것이 창조되었다.

이집트의 천지창조 신화인 헬리오플리스 신화에 따르면 태초에는 오로지 어두운 혼돈의 물인 '눈'만이 존재했다. '눈'은 나일강을 의미하기도 하는데, 이곳에서 '모든 것'을 뜻하는 신 '아툼'이 태어나 원시의 언덕을 창조했다. 아툼은 홀로 공기의 신인 '슈'와 증기의 신인 '테프누트' 남매를 낳았는데, 슈와 테프누트는 부부가 되어 땅의 남신 '게브'와 하늘의 여신 '누트'를 낳게 된다. 게브와 누트는 다시 결합하여 다섯 남매를 낳았는데, 아버지인 슈는 게브와 누트의 교제를 반대해 동침하고 있던 게브와 누트를 갈라놓은 후 누트에게 별을 만들게 했다고 한다.

우리 민족에게도 창조신화가 있다. 신라시대 박제상이 지은 《부도지》에 마고성의 이야기가 나오는데, 이게 바로 우리 민족의 창조신화다. 《부도지》에 따르면 지상에서 가장 높은 마고성의 여신인 마고에게는 두 딸이 있는데, 이들에게서 황궁, 백소, 청궁, 흑소의 아들 딸 각 1명씩, 총 8명의 아이들이 태어났다. 이들이 또 각각 3남 3녀를 낳았고, 몇 대를 지나 자손이 3,000여 명이 되었다. 성 안의 사람들은 품성이 순수하여 능히 조화를 알고, 지유(地乳)를 마시므로 혈기가 맑았고, 수명은 한없이 길고, 누구나 스스로를 지켰다. 그러던 어느 날 백소씨의 일족인 지소씨가 지유 대신 포도를 먹고 다른 사람에게도 먹게 함으로써 5미(味)의 맛에 취하고, 다른 생명을 취함으로써 천성을 잃게 되고 수명이 줄어들게 되었다. 이 때문에 이들은 성에서 쫓겨났고, 성 안에도 지유가 끊어져 모든 사람들이 풀과 과일을 먹게 되었다. 이 사태에 대하여 모든 사람들의 어른인 황궁씨가 책임을 지고 마고 할머니 앞에 복본(復本: 근본으로 돌아감)을 서약한다.

## 창조신화들 왜 닮았나 봤더니

이와 같이 모든 문명에 나름의 천지창조 신화가 있는 건 우연일까? 우연이라 하기에는 각 창조신화 사이에 비슷한 점이 너무나 많다. 그리스문명과 인도문명의 창조되기 전 '혼돈' 장면은 구약성서 속 창세기의 장면과 너무나 닮았다. 뿐만 아니라 창조 전 모습도 놀랍도록 비슷하다. 중국문명은 "아주 먼 옛날 세상은 하늘과 땅이 한데 섞여있는 어두운 알과 같은 모습"이라 했고, 이집트문명에서는 "태초에는 오로지 어두운 혼돈의 물인 '눈'만이 존재했다'고 한다. "알 속에 섞여있던 물질 중 가벼운 것들은 위로, 무거운 것들은 아래로 내려가 하늘과 땅이 생겨났다"는 중국신화에서도, "하나님이 궁창을 만드사 궁창 아래의 물과 궁창 위의 물로 나뉘게 하시니 그대로 되니라. 하나님이 궁창을 하늘이라 부르시니라"(창세기 1장 7~8절) 하는 히브리신화에서도, 공히 땅과 하늘은 원래 하나였는데 창조시절에 나누어진 걸로 말하고 있다.

사람(아담)을 흙으로 만들었다는 히브리신화를 우리는 알고 있다. 마찬가지로 중국신화에서도 "사람을 만든 것은 '여와'라는 여신인데, 여와가 진흙탕에 넣었다 뺀 덩굴을 휘둘러 떨어진 진흙방울들이 사람이 되었다"고 묘사한다. 그 이름마저도 '여호와'와 '여와'라니, 놀랍지 아니한가. 중국문명과 히브리문명 중 누가 표절했을까? 표절이 아니라면 어찌 이런 일이 있을 수 있을까?

그런데 더욱 놀라운 것은 우리 민족의 창조신화 중 한 장면이다. "백소씨의 일족인 지소씨가 지유 대신 포도를 먹고 다른 사람에게도 먹게 함으로써 5미(味)의 맛에 취하고, 다른 생명을 취함으로써 천성을 잃게 되고 수명이 줄어들게 되었다. 이 때문에 이들은 성에서 쫓겨났고, 성 안에도 지유가 끊어져 모든 사람들이 풀과 과일을 먹게 되었다"는 바로 이 장면 말이다. 어디서 많이 보았던 장면 아닌가? "이브가 먼저 선악과를 따먹고, 아담에게도 먹게 하고, 부끄러움에 취해 숨고, 신으로부터 여자는 '해산의 고통'과 남자는 '노동의 고통'을 부여받고, 에덴동산에서 쫓겨났다"는 시나리오다. 도대체 둘 중 어느 문명이 표절한 것일까?

사실은 이 모든 궁금증을 털어버릴 수 있는 우주기원설이 하나 있다. 현재 지구별에 나온 학설 중 가장 널리 인정받는 빅뱅설이다. 이 설에 의하면 "오늘날 우주에 존재하는 모든 물질과 에너지는 작은 한 점에 갇혀있었다.

우주 시간 0초의 폭발 순간에 그 작은 점으로부터 물질과 에너지가 폭발하여 서로에게서 멀어지기 시작했다. 이 물질과 에너지가 은하계와 은하계 내부의 천체들을 형성했다"는 것이다.

하나의 점이 나누어지고 멀어지면서 세상이 창조되었다는 '빅뱅설'은 각 문명의 창조신화와 너무나도 닮아있다. 사실 우리가 각 문명의 창조신화들의 비슷한 점을 살펴보면서 한 가지 놓친 게 있다. '신'이라고 묘사되는 어떤 존재가 세상을 창조했다는 점이다. 결국 모든 창조신화는 물론 '과학'에 근거한 빅뱅설도 세상 만물이 한 뿌리로부터 왔다는 것을 말해주고 있다. 그렇다면 각 문명의 창조신화들이 닮아있거나 비슷한 것은 오히려 자연스러운 일이다.

## '인연법', 우주 속 모든 것이 연결된 법

앞장에서 살펴본 불교의 '자타불이' 또는 '이이불이'가 얼마나 과학적인 이야기인지 알면 새삼 놀라게 된다. 분명히 둘이지만, 그 둘은 다르지 않다는 이야기는 세상 모든 만물의 개별성과 전일성을 동시에 보여주는 깨달음이다.

"하나의 티끌 속에 온 우주가 들어있다"는 불교의 가르침은 우주의 전일성을 분명하게 드러낸다. 하나의 수사적 표현이 아니라 너무나도 실제적이다. 하이젠베르크, 아인슈타인, 보어, 벨 등 인류가 탄생시킨 위대한 과학자들은 우리에게 놀라운 한 가지 진실을 선물했다. 그것은 '우주의 모든 것은 서로 조금씩 의존하고 있다'는 것을 증명한 것이다. 말하자면, 우주 속에 있는 어떤 것이라도 그것을 분석해보면, 우주의 공통적인 정보가 들어있다는 거다. 우주 속 어떠한 것도 우주의 일부이자 우주의 전부라는 이야기다. 그러기에 서로서로 영향을 주고, 영향을 받는다.

불교의 가르침 중 인연법은 이런 우주의 원리를 제대로 드러내준다. '인'

은 결과를 발생케 하는 직접적인 원인을, '연'은 간접적이며 보조적인 원인을 말한다.

예컨대 내가 키운 텃밭 감자(나는 아내와 함께 100평 정도 텃밭 농사를 짓고 있다)를 보자. 감자를 수확했다. 그 감자는 어디에서 왔을까? 아내가 안성장터에서 사온 감자 모종으로부터 왔다. 감자 모종은 장터 장사꾼이 농부에게서 돈을 주고 사온 것이다. 애초에 '씨감자'에서 출발한 것이다. 감자는 씨감자로부터 왔다는 것이 바로 '인'이다.

하지만, 이 감자가 살아나고, 자라나기 위해선 '씨감자'만으론 부족하다. 거름과 물을 줘야 하고, 비가 내리고, 태양이 내리 쬐고, 흙이 감싸줘야 한다. 이런 것들이 없으면 감자는 죽는다. 감자는 결코 홀로 자라날 수 없다. 간접적인 원인들이 제공되어야 감자는 산다. 감자를 살린 간접적인 원인들을 일러 '연'이라 한다. 이러한 현상을 모두 합하여 '인연화합'이라 하고, 그 원리를 '인연법'이라고 한다. "작은 종이 한 장에 모든 우주가 들어있다"는 불교적 표현은 '인연법'의 정수라고 하겠다.

## 보이는 우주는 보이지 않는 우주의 표현

눈에 보이는 우주만을 우주라고 한다면 '인연법'을 설명해내기가 어렵다. 우리 눈에 보이지 않는 우주가 항상 우리 곁에 존재한다고 해야 '인연법'을 설명할 수 있다. 그렇다. 우리 앞에는 '보이는 우주'와 '보이지 않는 우주'가 공존한다. '보이는 우주'란 말 그대로 우리의 눈에 보이는 현상이나 공간으로서의 우주를 말한다. 반면 '보이지 않는 우주'란 그 현상과 공간 이면에서 인연을 만들어 이어주는 우주를 말한다.

지구별에서 건축한 '최고 건축물'들의 '높이 레이스'를 보면 흥미롭다. 프랑스 파리의 에펠탑은 312미터로 미국 뉴욕 크라이슬러 빌딩(319미터)이 건축

되기 전까지 세계에서 제일 높은 건물로 통했다. 하지만, 23년(1931~1954년)에 걸쳐 지어진 미국 뉴욕의 엠파이어스테이트 빌딩(443.2미터)이 곧 나타나 지구별의 강자로 등극했다. 그러자 어떡하든 미국을 넘어서고 싶어 하는 중동에서 새로운 강자가 떠올랐다. 아랍에미리트의 두바이에 세워진 버즈 칼리파(움마, 즉 이슬람 국가의 지도자 겸 종교 권위자를 일컫는 말) 빌딩은 무려 828미터다. 엠파이어스테이트 빌딩보다 거의 배나 되는 높이다.

여기서 우리는 한 가지 사실을 놓쳐선 안 된다. 그렇게 어마어마한 빌딩(보이는 우주)들도 처음엔 어떤 한 사람의 의식(보이지 않는 우주) 속에서 시작되었다는 것을 말이다. 한 사람의 의식이 여러 사람의 의식으로 확장되고, 돈이 모이고, 사람이 모여 만들어낸 작품인 게다. 보이지 않는 우주들이 서로에게 영향을 미쳐 보이는 우주를 창조해냈다.

이런 패러다임으로 세상을 본다면, 이 세상에 생긴 모든 현상들에는 우연이란 없다. 모든 게 인연이 되고, 영향이 되어, 우리 곁에 와 있다. 흔히 말하는 '우연'이란 '보이지 않는 우주를 무시한 데서 오는 세상 바라보기'에 불과하다. 세상 만물은 거미줄처럼 촘촘하게 서로에게 영향을 주며 '보이지 않는 우주'로 연결되어 있다.

## 우리 안에서 우주가 만난다

그렇다면 우주와 연결되는 곳이 우리 몸에 있는가? 있다면 어디일까? 그렇다. 바로 뇌다. 데이비드 호킨스는 "인간의 뇌는 우주의 에너지 장과 연결되어 있는, 자신이 안다고 생각하는 것보다 훨씬 더 많은 것을 알고 있는 경이로운 컴퓨터"와도 같다고 역설했다. 말하자면 "우리의 뇌(개별적 인간 마음)는 어떤 거대한 데이터베이스에 연결된 컴퓨터 단말기와도 같다"라는 것이다. 심지어 그는 "모든 생각은 의식의 거대한 데이터베이스에서 빌려온 것일 뿐 정말로 내 것이었던 적은 없었다" 하고 고백한다.

여기서 말한 거대한 데이터베이스란 무얼까? 우주다. 우주를 우리 자신에게 적용하면 '무의식'이라 할 수 있다. 칼 융에 의하면 '집단무의식'이다. 집단무의식은 개인적 무의식(개인적 경험)과 달리 전 인류에 공통되며 뇌의 선천적 구조에서 비롯되는 무의식을 말한다. 이것은 개인이 인식하지 못하는 기억과 충동을 모두 포함하며 인류의 원형 즉 보편적인 원초적 상과 관념을 포함한다. 그래서 "집단무의식은 인류의 모든 공유 경험의 바닥 없는 저수지"란 표현이 가능하다. 우리는 여기서 '데이터베이스=집단무의식=보이지 않는 우주'란 공식을 도출해낼 수 있다.

이런 진실에 이르면 우리는 깨닫게 된다. 우주에서 배제되어야 하거나 소외되어야 할 존재는 하나도 없다는 것을. 지금 우리 옆을 지나가는 바퀴벌레 하나도 일부러 재미삼아 죽어서는 안 된다. 노숙자 한 명도 함부로 대할 존재는 아니라는 이야기다.

또한 우리 개인의 성공(승리)은 개인적인 것이 아니라 인류의 것이며, 우주의 것이라는 것도 잊지 말아야 한다. 우리의 성공은 "의식의 거대한 데이터베이스에서 빌려온 것일 뿐"이기 때문이다. 이런 생명연대의식이 있는 사람이 세상에서 성공하고 승리해야 이 지구별이 좀 더 살기 좋아지지 않을까?

이토록 전 우주가 끈끈하게 연결되어 있는데, 명색이 '종교인'이 오로지 특정 종교적 장소와 특정 종교적 의식 속에만 머무른다면, 그야말로 비종교적인 것이 아닐까? 세상의 근본을 말하며, 근본과의 통합과 치유를 말하는 종교인이라면 그 누구보다 세상, 즉 전 우주에 관심을 가져야 한다.

# 생명지지의 길과
# 생명부정의 길

---

방 안에 앉아서 컴퓨터 하나로 세계를 돌아다니고, 쇳덩이로 만든 물체를 타고 달나라를
오가는 이 시대에, 생명에 대한 확실하고 통일된 규정이 없다는 건 놀라운 일이다.
브리태니커 대사전도 '생명은 생물이 기본적으로 가지는 속성이지만 그것을 과학적으로
규정하기는 힘들다'고 말하고 있다. '뭐라고 딱 꼬집어 말할 순 없지만, 분명히 살아있는
그 무엇'이라고나 해야 할까? 그만큼 생명의 세계는 오묘하고 신비하다.

## 생명의 속성 보니 천생 가족일세

확실한 규정을 짓지는 못하지만 '생명의 속성'은 있다. 생명이라면 어떤 것이
든 공통적으로 가지는 속성이다. 그것을 다섯 가지로 정리하면 다음과 같다.

1. 성장한다. 2. 물질대사를 한다. 3. 외부적으로나 내부적으로 움직인다. 4. 자
신과 닮은 개체를 생산해내는 생식기능이 있다. 5. 외부 자극에 반응한다.

249

물론 예외는 있다. 노새는 새끼를 낳지 못한다. 노새는 암말과 수탕나귀 사이에서 난 잡종이다(반대로 수말과 암탕나귀 사이에서 나온 새끼는 버새라고 한다). 그렇다면, 노새는 생식기능이 없으므로 생명이 없다고 할 수 있는가? "무슨 개 풀 뜯어먹는 소리냐"고 할 수도 있다. 그렇다. 노새는 생식기능은 없지만 세포 하나하나는 분열할 수 있다. 노새의 세포 역시 번식과 생장을 한다는 이야기다. 이렇듯 '자신과 닮은 개체를 생산해내는 생식기능이 있다'는 생명의 네 번째 속성은 우리 인류에게도 많은 것을 생각하게 한다.

하지만 다섯 가지 속성보다 더 중요하고 핵심적인 속성이 하나 더 있다. 그건 바로 '모든 생명의 근원은 하나'라는 속성이다. 말하자면 '모든 생명의 뿌리는 같다'는 얘기다.

이런 진실은 '만인이 모두 같은 가족'이라는 것을 넘어 '만물이 모두 같은 가족'이라는 걸 말해준다. 이것은 곧 쥐와 내가 같은 한 가족이라는 이야기다. 쥐도 나도 생명의 다섯 가지 속성을 공유하고 있는 걸 보면 잘 알 수 있다. 더 놀라운 건 쥐와 인간의 DNA가 97.5% 일치한다는 거다. 참고로 침팬지는 99%, 돼지는 98%, 개는 80%가 일치하며, 식물인 바나나는 50%가 사람과 일치한다(모든 일치 퍼센트는 학자마다 의견이 조금씩 다르다). 식물이나 아메바와 같은 단세포라도 사람의 DNA와 적어도 50% 내외로 일치한다는 것은 인간과 만물의 뿌리가 같다는 증거다.

그거 아는가. 우리는 집에서 우연히 바퀴벌레와 눈이 마주칠 때마다 놀라 호들갑을 떨지만, 사실은 우리보다 사람을 본 바퀴벌레가 더 놀란다는 걸. 바퀴벌레 하나라도 인간 위주가 아니라 그들의 입장에서 한 번쯤 생각해보는 것이 바로 '만물 가족 의식'이다.

여기서 우리는 다음과 같은 결론을 내릴 수 있다. "생명을 지지하는 길은 자기 자신을 지지하는 길이요, 생명을 부정하는 길은 자기 자신을 부정하는 길"이라고. 이 진실은 우리가 왜 생명을 지지하는 길을 걸어야 하는지 잘 말해주고 있다.

## 사자가 사슴을 잡아먹는 것도 '생명지지 현상'이다

사실 모든 생명은 다른 생명을 지지하도록 프로그래밍 되어 있다. 언젠가 나의 아내가 투명한 컵에 벤자민 가지 셋을 담가놓은 적이 있다. 신기하게도 그 가지에서 뿌리가 나왔다. 자신의 생명을 튼튼하게 하기 위해 가지가 뿌리를 만드는(뿌리가 가지를 만드는 일반적인 현상을 넘어서) 것은 '생명의 생명지지의 길'을 강력하게 보여준다. 사실 나무는 고도가 높아질수록 대기 중의 산소가 적어지면서 더 작아지게 된다. 큰 몸집으로는 적은 산소를 먹으며 살기 힘들다는 걸 나무가 알기 때문에 스스로의 몸을 작게 만드는 생명지지 현상이다.

당신은 현재의 지구별을 지배하는 생명의 강자를 인류라고 생각할지 모른다. 하지만, 이건 어디까지나 인간의 오만한 착각에 불과하다. 개체수로 볼 때, 지구별에서 제일 많은 종은 곤충이다. 눈에 보이는 무게로만 따지면, 지구별의 주인공은 표면을 뒤덮고 있는 식물이다. 곤충과 식물은 지구별 생명의 최고 강자로서 손색이 없다.

그런데, 이 두 생명이 지구별을 지배할 정도로 강한 생명으로 자라날 수 있었던 근본적인 이유가 있다. 둘이 서로를 지지하고 돕는 상생의 관계라는 점이다. 우리는 '꿀벌과 꽃'의 공생관계를 잘 알고 있다. 그들은 '생명부정의 길'이 아니라 '생명지지의 길'을 함께 걸었다.

그렇다면 동물들끼리의 먹이사슬은 어떻게 바라봐야 할까? 그 문제의 해답은 동학의 교조 최제우에게서 찾을 수 있다. 최제우는 그런 현상을 '기식'이라고 명명했다. 초식동물이 식물을 먹고, 그 초식동물을 육식동물이 잡아먹는 것을 자연스러운 생명현상이라고 본 것이다. 말하자면 동물이 풀을 먹는 것을 식물의 생명을 몸속에 모셔 생명을 이어가는 현상이다. 동물이 동물을 잡아먹는 것 또한 마찬가지다. 사자가 사슴을 잡아먹는 장면에서 우리는 '생명지지의 길'을 발견한다. '약육강식과 생존경쟁'이 아니라 '생명지지 현상'을 보는 것이다.

## 인간은 왜 그토록 생명부정의 길에 노출되어 있었나?

여기서 잠깐. 모든 생명이 생명을 지지하도록 프로그래밍 되어 있다면, 우리 인간은 왜 생명부정의 길을 멀리하지 못할까? 앞에서 분명 "모든 생명은 생명을 지지하도록 프로그래밍 되어 있다"고 하지 않았는가? 무언가 잘못되었나? 뭔가 뒤틀려져 있나?

그 이유는 우리 인류가 다른 생명 종보다 너무 영악하기 때문이다. 현생 인류를 '호모 사피엔스 사피엔스'라고 한다. 4만~5만 년 전에, '호모 사피엔스(지혜로운 사람)가 다른 호모(호모 에렉투스, 호모 하빌리스)들을 물리치고 인류의 강자로 등극했다. 호모 사피엔스는 다른 호모들을 용납하지 않았고, 오로지 독식을 추구했다. 그렇게 할 수 있었던 것은 바로 '호모 사피엔스의 뇌의 발달' 덕분이다. 그래서 현생인류인 호모를 '사피엔스(지혜로운 - 뇌가 발달한)'라고 한다. 얼마나 지혜로운지 스스로를 일러 '호모 사피엔스 사피엔스'라고까지 한다. 우리는 이토록 '자뻑의 대가'들이며, '생존경쟁의 황제'들이다. 현생 인류는 이렇게 다른 생명들과는 달리 독보적인, 하지만 생명현상에서 뒤틀어진 길을 걸어왔다. 그러면서 그 길을 정당화하고, 자기합리화를 해왔다.

잘못된 정보가 잘못된 선택을 하게 만든 결과다. 잘못된 정보란 세상을 '상생'이 아닌 '경쟁'으로 보게 만드는 정보를 말한다. 예를 들자면, 정자와 난자의 만남을 굳이 생존경쟁으로 설명하는 식이다. "네 인생을 봐라. 아빠의 수억의 정자가 엄마의 난자를 향해 돌진하지만, 결국 그중에 한 마리만 난자에 입성하지 않느냐. 너의 인생 출발 자체가 생존경쟁이야"라고.

하지만, 이 현상을 조금만 다시 생각해보자. 마지막 승리를 거머쥔 한 마리의 정자는 자신만의 힘으로 거기에 도달한 게 아니다. 수억의 정자들이 함께 출발해서, 러닝메이트로 함께 뛰어줬기에 가능하다. 난자에 골인한 정자는 함께 뛰어준 수억의 러닝메이트를 잊지 말아야 한다. 이것은 모든 생명의 원초적인 본능 즉 '오롯이 생명이 생명을 지지하는 생명현상'으로만 설명이 가능하다. 이것은 곧 '너에게 좋은 것이 나에게도 좋다'는 것과 같은 가르침이 종교적인 동시에 과학적 사실이라고 설명해주고 있다. 이 현상을 굳이 생존경쟁의 논리로 설명하고 싶다면, '남과 같이 서로 도와가면서 가다가, 결정적인 순간에 조금 앞서가는 것'이라고 해야 한다. 말하자면 '남을 죽이고 짓밟아야 앞서 간다'는 논리는 아니다.

우리는 그동안 출발부터 그릇된 생명정보(생존경쟁이라고만 보는)로 인식해왔다. 하지만, 이젠 제대로 보아야 할 때가 되었다. 그래야 생명부정의 길이 아닌 생명지지의 길을 선택할 수 있다.

## 우리가 생명을 지지하면 생명은 우리를 지지해준다

'다른 생명을 부정해서 또 다른 생명을 지지한다'는 것은 생명의 법에서는 있을 수 없다. 이것은 마치 '평화를 지키기 위해 전쟁을 한다'는 자가당착과도 같다.

오히려 역으로 우리가 생명을 지지하면 생명은 우리를 지지해준다. 예컨대 우리의 뇌에서 분비되는 호르몬은 '생명지지의 길'과 '생명부정의 길'을 구분한다. 생명지지의 길을 선택할 때는 엔도르핀이 분비되어 장기 기능을 강화시켜주고, 온몸을 건강하게 만들어준다. 반면에 생명부정의 길을 선택하면 뇌는 아드레날린을 분비해서 면역력과 장기의 기능을 약화시킨다. 이처럼 다른 생명을 지지하면 자신의 생명을 튼튼하게 해주고, 다른 생명을 부정하면 자신의 생명을 약화시킨다. 이러한 생명원리는 생명과 생명 사이에도 똑같이 적용된다.

여기서 잠깐. 우리가 생명을 지지한다고 하는 건 뭘까? 쉽게 생각해봤다. 생명을 지지한다는 것은 생명을 응원하는 것이라고. 모든 생명은 생명을 살아내고, 생명을 이어가고, 생명을 번창하려 한다. 이러한 세상 모든 생명들에게 응원을 보내자. 뿐만 아니라 가까이 있는 우리의 가족과 친척, 이웃들에게도 응원을 보내자. "당신이 어떤 삶을 살더라도 난 항상 난 당신을 응원해." 이 길이 바로 생명지지의 길이다.

이제 분명해졌다. 세상에는 크게 두 가지의 길이 있다. 생명의 눈으로 보면 '생명지지의 길과 생명부정의 길'이 바로 그것이다. 중립이란 없다.

그동안 종교에서 수시로 외쳐왔듯이 우리 인간이 지금까지 '근본(생명)과 단절되어 있는, 그래서 뒤틀려져 있는 존재로 살아왔다면 이제는 '단절된 생명의 근본'과 연결하여 살아야 할 때가 되었다. 종교는 이 길을 열어야 하고, 이 길을 선택해야 하고, 이 길을 오롯이 살아내야 하고, 이 길을 가지고 세상을 살려야 한다. 이것이 종교의 핵심이자 책임이다.

# 시대정신과
# 종교의 길

시대정신이란 '한 시대의 지배적인 지적 · 정치적 · 사회적 동향을 나타내는 정신적 경향'을 말한다. 그렇다면, 당신은 지금 우리 시대의 시대정신을 뭐라고 보는가? 또한 우리 시대에 어떠한 시대정신이 존재한다면, 그 정신 앞에 종교는 어디에 서 있어야 하는가? 또 지금과 미래의 우리 시대를 이끌어가야 할 시대정신은 뭐라고 보는가?

## 지금 우리 시대는 세 가지 시대정신이 지배한다

지금 우리 시대는 누가 뭐래도 산업화시대다. 인류 역사상 '듣보잡'(듣지도 보지도 못한 잡스러운)의 시대로, 획기적인 현대문명을 이뤄냈다. 이러한 획기적인 진보 앞에 인류는 크게 세 가지로 반응을 보인다. 앞으로 그 세 가지를 다룸과 동시에 또 다른 혁명적인(말 그대로 혁명적인) 시대정신을 구해보고자 한다.

서구 유럽에서는 16세기 이후 상업적 농업이 발달하기 시작했다. 17세기

255

영국에서는 드디어 상업 자본주의 시대를 열었다. 자본주의적 생산방식이 출현하고, 수공업이 발달하면서 획기적인 혁명을 이뤄냈다. 그것을 우리는 '18세기 산업혁명'이라 부른다. 그러니까 자본주의는 산업혁명 이후에 태동된 게 아니라 이미 16~17세기에 자리 잡아가던 시대정신이었다.

자본주의라는 시대정신은 '이윤 추구를 목적으로 하는 자본이 지배하는 경제체제'를 말한다. 16~18세기에 걸쳐 태동하고 발전한 자본주의가 현재까지도 지구별을 점령할 줄 누가 알았겠는가. 인간의 모든 활동의 기저에는 자본이 깔려있고, 모든 가치가 경제적으로 환산되는 시대가 이어져 오고 있다. 2016년 현재 우리 사회의 시대정신은 누가 뭐래도 자본주의정신이다.

그 와중에 생긴 또 하나의 시대정신이 있다. 그건 바로 허무주의다. 철학자 니체가 "신은 죽었다"고 선언한 것은 허무주의 시대정신을 그대로 반영한 거다. 4대째 목사 집안의 아들로 태어난 니체가 왜 신이 죽었다고 했을까? 신이 죽었다면 신이 살았던 때도 있었다는 이야기가 아닌가? 또한 신이 죽었다면 스스로 죽은 것인가, 아니면 누군가 살해한 것인가? 니체가 말한 신은 무엇을 의미하는가?

니체가 말한 신은 '절대적 가치, 최고의 선' 등을 의미한다. 자본주의가 태동하기도 전에 서구사회에서는 계몽주의가 판을 쳤고, 절대주의보다 상대주의가 시대정신을 대변하고 있었다. 하지만 그 시절에는 사람들이 자유를 말했고, 개성을 말했고, 인권을 말했다. 비록 절대는 무너지고 있었지만, 사람들은 살아있었다. 하지만 16세기를 넘어 오면서 발달한 상업주의 시대정신과 18세기에 확고해진 자본주의 시대정신은 인류에게 허무주의를 선물했다. 신이라고 통칭되는 절대적 가치들이 무너지고, '자본'이라고 하는 가치가 그 자리를 차지했다.

사람들은 이제 "나는 누구인가. 어떻게 살아야 하는가. 무엇을 위해 살아야 잘 사는 것인가"를 묻기보다, "어떡하면 자본을 벌어들일 수 있는가. 어떡하면 부자가 될 수 있는가. 어떡하면 성공할 수 있는가"를 묻기 시작했다. 어차피 우리가 추구해야 할 '절대적 가치'가 사라진 마당에 남들이 하는 대로 돈이라도 열심히 벌어보자는 심산이다. 우리의 삶이 추구해야 될, 그래야 진정 행복한, 바로 그 무엇을 상실한 시대로 접어들었다. 니체의 말대로 신은 죽어버렸다. '허무한 시대'는 오늘까지도 계속되고 있다. 우리 시대의 젊은이들조차 이런 메커니즘에 빠져 허우적대고 있다.

하지만, 우리가 놓치지 말아야 할 시대정신이 또 하나 있다. 그건 바로 '이분법(이원론이라고도 한다)의 정신'이다. 이분법 정신은 고대시대에 태동해서 그리스시대를 통과해, 기독교 중세시대에 이르러 그 꽃을 활짝 피웠다. 비슷한 시기에 태동한 이슬람교도 이분법의 시대정신을 선보였다.

## 둘로 쪼개면, 치유는 누가 하누?

이분법의 정신이란 세상을 둘로 쪼개는 정신이다. '성과 속, 선과 악, 빛과 그림자, 신과 악마, 천국과 지옥' 등으로 보는 시대관점이다. 이런 정신은 도덕적이고 종교적인 사회일수록 더욱 강화된다. 이분법의 최대 문제는 항상 자신이 속한 곳을 '선'이라고 보는 데 있다.

이분법의 정신이 잘한 일도 있다. 절대적 가치가 사라진 세상을 향해 절대적 가치가 여전히 유효함을 외친 것이다. 눈에 보이는 우주가 다가 아니라 눈에 보이지 않는 우주가 있음을 알린 것도 잘한 일이다. 하지만 세상이 자본주의 정신과 허무주의 정신으로 아파하고 있을 때조차 이분법의 정신은 세상을 둘로 쪼개었다. 우리는 적어도 허무주의와는 차원이 다르다고, 우리는 적어도 자본주의와는 수준이 다르다고, 그렇게 자만해왔다. 자본주의를 물질의 우상화로, 허무주의를 정신의 타락으로 규정하며, 구원사업을 행했다.

하지만 이건 일종의 특권의식, 선민의식의 다른 이름에 지나지 않는다. 우리 인류가 돌아갈 곳이 있다고 말한 건 잘한 일이지만, 예수가 성서 속 종교 지도자들에게 말한 대로 "자신도 천국에 들어가지 못한 채 입구에 서서 그 문을 막고" 있었던 것이다. 천국 백성과 지옥 백성을 나누고는, 천국 백성들의 세상을 더욱 공고히 하고자 했다. 그들은 세상을 구원하고자 했지만, 사실은 자기 자신도 구원하지 못했다.

이러한 이분법의 시대정신은 고대에 태동했지만, 여전히 우리 사회에 유효하다는 게 큰 문제다. 이런 이분법의 시대정신이 먹히던 시절이 있었다. 사막의 종교가 활성화된 중동과 이스라엘, 그리고 중세시대를 거쳐 온 서구 유럽이 그랬다. 하지만 이젠 아니다. 세상이 달라졌다. 한 사회가 모두 한 종교에 '올인'하는 시대는 갔다. 더군다나 지구의 멸망을 이야기하고, 인류의 공존을 넘어 다른 생물과의 공존을 이야기하는 이런 시대를 선도하기에는 역부족이다.

요약하자면, 지금의 지구별은 '물질의 길을 악으로 보고, 정신의 길을 선으로 보는 사람들'(이분법의 시대정신)과 '정신의 길을 허무맹랑한 것으로 보고, 물질의 길을 실질적인 것으로 보는 사람들'(자본주의 시대정신), 그리고 '정신의 길도 물질의 길도 다 부질없다는 사람들'(허무주의 시대정신)이 어울려 살고 있다.

## 앞으로 몇 백 년을 살릴 시대정신은 '상생의 정신'

이러한 시대에 종교는 무얼 해야 할까? 사실은 종교가 무얼 해야 할까를 물을 게 아니라 우리 자신이 어떻게 해야 할까를 물어야 하지 않을까?

고맙게도 우리 앞에는 앞으로 몇 백 년을 거뜬히 살릴 시대정신이 있다. '융합, 통합, 치유, 소통, 생명' 등으로 대변되는 '상생의 정신'(상생의 도라고 불러도 좋다)이 바로 그것이다. 우리말로 '더불어 사는 정신'이다.

이런 시대정신이 구현되려면, 한 가지 전제해야 될 세계관이 있다. 세상을 '나쁘다'고 보지 않고 '아프다'고 보는 세계관이다. 세상을 나쁘다고 보는 것은 이분법의 세계관이다. 세상의 모든 그릇됨을 '고쳐야 할 죄'라고 보는 것은 종교의 권위적인 발상에서 나온다. 거기엔 싸우거나 구원하거나 둘 중 하나밖에 없다. 말하자면 투사가 되거나 구원자가 되어야 한다.

반면에 세상을 아프다고 보면 이야기는 달라진다. 그런 시각은 세상이 비록 그릇된 듯 보여도, 그것은 어디까지나 아프기 때문에 오는 현상이라고 보게 만든다. 세상을 아프다고 보는 세계관에서는 세상을 미워하기보다 사랑하고 연민한다. 세상의 그릇됨과 맞서고 있을 때조차, 그것을 없어져야 할 악으로 보지 않는다. 세계관에서는 세상의 '아픔과 비뚤어짐'에서 자신을 제외하는 법이 없다. 항상 그 속에서 함께하고, 그 속에서 함께 아파하며, 그 속에서 치유의 길을 함께 찾는다. 이러한 세계관에는 우리 모두가 가해자이며 동시에 피해자라는 인식이 있다. 나아가서 우리 모두가 '치유자'가 될 수 있다는 믿음과 우리 모두 치유될 수 있다는 희망이 들어있다.

## 종교 선각자들이 열었던 그 길을 이제 우리가 열자

일찌감치 그 길을 열었던 사람들이 있다. 우리는 그들을 선구자 또는 종교인이라 말한다. 계집질도 마다하지 않고 잘 놀면서도 '화쟁의 길'이라는 어마어마한 길을 펼쳤던 원효가 그랬고, "널리 세상을 이롭게 한다"며 천상을 버리고 사람들과 함께 홍익정신을 세상에 폈던 단군이 그랬고, '자타불이'를 외치며 왕자가 아닌 수도자의 길을 선택한 부처가 그랬고, 죄인들과 기꺼이 밥상과 술상을 함께하며 세상을 뜨겁게 사랑했던 청년 예수가 그랬다.

사실 조금만 생각해보면 세상은 모두 대립하는 게 아니라 공존하고 있다는 걸 알 수 있다. 빛과 어두움만 봐도 그렇다. 빛이 없으면 어두움이 없거니와, 어두움이 없으면 빛도 없다. 똑같은 논리로 사탄이 있어야 하나님도 있다. 더 나아가 '색즉시공, 공즉시색' 즉 색이 곧 공이고, 공이 곧 색이 된다. 색이란 물질을 대변하고, 공이란 정신을 대변한다. 색이란 현상계를 말하고, 공이란 이상계를 말한다. 눈에 보이는 우주와 눈에 보이지 않는 우주가 둘이 아니라 하나라는 깨달음이다. 음양의 철학도 마찬가지다. 음양철학을 '음과 양, 하늘과 땅'으로 쪼개는 가르침이라고 본다면, 잘못 본 거다. 음은 음대로, 양은 양대로 각자의 역할이 있으며, 그 둘은 서로 돕고 조화를 추구한다는 가르침으로 보아야 한다. 그래서 음이든 양이든 양극단에 치우치지 않는 것을 '중용'이라고 한다. 중용은 중간이 아니라 양극단을 모두 품은 조화로운 자리다.

　종교만이 열 수 있는 길은 아니지만, 종교는 충분히 그 길을 열 수 있다. 지구별의 종교가 사라지지 않는다면, 그것을 열어야 할 책임이 종교에 있다. 그동안에는 기독교적 시대정신이 세상을 잘 가꾸어왔다. 말하자면 직선적이고 진취적인 세계관, 그래서 '현대문명'을 꽃피우게 만드는 데 일조한 사막종교의 세계관이다. 하지만 이제는 농지종교의 세계관 즉 자타불이의 도 혹은 홍익정신과 같은 불교적 시대정신이 세상을 품어야 한다. 특정한 종교로 나뉠 수도, 나뉘어서도 안 된다.

　이 길은 지구별이 생존하느냐 멸망하느냐의 기로에서 필수적으로 선택해야 할, 아니 선택할 수밖에 없는 길이다. 세상 모든 것이 이것을 고민하지 않고 무언가를 도모할 수 없는, 그런 세상이 되어가고 있다. 앞으로도 이런 현상은 지속되고 강화될 것이다. 왜냐하면 모든 생명은 어떻게든 살아남으려는 '이기적인 유전자'의 열매들이니까. 각자가 잘 살아남으려면, '상생의 정신'

은 필수니까. 이때 종교는 종교 본연의 역할 즉 '치유와 통합'의 역할을 해야한다. 끊기고 나누어지고 부서지고 무너진 세상을 치유하고, 그것을 통합하여 상생의 세상으로 만들어가는 것, 그것이 바로 종교가 이 시대에 던져줄 수 있는 길(도)이다.

(나는 그 길을 열려고 조그만 농촌도시 안성에서 '더아모-더불어 사는 아름다운 세상을 만들어가는 모임-의집'을 하고 있다.)

# 종교란 인류를
# 행복한 가족의 길로 인도하는
# 길라잡이

---

이제 우리의 여정을 마무리할 때가 되었다. 사실 종교의 자리를 물으려면, 종교가
무엇인가를 설명하지 않으면 안 된다. 당신은 나에게 이렇게 물을 수 있다.
"그럼, 당신이 생각하는 종교란 무엇인가!" 하고. 거기다 덧붙여 물을 수 있다.
"어느 책에서 누가 말했다는 식의 인용 말고, 진짜 당신 생각이 무엇인가!"
나도 바라던 바다. 그래서 진짜 내 생각을 말하겠다.
"종교란 인류를 행복한 가족의 길로 인도하는 길라잡이다."
이것이 나의 언어로 표현하는 종교의 핵심이다.

## 스스로 불행을 선택하는 인류 앞에 종교는?

행복이라니, 잘 나가다 웬 샛길이냐고? 아니다. 이미 나는 "종교도 결국 내
가 행복하자고 있는 것"이라고 줄곧 말해왔다. 물론 행복이 무어냐, 행복한
게 뭐냐, 이렇게 따지기 시작하면 끝이 없다. 이때까지 인류 앞에 공개된 '행

복론'만 해도 태산을 이룬다. 그만큼 행복이 무어냐에 대한 기준은 사람마다 다르다. 하지만 '행복한 상태'는 별반 다르지 않다. 행복한 상태는 기쁨의 상태. 뇌에서 아드레날린이 아니라 엔도르핀이 분비되는 상태다. 굳이 행복하다고 말하지 않아도 저절로 행복을 느끼는 상태다.

그런데 '행복의 상태'를 아는 사람은 많지만, 행복한 사람은 그리 많아 보이지 않는다. 더군다나 행복을 방해하는 요소 즉 경제적 불황, 천재지변, 전쟁, 기근 등 사회적 불안에 노출되어 있으면 더욱 그렇다. 사람들은 자신이 행복하지 않은 이유로 이것저것을 꼽는다. 하지만, 사람이 불행한 것 혹은 불행하다고 느끼는 것은 모두 자신이 선택하는 것이다. 불행을 선택한다고? 그렇다! 사람들은 스스로 불행을 선택하고서는 불행을 탓한다. 이런 모습을 사자성어로 '자승자박'이라고 한다.

그렇다면 불행을 선택하는 이유는 뭘까? 한마디로 세상을 경쟁관계로 보기 때문이다. 우리는 태어나면서부터 '경쟁'을 요구받는다. '수억의 정자 중에 경쟁에서 살아나온 너'라고 교육받는다. 생물시간에 배운 '적자생존, 약육강식'을 세상을 이끌어가는 핵심 패러다임으로 받아들인다. 이런 경쟁의 논리는 곧 우주의 원리로 설명된다.

이런 경쟁의 논리는 사회 곳곳에 적용되고, 모든 삶이 여기에 초점이 맞춰진다. 모든 제도가 경쟁을 정당화하고, 조장하는 것을 최선으로 생각한다.

직장동료건 친척이건 친구건, 심지어 가족 사이에서도 마찬가지다. 더 나아가 자신과의 관계에서도 그대로 적용된다. 사실은 그 무엇보다 자신과의 관계에 '경쟁'이 적용되는 것이 불행의 씨앗이다. '열등의식'이란 이 세상을 경쟁관계로 인식한 사람이 자기 자신에게 경쟁을 부추기다가 입은 상처다. 세상을 경쟁으로 인식하지 않는다면, 애초에 열등의식도 우월의식도 자리 잡을 곳이 없다.

세상을 경쟁의 패러다임으로 인식한 사람에게는 진정한 '쉼'이 없다. 그가 쉬는 시간이란 다음 경쟁을 위해 잠시 에너지를 비축하는 시간뿐이다. 그가 행복하다고 느낀다면, 경쟁에서 무언가를 성취했을 때다. 전리품을 나누는 순간이다. 여기에선 성취감과 행복이 동의어가 된다. 문제는 이러한 종류의 행복이 그리 오래가지 않는다는 거다. 맛있는 걸 먹으면 하루가 행복하고, 차를 사면 한 달이 행복하고, 집을 사면 일 년이 행복한 정도다. 'LTE 시대'에는 그 기간마저 짧아진다. 게다가 중독성이 강해서 점차 더 강한 성취를 요구한다. 웬만한 성취에는 행복을 느끼지 못한다. 게다가 성취도가 덜해지면 행복하기는커녕 몇 배로 불행해진다.

## 행복의 길이 바로 여기에

행복의 길은 세상을 경쟁이 아닌 상생의 관계로 인식하는 데서 출발한다. 상생의 길이야말로 내가 너에게 이르는 길이며, 내가 우리에게 이르는 길이며, 내가 우주에게로 이르는 길이다. 굳이 길이라고 표현하는 것은 단편적인 '상생 코스프레'를 하지 말자는 거다. 일시적으로 상생을 흉내 내거나, 상생을 또 하나의 경쟁 메커니즘으로 이용하지 말자는 거다.

하지만 이런 이유보다 더 본질적인 의미는 '길'이기 때문이다. 길은 한자로 도(道)이니, 바로 '상생의 도'를 말한다. 노자가 말한 도와 통하는 도다.

우리 앞에는 크게 두 가지 길이 놓여있다. '생명부정의 길과 생명지지의 길' '경쟁의 길과 상생의 길'이 그것이다. 어디에 서느냐, 바꿔 말하면 어디에 정렬하느냐는 참으로 중요하다. 내가 선택한 길이 나의 삶의 질을 나타낸다. 종교적 관점에서 보면 영생의 길이냐 아니냐를 결정한다. 행복의 관점에서 보면 행복이냐 아니냐를 결정한다. 행복도 불행도 결국 자기 자신이 선택하는 것이다.

종교적 깨달음은 우리에게 일러준다. 만물은 신이 창조한 한 식구라고. 자타불이 즉 나와 너는 둘이 아니라고. 세상이 둘이 아니라 한 식구라고 하는 이 생각이 바로 종교에서 그토록 외치는 '근본'이다. 뿐만 아니라 지금도 우주 만물은 하나로 연결되어 있어서, 서로에게 지대하게 영향을 미치고(관념적인 게 아니라 실제적으로) 있다는 것이다. 세상을 경쟁이 아닌 상생으로 보고자 하는 핵심이다. 이것은 '내가 행복할 수 있는 길은, 내가 너를 이겼을 때가 아니라 함께할 때'라고 말해준다. 내가 너를 응원하고, 네가 나를 지지할 때라고 말해준다. 여기엔 '무언가를 소유해서, 남보다 더 많이 가져서' 오는 행복은 자리 잡을 데가 없다. 자녀보다 더 많이 가져서 행복한 엄마는 없다. 이 길은 내가 너에게, 네가 나에게 엄마가 되어주는 길이다. 종교적으로 말하자면, 서로에게 신이 되어주는 길이다. 그것은 곧 우리 속에 잠자고 있는 엄마의 길, 즉 '생명의 불꽃, 우주적 불꽃'을 일깨우는 일이다.

## 사람만 방향을 선회하면 우주가 웃는다

세상을 경쟁이 아닌 상생의 관계로 보는 사람은 세상과 화해한 사람이다. 쉽게 말해 세상과 친한 사람이다. 이런 사람에게 세상은 더 이상 두려움의 대상이 아니다. 이런 사람은 더 이상 자신을 두려워하지 않고, 자신을 믿는다. 이런 사람은 세상과 조화로운 사람이고, 참된 중용의 길이 무언지 아는 사람이다.

세상과 친한 사람은 세상에 끌려가지 않는 사람이기도 하다. 세상과 함께 가는 사람이다. 이런 사람을 우리는 '자기 주도적'이라고 말한다. 행복한 사람은 모두 '자기 주도적 인생'을 사는 사람들이다. '자기 주도적'이란 자신을 끊임없이 행복의 길 즉 상생의 길과 생명지지의 길로 주도하는 사람이다. 자기 자신을 경쟁의 길과 생명부정의 길에 내맡기지 않는 사람이다.

이렇게 하려면 우리 인류의 '방향선회'가 급선무다. 말하자면 우주를 경쟁관계가 아닌 상생관계로 인식하는 길, 이 길이야말로 '우주의 대전환' 또는 '우주 혁명'이라 불러도 좋다. 기독교적으론 회심이라 하고, 불교적으론 깨달음이라 한다. 뭐라 불러도 좋다. 다만, 우리 인류가 공멸하지 않으려면, 아니 우리 지구별이 공멸하지 않으려면 이 길을 주도적으로 선택해야 한다. '행복한 가족'의 길로 가야 한다. 대학에도 선택과목과 필수과목이 있듯, 우리에게 그 길은 선택과목이 아니라 필수과목이다.

종교는 당연히 그 길의 길라잡이로서만 유용하다. 그렇기에 특정 종교는 '종교 우상화'를 멈추어야 한다. 예컨대, '1. 종교 자체를 추구하는 일, 2. 종교가 군림하는 일, 3. 종교 시스템을 맹신하는 일, 4. 종교를 주인으로 만드는 일, 5. 종교 시스템에 발목 잡히는 일' 등이다. 그래서 나는 《모든 종교는 구라다》에서 '간소한 우주적 종교'를 제안한 바 있다.

하지만 "종교는 인류를 행복한 가족의 길로 인도하는 길라잡이다"라고 말하면, 무언가 부족한 게 있다. 지금까지 '우주와 세상 만물'을 이야기하다가 그 대상을 '인류'에 국한시켰기 때문이다. 물론 이유가 있다. 그건 바로 종교가 인류의 산물이기 때문이다. 우리 집 발바리와 지나가는 개미와 들에 핀 백합화는 종교를 추구하지 않는다. 하등하거나 미개해서가 아니라 이미 그들은 충분히 우주적이고 종교적이기 때문이다. 그들은 이미 '상생의 길, 생명지지의 길'을 알아서 걷고 있다. 그렇다. 사람만 정신 차리면 이 지구별은 만사형통이다. 사람만 정신 차리면, 우주는 행복한 가족으로 잘살 수 있다. 뇌가 너무나 잘 발달해서 지나치게 영악한 인간이, 자기 꾀에 넘어가지만 않는다면 말이다.

우리가 소소한 일상에서부터 '생명지지의 길'을 선택하기 시작한다면, 우리가 우리의 인생을 '상생의 길'에 정렬하기만 한다면, 전 우주가 웃기 시작한다. 알다시피 우주는 거미줄처럼 촘촘하게 이어져 있다. 어느 것 하나도 우연히 되지 않는다. 어느 것 하나도 서로 영향을 미치지 않는 것이 없다. "세상이 왜 이리 뭣 같으냐"고 말하지 말고, 나의 길을 돌아보는 게 훨씬 유용하고 행복하다. 일상에서 그 길을 선택하는 것이 종교적인 삶이고, 일상에서 그 길을 선택하도록 응원하는 것이 종교의 역할이다.

## 소외된 자를 돌아보는 것은 나를 돌아보는 것

그렇다면 앞에서 살펴본 종교의 길, 즉 소외된 자와 약한 자를 돌아보는 길은 어떻게 봐야 할까? 만일 세상 사람들이 모두 약자와 소외된 자를 돌아본다면, 종교는 굳이 그렇게 하지 않아도 된다. 하지만 세상 모두가 근본적으로 방향선회를 하지 못했기에 소외된 자는 항상 나오기 마련이다. 경쟁의 레이스에선 승자와 패자가 나뉠 수밖에 없다. 이때 종교가 할 일이 무엇이겠는가. 일단 패자를 위로하고, 에너지를 주어야 한다. 나아가서 승자와 패자 모두를 보듬어 안고, 치유에 나서야 한다.

엄마는 평소 모든 가족을 사랑한다. 열 손가락 깨물어 아프지 않은 손가락이 없다. 하지만, 그 자녀들 중 누군가 아프다면 엄마는 다른 자녀보다 아픈 자녀를 더 쳐다보고, 더 신경 쓰고, 시간과 마음을 더 쏟는다. 엄마의 마음이 아프기 때문이다. 엄마는 자녀의 아픔을 자신의 아픔으로 느끼는 센서가 있다. 자녀가 아픈 건 곧 자신이 아픈 것이라 여긴다. 아픈 자녀를 돌아보는 건 곧 자신을 돌아보는 것임을 엄마는 잘 안다. 아픈 자녀를 다른 자녀보다 특별히 더 사랑해서가 아니라, 모두를 골고루 건강하게 하려는 엄마의 사랑 방식이다. 어떤 자녀라도 아플 수 있기에, 엄마는 어떤 자녀에게라도 에너지를 줄 수 있다는 방식이다. 이것이 아픈 자녀를 향한 엄마의 사랑이요 책임이다.

마찬가지다. 우리 사회에서 소외된 자를 돌아보는 것은 우주를 돌아보는 것이다. 우주가 낫도록 치유하는 것이며 곧 나를 치유하는 것이다. 나와 우주가 하나임을 확인하는 현장이다. 우주는 모두 연결되어 있고, 우주와 나는 하나니까. 결국 소외된 자와 나는 가족이니까.

이런 길을 역동적으로 걸어간 종교인들은 본회퍼 목사, 마틴 루터 킹 목사, 로메로 신부 등이다. 이런 사람들은 생명부정의 길에 맞선 사람들이다. 반면에 정적으로 걸어간 종교인들은 이태석 신부, 마더 테레사 등이다. 이런 사람들은 생명지지의 길을 조용히 걸어간 사람들이다. 그럼에도 이 둘의 길은 하나의 길, 즉 상생의 길에서 다시 만난다.

이것이 곧 우주적 생명과 합일하는 길이요, 우리의 근본과 합일하는 길이다. 이것이 우주와 내가 한 식구임을 자각한 사람의 책임의식에서 나오는 행위다. 이 길이 바로 '작은 나'의 인류를 '큰 나'로 인도하는 종교의 길이다. 이것이 바로 '종교란 인류를 행복한 가족의 길로 인도하는 길라잡이'라고 하는 이유다.

나의 다음 책《더불어 사는 세상을 위하여》는 좀 더 구체적으로 여기에 대해 고민해볼 것이다.